明史

清 張廷玉等撰

第四册

卷四〇至卷四六(志)

中華書局

明史卷四十

志第十六

地理一

自黃帝畫野置監，唐、虞分州建牧，沿及三代，下逮宋、元，廢興因革，前史備矣。明太祖奮起淮右，首定金陵，西克湖、湘，東兼吳、會。然後遣將北伐，幷山東，收河南，進取幽、燕，分軍四出，芟除秦、晉，訖於嶺表。最後削平巴、蜀，收復滇南。禹跡所奄，盡入版圖，近古以來，所未有也。

洪武初，建都江表，革元中書省，以京畿應天諸府直隸京師。後乃盡革行中書省，置十三布政使司，分領天下府州縣及羈縻諸司。又置十五都指揮使司以領衞所番漢諸軍，其邊境海疆則增置行都指揮使司，而於京師建五軍都督府，俾外都指揮使司各以其方附焉。成祖定都北京，北倚羣山，東臨滄海，南面而臨天下，乃以北平爲直隸，又增設貴州、交阯二布政使司。仁、宣之際，南交屢叛，旋復棄之外徼。

終明之世，爲直隸者二：曰京師，曰南京。爲布政使司者十三：曰山東，曰山西，曰河南，曰陝西，曰四川，曰湖廣，曰浙江，曰江西，曰福建，曰廣東，曰廣西，曰雲南，曰貴州。其分統之府百有四十，州百九十有三，縣千一百三十有八。羈縻之府十有九，州四十有七，縣六。編里六萬九千五百五十有六。而兩京都督府分統都指揮使司十有六，行都指揮使司五，曰北平、曰山西、曰陝西、曰四川、曰福建，留守司二。所屬衞四百九十有三，所二千五百九十有三，守禦千戶所三百一十有五。又土官宣慰司十有一，宣撫司十，安撫司二十有二，招討司一，長官司一百六十有九，蠻夷長官司五。其邊陲要地稱重鎭者凡九：曰遼東，曰薊州，曰宣府，曰大同，曰榆林，曰寧夏，曰甘肅，曰太原，曰固原。皆分統衞所關堡，環列兵戎。綱維布置，可謂深且固矣。

計明初封略，東起朝鮮，西據吐番，南包安南，北距大磧，東西一萬一千七百五十里，南北一萬零九百四里。自成祖棄大寧，徙東勝，宣宗遷開平於獨石，世宗時復棄哈密、河套，則東起遼海，西至嘉峪，南至瓊、崖，北抵雲、朔，東西萬餘里，南北萬里。其聲教所訖，歲時納贄，而非命吏置籍，侯尉羈屬者，不在此數。嗚呼盛矣！

論者謂交阯之棄，未爲失圖，而開平近遷，則守衞益薄，雖置萬全都指揮使司，不足以鎭伏山後諸部，故再傳而有土木之變。然睿皇自以失律蒙塵，非由經制未備。景帝任賢才，修守禦，國步未移，乘輿旋復。由是觀之，三衞者，一隅之隘，而無關大計也審矣。至其季世，流寇首禍於西陲，浸尋蔓延，中原爲之糜爛。金湯之固不足以制土崩，畛宇之廣不足以成掎角。疆圉不蹙於曩時，形勝無虧於初盛，而强弱懸殊，興亡異數者，天降喪亂，昏椓內訌，人事之乖，而非地利之失也。語曰「在德不在險」，詎不信夫。

今考其升降之差，沿革之故，具著於篇。作地理志。

京師　南京

京師　禹貢冀、兗、豫三州之域。元直隸中書省。洪武元年四月分屬河南、山東兩行中書省。二年三月置北平等處行中書省，治北平府。先屬山東、河南者皆復其舊。領府八，州三十七，縣一百三十六。八月置燕山都衞。與行中書省同治。八年十月改都衞爲北平都指揮使司。九年六月改行中書省爲承宣布政使司。永樂元年正月建北京於順天府，稱爲「行在」。二月罷北平布政使司，以所領直隸北京行部；罷北平都指揮使司，以所領直隸北京留守行後軍都督府。十九年正月改北京爲京師。罷北京留守行後軍都督府，直隸後軍都督府。衞所有實土者附見，無實土者不載。罷北京行部，直隸六部。洪熙初，仍稱行在。正統六年十一月罷稱行在，〔一〕定爲京師。府八，直隸州二，屬州十七，縣一百一十六。爲里三千一百三十有奇。府州縣建置沿革，俱自元始。其沿革年月已見元史志者，不載。其未見元史志及明改元舊，幷新增、新廢者，悉書。北至宣府，外爲邊地。東至遼海，與山東界。南至東明，與山東、河南界。西至阜平，與山西界。洪武二十六年編戶三十三萬四千七百九十二，口一百九十二萬六千五百九十五。

順天府元大都路，直隸中書省。洪武元年八月改爲北平府。十月屬山東行省。二年三月改屬北平。三年四月建燕王府。永樂元年正月升爲北京，改府爲順天府。永樂四年閏七月詔建北京宮殿，〔二〕修城垣。十九年正月告成。宮城周六里一十六步，亦曰紫禁城。門八：正南第一重曰承天，第二重曰端門，第三重曰午門，東曰東華，西曰西華，北曰玄武。宮城之外爲皇城，周一十八里有奇。門六：正南曰大明，東曰東安，西曰西安，北曰北安，大明門東轉曰長安左，西轉曰長安右。皇城之外曰京城，周四十五里。門九：正南曰麗正，正統初改曰正陽；南之左曰文明，後曰崇文；南之右曰順城，〔三〕後曰宣武；東之南曰齊化，後曰朝陽；東之北曰東直；西之南曰平則，後曰阜成；西之北曰彰儀，〔四〕後曰西直；北之東曰安定；北之西曰德勝。嘉靖三十二年築重城，〔五〕包京城之南，轉抱東西角樓，長二十八里。門七：正南曰永定，南之左爲左安，南之右爲右安，東曰廣渠，東之北曰東便，西曰廣寧，西之北曰西便。領州五，縣二十二。弘治四年編戶一十萬五百一十八，口六十六萬九千三十三。萬曆六年，戶一十萬一千一百三十四，口七十萬六千八百六十一。

大興倚。東南有大通河，亦曰通惠河，水自玉河出，繞都城東南，下流至高麗莊，入白河，卽元運河也。又有玉河，源自玉泉山，流經大內，出都城東南，注大通河。

宛平倚。西山在西。〔六〕有桑乾河出山西馬邑縣，流千里入京師宛平縣境。出盧溝橋下，又東南分爲二：一至通州，入白河；一至武淸小直沽，合衛河，入於海。又有沙河、高梁河、淸河，皆在西北。西又有沿河口守禦千戶所，有盧溝、王平口、石港口、齊家莊四巡檢司。

良鄉府西南。有琉璃河，卽古聖水，下流入淀。北有天津關。

固安府西南。元固安州。洪武元年十二月降爲縣。西南有拒馬河，卽涞水。源自代郡，下流合易水爲白溝，入三角淀。

永淸府南。南有拒馬河。

東安府東南。元東安州，治在西。洪武元年十二月降爲縣。三年徙今治。南有鳳河，卽桑乾分流，南入三角淀。

香河府東南。元屬漷州。洪武十年二月省入州。十三年二月復置，改屬府。西有板罾口河，源出通州東之孤山，經縣界，入於白河。

通州　洪武初，以州治潞縣省入。西有通惠河，西南有渾河，卽桑乾，至州東張家灣，俱合於白河。有張家灣巡檢司。西南有弘仁橋巡檢司。西距府四十里。領縣四。

三河州東。北有泃河。又西有洳河，西南有鮑丘河，一名矣檢河，卽東潞水，俱流入於泃河。西有泥窪鋪巡檢司，後移於夏店鋪。

武清州南。元屬漷州。洪武十二年來屬。有三角淀，在縣南，卽古之雍奴，周二百餘里，諸水所聚。有直沽，在縣東南，衞河、白河、丁字沽合流於此入海。有巡檢司。又東北有河西務、東南有楊村二巡檢司。

漷縣州南。元漷州。洪武十四年二月降爲縣來屬。有漷河，一名新河，東入於白河，卽盧溝之下流。

寶坻州東南。元直隸大都路。洪武十年二月來屬。東有潮河。南有泃河。又縣東南有梁城守禦千戶所，建文二年，燕王置。有蘆臺巡檢司。

霸州　洪武初，以州治益津縣省入。拒馬河舊在北，後徙治南。又南有沙河。東有苑家口巡檢司。北距府二百十里。領縣三。

文安州南，少東。西有易水。東北有得勝、火燒等淀。

大城州東南。東北有黃汊河，源自交河，分流至縣境，入三角淀。

保定州南，少西。洪武七年九月省入霸州。十三年十一月復置。玉帶河在北，東流入會通河。西南有磁河，東南與玉帶河合。

涿州　洪武初以州治范陽縣省入。西有獨鹿山。北有涿水，西北有挾河，合焉。南有范水。東北距府百四十里。領縣一。

房山州北，少西。西有大房山。北有大安山。西南有青龍潭，其下流爲挾河，一名韓村河，至涿州與胡良河合。北有磁家務巡檢司。

昌平州元昌平縣，直隸大都路。正德元年七月升爲州，旋罷。八年復升爲州。舊治白浮圖城，景泰元年築永安城於東，三年遷縣治焉。北有天壽山，成祖以下陵寢咸在。東南有白浮山。西南有駐蹕山。又南有楡河，一名溫餘河，下流爲沙河，入於白河。又東南有鞏華城，嘉靖十九年築。東北有黃花鎭。弘治中，置渤海守禦千戶所於此，萬曆元年移於慕田峪，四年復故。西有鎭邊城，又有常峪城，俱正德十年五月築，各置守禦千戶所。又有白陽守禦千戶所，亦正德中置。西北有居庸關。南距府九十里。領縣三。

順義州東，少南。元順州。洪武元年十二月改爲順義縣，屬府。正德元年七月來屬。東有白河，西南有楡河，又有潮河，俱流入焉。

懷柔州東北。洪武元年十一月省入檀州。十二月復分密雲、昌平二縣地置，屬府。正德元年七月來屬。東有黍谷山。西有白河。

密雲州東北。元檀州，後置縣，爲州治。洪武元年十一月省縣入州。十二月復置縣，省州入焉，屬府。正德元年七月來屬。南有白檀山。西有白河。東有潮河。北有古北口，洪武十二年九月置守禦千戶所於此。三十年改爲密雲後衞。又有石塘嶺、牆子嶺等關。

薊州洪武初，以州治漁陽縣省入。西北有盤山。東北有崆峒山。又泃水在北，沽河在南。州北有黃崖峪、寬佃峪等關。東又有石門鎮。西距府二百里。領縣四。

玉田州東南。東北有無終山，又有徐無山。又東有梨河。北有浭水。東南有興州左屯衞，永樂元年自故開平境移置於此。

豐潤州東南。南有沙河。西南有浭水。

遵化州東。東北有五峯山。南有靈靈山及龍門峽。又東有灤河。西南有梨河。北有喜峯口、馬蘭峪、松亭等關。

平谷州西北。洪武十年二月省入三河縣。十三年十一月復置。東南有泃河，又有洳河。西北有營州中屯衞，永樂元年自故龍山縣移置於此。又東有黃松峪關，與密雲縣將軍石關相接。

保定府元保定路，直隸中書省。洪武元年九月爲府。十月屬河南分省。二年三月來屬。領州三，縣十七。東北距京師三百五十里。弘治四年編戶五萬六百三十九，口五十八萬二千四百八十二。萬曆六年，戶四萬五千七百一十三，口五十二萬五千八十三。

清苑倚。北有徐河，一名大册水，自滿城經縣北至安州，東入淀。又西有清苑河。又南有張登巡檢司，嘉靖十三年自滿城縣方順橋移置於此。

滿城府西，少北。洪武十年五月省入慶都縣。十三年十一月復置。北有徐河。南有方順河。

安肅府北，少東。元安肅州。洪武二年七月降爲縣。易水在北。曹河在南。徐河在西。西南又有鮑河。又西有遂州，元屬保定路。洪武初降爲縣。八年二月省。

定興府北，少東。元屬易州。洪武六年五月改屬府。西有拒馬河，即淶水也。又易水自西來，合焉，謂之白溝河。南有河陽巡檢司，後移於淸苑縣界之固城鎭。

新城府東北。元屬雄州。洪武初屬北平府。六年五月改屬府。南有白溝河。西南有巨河鎭巡檢司。

雄府東北。元雄州。洪武二年七月省州治歸信縣入焉。七年四月降爲縣。北有白溝河。南有瓦濟河。

容城府東北。元屬雄州。洪武七年四月省入州。十三年十一月復置，來屬。舊治在拒馬河南，景泰二年遷於河北。西有易水，又有濡水。

唐府西，少南。西北有大茂山，即恒岳也，東麓有岳嶺口巡檢司。又唐河在西，源出恒山，流經定州曰滱水，下流合於南易水。又西北有倒馬關，有巡檢司，後移於縣西之橫河口。又有周家舖、軍城鎭二巡檢司。

慶都府西南，南有唐河。北有祁水。

博野府南。舊治在今蠡縣界，直隸保定路。洪武元年徙今治，改屬祁州。六年五月還屬府。西北有博水。南有唐河，亦曰滱水。又有永安鎭巡檢司，有鐵燈盞巡檢司。

蠡府南，少東。元蠡州，屬眞定路。洪武二年七月來屬。八年正月降爲縣。楊村河在南，滋、沙、唐三河之下流也，俗亦謂之唐河。

完府西。元完州。洪武二年七月降爲縣。西有伊祁山，祁水出焉，其下流爲方順河。

祁州　洪武二年七月以州治蒲陰縣省入。北有唐河，西南有滋河，至州東南合沙河，流入易水。北距府百二十里。領縣二。

深澤州南，少西。西有滋河。

束鹿州東南。北有故城。今治，天啓二年所徙。滹沱河在南。又南有百天口巡檢司。

安州　洪武二年七月以州治葛城縣省入。七年降爲縣。十三年十一月復升爲州。北有易水，府境九河之水所滙也，下流至雄縣南，爲瓦濟河。西距府七十里。領縣二。

高陽州南。元屬安州，洪武六年五月改屬府。尋屬蠡州。八年正月省入蠡縣。十三年十一月復置，還屬。故城在東，洪武三年圮於水，遷於今治。東有馬家河，其上流爲蠡縣之楊村河。

新安州東，少北。元直隸保定路。洪武七年七月省入安州。十三年十一月復置，來屬。西有長流河，一名長溝河，其上源爲鮑河。南有曹河，又有徐河，經縣南，合流爲溫義河，又南與長流河合，又東南入於瓦濟河。

易州　洪武初，以州治易縣省入。西南有五迴山，雷溪出焉，徐河之上源也。西北有窮獨山，濡水所出。又南有易水，出州境之西山，與濡水並東流，而爲白溝河，所謂北易水也。又有雹水，一名鮑河，出縣西南，東南流爲長流河，所謂南易水也。西有紫荊關，洪武中置守禦千戶所於此。又有官座嶺、五迴嶺、金陂鎮、奇峯口、塔崖口五巡檢司。南距府百二十里。領縣一。

淶水州東北。東有淶水，亦曰拒馬河，源出山西代郡，下流合易水。北有乾河口、西北有黃兒莊二巡檢司。

河間府元河間路，直隸中書省。洪武元年十月爲府，屬河南分省。二年三月來屬。領州二，縣十六。北距京師四百十里。弘治四年編戶四萬二千五百四十八，口三十七萬八千六百五十八。萬曆六年，戶四萬五千二十四，口四十一萬九千一百五十二。

河間倚。西南有滹沱河。西有滱水。西南有景和鎭巡檢司。

獻府南。元獻州。洪武初，省州治樂壽縣入焉。八年四月降爲縣。有滹沱河自代郡流入境，經縣南，至青縣合衞河達於海。有單家橋巡檢司。

阜城府南。元屬景州。洪武七年改屬府。西北有胡盧河，即禹貢衡漳水。

肅寧府西。中堡河在縣東。

任丘府北，少西。元屬莫州。洪武七年改屬府。西北有瓦濟河，下流爲五官淀，注於滹沱河。北有莫州，元治莫亭縣，屬河間路。洪武七年七月，州縣俱省。

交河府東南。元屬獻州。洪武八年四月改屬府。十年五月省入獻縣。十三年十一月復置。東有衞河，源自衞輝，流入故城境，經縣東，過滄州，又東北至直沽入海，一名御河。又西北有高河，經縣南，合滹沱，謂之交河，下流入衞縣，以此名。又南有洚河。又東有泊頭鎭巡檢司。

青府東北。元清州。〔七〕洪武初，以州治會川縣省入。八年四月降爲縣，尋改淸爲青。滹沱河自縣南流入衞，謂之岔河口。其支流經縣之北者，曰獨流河。

興濟元屬清州。洪武初省。十三年復置，屬府。衞河在城西。

靜海府東北。元曰靖海，屬清州。洪武初，更名。八年四月改屬北平府。十年五月來屬。縣北有小直沽，衞河自西來，與白河合，入於海。又有丁字沽、鹹水沽。又北有天津衞，永樂二年十一月置。

寧津府東南。南有土河，自山東德州流入，又東入山東樂陵縣界。

景州　洪武初，以州治蓨縣省入。東有衞河。東北有胡盧河。又東有安陵、西北有宋門二巡檢司。又東北有李晏鎭。西北距府百八十五里。領縣三。

吳橋州東，少南。西有衞河。

東光州東北。洪武七年七月省入阜城縣。十三年十一月復置。南有衞河，又有胡盧河。

故城州南，少西。有衞河，自山東武城縣流入境。又西南有索盧枯河。

滄州　洪武初，以州治清池縣省入。〔八〕舊治在東南。洪武二年五月徙於長蘆，卽今治也。東濱海。西有衞河。南有浮河。北有長蘆巡檢司。西距府百五十里。領縣三。

南皮州西南。衞河在縣西。

鹽山州東南。東濱海，產鹽。東南有鹽山。

慶雲州東南。洪武六年六月析山東樂安州北地置，來屬。

眞定府元眞定路，直隸中書省。洪武元年十月爲府，屬河南分省。二年正月屬山東。三月來屬。領州五，縣二十七。東北距京師六百三十里。弘治四年編戶五萬九千四百三十九，口五十九萬七千六百七十三。萬曆六年，戶七萬四千七百三十八，口一百九萬三千五百三十一。〔九〕

眞定倚。滹沱河在城南。又北有滋河，自山西靈丘縣流入，經行唐縣之張茂村伏流不見，至府北南孟社復出，下流合於南易水。

井陘府西南。元屬廣平路威州。洪武二年來屬。東南有城山，又有甘淘河，亦名冶河，南與綿蔓水合。又故關在其西。

獲鹿府西南。西有抱犢山，有西屏山。又有蓮花山，白鹿泉出焉，東流爲西河，即洨水上源也。又有土門關在西，亦曰井陘關。

元氏府西南。西北有封龍山，泜水所出，下流入胡盧河。西南有槐水，下流曰野河。

靈壽府西北。東北有衞水，〔一〇〕源出恒山，禹貢「恒、衞既從」即此。俗名雷溝河，東北入於滹沱。北有叉頭鎭巡檢司，後遷於慈峪鎭。

藁城府東南。北有滹沱河，又有滋河。

欒城府南。縣北有故城，今治洪武初所徙。西有洨河。

無極府東，少北。元屬中山府。洪武初廢。四年七月復置，屬定州。七年四月改屬府。南有滋河。

平山府西，少北。北有滹沱河，東北有冶河入焉。西北有㠰山。西有十八盤、下口村巡檢司。

阜平府西北。東北有大茂山。北有派河。西有龍泉關。

行唐府北。元屬保定路。洪武二年屬定州，正統十三年十月直隸眞定府。西有滋河。西北有兩嶺口巡檢司。

定州元中山府。洪武二年正月改曰定州。三年以州治安喜縣省入。滱水在北。沙河在南，下流合於滱水。西北有倒馬關守禦千戶所。景泰二年置關，與紫荆、居庸爲內三關。北有淸風店巡檢司。西南距府百三十里。領縣二。

新樂州西南。西南有沙河。

曲陽州西北。元屬保定路。洪武二年來屬。恆山在西北，恆水出焉。又沙河在南，自山西繁峙縣流入。

冀州洪武二年以州治信都縣省入。西北有漳水。北有滹沱河。成化十八年，滹沱挾漳南注爲州患。正德十二年，二水自寧晉縣南北流，患始息。又北有滏水，一名枯滏，下流合於漳。西北距府二百八十里。領縣四。

南宮州南，少西。故城在縣西北，成化十六年遷於今治。漳水在北。滏水在南。東南有董家廟堡巡檢司。

新河州西，少南。有淸水河，成化後堙。

棗強州東，少北。西北有索盧水，乃衞河之支流也，亦曰黃盧河。

武邑州東北。西有滏水。西北有漳水。

晉州　洪武二年以州治鼓城縣省入。南有滹沱河。西距府九十里。領縣三。

安平州東北。滹沱河舊在縣南，萬曆二十三年自束鹿縣南行，始不經縣境。

饒陽州東北。北有滹沱河。西南有饒河，卽滹沱河支流也。

武强州東。漳河在縣東。又南有滹沱河，舊合於漳，萬曆二十六年北出饒陽縣境，而縣之滹沱河始涸。

趙州　洪武元年以州治平棘縣省入。南有洨河，下流入於胡盧河。北距府百二十里。領縣六。

柏鄉州南。東北有野河，卽槐水也，下流入於胡盧河。

隆平州東南。洪武六年九月省入柏鄉縣。十三年十一月復置。東有澧水，東北與沙河合，下流入於胡盧河。沙河，亦槐水之別名也。又東北有大陸澤，亦曰廣阿，漳水所滙。

高邑州西南。北有黑水，〔一一〕卽槐水也，流合縣南之泲水。

臨城州西南。南有敦輿山。西南有鐵山。西北有泜水，東經釣盤山下，與泲水合。

贊皇州西南。西南有贊皇山，泲水出焉，亦曰沙水。又城北有槐水。西北有黃沙嶺巡檢司。

寧晉州東，少南。東南有胡盧河，其上流卽漳水也，深、冀羣川悉滙於此。東北有百尺口巡檢司。

深州　洪武二年以州治靜安縣省入。南有故城，今治本吳家莊，永樂十年遷於此。滹沱河在東北。胡盧河在東南。有傅家池巡檢司，後廢。西距府二百五十里。領縣一。

衡水州南，少東。故城在縣西南，永樂十三年遷於今治。西有漳水。南有滏水。又北有滹沱河，舊與漳合，成化八年北徙，不經縣界。西南有鹽池。

順德府元順德路，直隸中書省。洪武元年爲府。十月屬河南分省。二年三月來屬。領縣九。距京師一千里。弘治四年編戶二萬一千六百一十四，口一十八萬一千八百二十五。萬曆六年，戶二萬七千六百三十三，口二十八萬一千九百五十七。

邢臺倚。西北有夷儀山，又有封山，一曰西山。又有黃榆嶺，上有黃榆關。又漳水在東南，自河南臨漳縣流入，下流爲胡盧河，至交河縣合滹沱河，此爲漳水經流也。又東南有百泉水，其下流爲灃河，一名渦水，又名鴛鴦水。西有西王社巡檢司。

沙河府南。弘治四年以沙壅遷縣於西山小屯。十八年六月復還舊治。西南有磬口山，產鐵。南有沙河，亦名渦水。

南和府東，少南。南有漳河，合縣西之灃河，又縣西北有泜水，蓋伏流而旁出者。

任府東北。東北有泜水。東有灃水。

內丘府北。東南有泜水。

唐山府東北。西北有堯山。西有泜水。

平鄉府東，少南。西南有漳河，西有沙河，又有洺河。東有滏陽河。萬曆三十年，漳挾滏陽河北出，會於沙、洺諸河，而漳水之舊流益亂。

鉅鹿府東北。漳水舊在縣東，有大小二河，亦謂之新舊二河，其後北徙，不復至縣境，而二河遂成平陸。北有鉅鹿澤，即隆平縣之大陸澤也，澤畔舊有鹽泉。

廣宗府東，少北。洪武十年六月省入平鄉、鉅鹿二縣。十三年十一月復置。漳水舊在西。又東有枯洚河。

廣平府元廣平路，直隸中書省。洪武元年爲府。十月屬河南分省。二年三月來屬。領縣九。東北距京師千里。弘治四年編戶二萬七千七百六十四，口二十一萬二千八百四十六。萬曆六年，戶三萬一千四百二十，口二十六萬四千八百九十八。

永年倚。北有沙河。又有洺水，自河南武安縣流入。西南又有滏水，自河南臨漳縣流入，亦曰滏陽河。西有臨洺鎮巡檢司。西南又有黃龍鎮。

曲周府東北。西南有漳水。東有滏陽河。

肥鄉府東南。漳河在縣西北。

雞澤府東北。漳河在縣東。又西有洺河，又有沙河自南來合焉。

廣平府東南。北有漳河。

成安府南。元屬磁州。洪武初廢。四年六月復置，來屬。西南有洹水，〔一二〕自河南臨漳縣流入，其下流合於衞河。又南有漳水，亦自河南臨漳縣流入。

威府東北。元威州。至正間，省州治洺水縣入州。洪武二年四月降爲縣。漳水舊在南，洺水自西流入焉。

邯鄲府西南。元屬磁州。洪武元年來屬。西北有洺河。東有滏陽河。

清河府東北。元屬大名路。洪武六年九月來屬。東有衞河。

大名府元大名路，直隸中書省。洪武元年爲府。十月屬河南分省。二年三月來屬。領州一，縣十。東北距京師千一百六十里。弘治四年編戶六萬六千二百七，口五十七萬四千九百七十二。萬曆六年，戶七萬一千一百八十，口六十九萬二千五十八。

元城倚。故城在東，洪武三十一年圮於衞河，徙此。東有沙麓山。西有漳河。北有衞河，卽永濟渠也，自河南汲縣流入，下流合漳河。東北有小灘鎭巡檢司。

大名府南，少東。元與元城縣同爲大名府治。洪武十年五月省入魏縣。十五年二月復置。永樂九年移於今治。北有㥁山，東南有衞河。

魏府西，少北。舊治在縣西。洪武三年遷於此。南有魏河，又有新舊二漳河，下流俱合於衞河。

南樂府東。南有繁水，北入於衞河。

清豐府東南。元屬開州。洪武七年三月改屬府。西南有澶水，伏流至古繁水城西南，謂之繁水。

內黃府西南。元屬滑州。洪武七年三月改屬府。北有衞河。東有繁水。西有洹水。西北有回隆鎭，有回龍廟巡檢司。嘉靖三十六年，漳河決於此，入衞。

濬府西南。元濬州治在浮丘山之西。洪武二年四月降爲縣，徙治於山東北之平坡。嘉靖二十九年復徙城於山巔，卽今治也。東有大伾山，一名黎陽山，又名淸澶山。西有衞河。北有淇水，自河南淇縣流入，經縣南，東入於衞，謂之黎水，亦謂之濬水。又西有長豐泊。西南有新鎭巡檢司。

滑府西南。元滑州。洪武二年四月省州治白馬縣入焉。七年三月降爲縣。西北有衞河。東南有老岸鎭巡檢司。

開州 洪武二年四月以州治濮陽縣省入。大河故道在城南，正統十三年，河決入焉。景泰五年塞。北距府百六十里，領縣二。

長垣州南。舊治在縣東北，洪武二年以河患遷於古蒲城。南有黃河故道。東南有朱家口，正統十三年，河決於此。又南有大社口，萬曆十五年，河復決焉。又東南有大岡巡檢司，本治永豐里，尋徙竹林，後徙大岡。

東明州北。洪武十年五月省入州及長垣縣。弘治三年九月復置，屬府。萬曆中，仍屬州，其舊治在今縣南。洪武初，徙今縣西。弘治三年始徙於今治。南有黃河，有杜勝集巡檢司。

永平府元永平路，直隸中書省。洪武二年改爲平灤府。四年三月爲永平府。領州一，縣五。西距京師五百五十里。弘治四年編戶二萬三千五百三十九，口二十二萬八千九百四十四。萬曆六年，戶二萬五千九十四，口二十五萬五千六百四十六。

盧龍倚。東南有陽山。西有灤河，自開平流經縣境，有漆河自北來入焉。東有肥如河，經城西入於漆。北有桃林口關。

遷安府西北。北有都山。東有灤河。又北有劉家口、冷口、青山口等關。

撫寧府東，少南。舊治在陽河西，洪武六年十二月所徙。十三年又遷於兔耳山東。東南濱海。又東有楡河，又有陽河，一名洋河，俱自塞外流入，俱東南注於海。東有山海關。洪武十四年九月置山海衞於此。〔一三〕北有撫寧衞，永樂元年二月置。又有董家口、義院口等關。東有一片石口，一名九門水口。

昌黎府東南。西北有碣石山。東南有溟海，亦曰七里海。有黑陽河，自天津達縣之海道也。又有蒲泊，舊產鹽，置惠民鹽場於此。北有界嶺口、箭捍嶺等關。

灤州　洪武二年九月以州治義豐縣省入。南濱海。東有灤河。又南有開平中屯衞，永樂元年二月自沙峪移置於此。東北距府四十里。領縣一。

樂亭州東南。南濱海。西有灤河，經縣北岳婆港分爲二，東曰胡盧河，西曰定流河，各入於海。景泰中，胡盧河塞，定流河獨自入海，其水清碧，亦謂之綠洋溝。又西南有新橋海口巡檢司。萬曆四十三年移於灤州西之榛子鎭。

延慶州元龍慶州，屬大都路。洪武初，屬永平府。三年三月屬北平府，尋廢。永樂十二年三月置隆慶州，屬北京行部。十八年十一月直隸京師。隆慶元年改曰延慶州。西有阪泉山。南有八達嶺。東北有嬀川，俗名淸水河，下流注於桑乾河。又西南有沽河。東南有岔道口，與居庸關相接。關口有居庸關守禦千戶所，洪武三年置。建文四年，燕王改爲隆慶衞，隆慶元年曰延慶衞。東南又有柳溝營，隆慶初，置城於此，爲防禦處。領縣一。東南距京師百八十里。弘治四年編戶一千七百八十七，口二千五百四十四。萬曆六年，戶二千七百五十五，口一萬九千二百六十七。

永寧本永寧衞，洪武十二年九月置。永樂十二年三月置縣於衞城。嬀川在西。東有四海冶堡，天順八年置。西北有靖胡堡，東南有黑漢嶺堡，北有周四溝堡，俱嘉靖中置。又有劉斌堡，萬曆三十二年所置也。

保安州元屬上都路之順寧府。洪武初，廢。永樂二年閏九月置保安衞。十三年正月復置州於衞城，屬北京行部。十八年十一月直隸京師。舊州城在西南山下，景泰二年移於雷家站，〔一四〕即今治也。西南又有涿鹿山，涿水出焉。西北有磨笄山，亦曰雞鳴山，又有鷂兒嶺。又桑乾河在西南，自山西蔚州流入，東有嬀川來入焉，謂之合和口。西有甯川，亦入於桑乾。東有東八里堡、良田屯堡、麻谷口堡，俱洪武二十五年置。南有美峪守禦千戶所，本在州西之美峪嶺，永樂十二年置。十六年二月徙於董家莊。景泰二年又移於此，與山西蔚州界。東南距京師三百里。弘治四年編戶四百四十五，口一千五百六十。萬曆六年，戶七百七十二，口六千四百四十五。

萬全都指揮使司元順寧府，屬上都路。洪武四年三月，府廢。宣德五年六月置司於此。領衞十五，蔚州、延慶左、永寧、保安四衞俱設於本州縣，〔一五〕守禦千戶所三，廣昌、美峪二所，亦設於本處，堡五。東南距京師三百五十里。

宣府左衞元宣德縣，爲順寧府治。洪武四年，縣廢。二十六年二月置衞，屬山西行都司。二十八年四月改爲宣府護衞，屬谷王府。三十五年十一月罷宣府護衞，復置，徙治保定。永樂元年二月直隸後軍都督府。宣德五年六月還故治，改屬。洪武二十四年四月建谷王府，永樂元年遷於湖廣長沙。西有灤河，源自炭山，下流入開平界。南有桑乾河，洋河東流入之。又有順聖川，延袤二百餘里，下流亦合於桑乾河。北有東西二城，其東城爲順聖縣，元屬順寧府，西城爲弘州，元屬大同路，洪武中俱廢。天順四年修築二城。又東北有大白陽、小白陽及龍門關等堡。東南有雞鳴驛堡。北有葛峪堡。西北有長峪口、青邊口、羊房等堡。

宣府右衞洪武二十六年二月置，與左衞同城，屬山西行都司。二十八年四月改爲宣府護衞，屬谷王府。三十五年十一月罷宣府護衞，復置，徙治定州。永樂元年二月直隸後軍都督府。宣德五年六月還故治，改屬。

宣府前衞　洪武二十六年置，治宣府城，屬山西行都司。永樂元年二月直，隸後軍都督府。宣德五年六月改屬。

萬全左衞元宣平縣，屬順寧府。洪武四年，縣廢。二十六年二月置衞，屬山西行都司。三十五年徙治山西蔚州。永樂元年二月徙治通州，直隸後軍都督府，尋還故治。宣德五年改屬。北有洋河，西海子自西來，流入之。又西北有沙城堡。西有會河堡。東有寧遠站堡。東距都司六十里。

萬全右衞　洪武二十六年二月置，與左衞同城，屬山西行都司。三十五年徙治山西蔚州。永樂元年二月徙治通州，直隸後軍都督府。二年徙治德勝堡。宣德五年改屬。北有翠屏山，又有野狐嶺。西北有西陽河，〔一六〕下流入灤河。東有張家口堡。西有新河口堡。北有膳房堡、上莊堡。西北有新開口、柴溝、洗馬林等堡。西南有渡口堡，又有西陽河堡。東距都司八十里。

懷安衞元懷安縣，屬興和路。洪武三年屬興和府，改屬山西大同府，尋廢。二十六年二月置衞，屬山西行都司。永樂元年二月直隸後軍都督府。宣德五年六月改屬。西北有花山。北有蕁麻嶺。南有水溝口河，東入於洋河。東北有威寧縣，元屬興和路，洪武中廢。又西有李信屯堡，嘉靖十六年置。東距都司百二十里。

保安右衞　永樂十五年置於順聖川，直隸後軍都督府。十七年移治西沙城。二十年徙懷安城內。宣德五年六月改屬。

懷來衞元懷來縣，屬龍慶州。洪武二年屬永平府。三年三月屬北平府，尋廢。三十年正月置懷來守禦千戶所。永樂十五年改爲懷來左衞，明年曰懷來衞，直隸後軍都督府。宣德五年六月改屬。北有螺山，或云卽溼山也。東南有嬀川。西有沽河。又西南有土木堡。東南有楡林堡，又有殷繁水。西北距都司百五十里。

延慶右衞　本隆慶右衞，永樂二年置於居庸關北口，直隸後軍都督府。宣德五年六月來屬，徙治懷來城。隆慶元年更名。

開平衞　本獨石堡，宣德五年築。六月自開平故城移衞，置於此。東有東山，韭菜川出焉，經城南，與氈帽山水合。又南有獨石水，下流合於龍門川。南有半壁店、猫兒峪等堡。東北有淸泉堡。西南距都司三百里。

龍門衞　宣德六年七月置於故龍門縣。東有紅石山，紅石水出焉，下流合於龍門川。西有大松山。北有洗馬嶺。西北有金家莊堡。東有三岔口堡。西距都司百二十里。

興和守禦千戶所　永樂二十年自興和舊城徙宣府城內。宣德五年六月改屬。

龍門守禦千戶所　宣德六年七月置於李家莊。西有西高山。東有白河。北有牧馬堡。東有寧遠堡。東北有長伸地、〔一七〕滴水涯等堡。東南有樣田堡。西南距都司二百四十里。

長安嶺堡永樂九年置。弘治二年置守禦千戶所於此。有長安嶺，名槍桿嶺。西北有鷹窩山泉。西南距都司一百四十里。

鵰鶚堡宣德五年六月置。北有浩門嶺。南有南河，下流入於白河。西南距都司一百七十里。

赤城堡宣德五年六月置。東有赤城山。又有東河，即通州白河之上源也，又有西河，合焉。西北有鎮寧堡，弘治十一年置。西南距都司二百里。

雲州堡元雲州，屬上都路。洪武三年七月屬北平府。五年七月廢。宣德五年六月置堡。景泰五年置新軍千戶所於此。東北有龍門山，亦曰龍門峽，下爲龍門川。又北有灤河。東北有金蓮川。西北有鴛鴦泊。又金蓮川東有鎮安堡，成化八年置。西南距都司二百十里。

馬營堡宣德七年置。西北有冠帽山。南有灤河。又西北有君子堡。西有松樹堡。東南有倉上堡。西南距都司二百里。

北平行都指揮使司　本大寧都指揮使司，洪武二十年九月置。治大寧衞。二十一年七月更名。領衞十。永樂元年三月復故名，僑治保定府，而其地遂虛。景泰四年，泰寧等三衞乞居大寧廢城，不許，令去塞二百里外居住。天順後，遂入於三衞。西南距北平布政司八百里。

大寧衛元大寧路，治大定縣，屬遼陽行省。洪武十三年爲府，屬北平布政司，尋廢。二十年八月置衛。九月分置左、右、中三衛，尋又置前、後二衛。二十八年四月改左、右、後三衛爲營州左、右、中三護衛。永樂元年二月省，又徙中、前二衛於京師，直隸後軍都督府。洪武二十四年四月，寧王府建於此，永樂元年遷於江西南昌。南有土河。東南有大鹻場。東北有惠和縣，又有武平縣。東有和衆縣。元俱屬大寧路，洪武中俱廢。

新城衛　洪武二十年九月置。永樂元年廢。　距行都司六十里。

富峪衛　本富峪守禦千戶所。洪武二十二年二月置。二十四年五月改爲衛。永樂元年二月徙置京師，直隸後軍都督府。　距行都司一百二十里。

會州衛　洪武二十年九月置。永樂元年廢。南有冷嶺。西北有馬孟山，廣袤千里，土河之源出焉，下流合於潢河，又南入於遼水。　距行都司　里。

榆木衛　洪武二十年九月置。永樂元年廢。　距行都司　里。

全寧衛元全寧路，直隸中書省。洪武中廢。二十二年四月置衛。永樂元年廢。有潢河，又有黑龍江。　西南距行都司二百　里。

營州左屯衛　洪武二十六年二月置。永樂元年三月徙治順義縣，屬大寧都司。南有塔山。

距行都司　　里。

營州右屯衞元建州，屬大寧路。洪武中，州廢。二十六年二月置此衞。永樂元年三月徙治薊州，屬大寧都司。西北距行都司四百里。

營州中屯衞元龍山縣，屬大寧路。洪武中，縣廢。二十六年二月置此衞。永樂元年三月徙治平谷縣西，屬大寧都司。南有榆河。距行都司　　里。

營州前屯衞元興州，屬上都路。洪武三年七月屬北平府。五年七月廢。二十六年置此衞。永樂元年三月徙治香河縣，屬大寧都司。西有新開嶺。南有老河，源出馬孟山，流經此，又經行都司城南，東北入於潢河。西南有興安縣，元屬興州，順帝後至元五年四月廢。距行都司　　里。

營州後屯衞洪武二十五年八月置。永樂元年三月徙治三河縣，屬大寧都司。距行都司　　里。

興州左屯衞洪武中置。永樂元年二月徙治玉田縣，直隸後軍都督府。距行都司　　里。

興州右屯衞洪武中置。永樂元年二月徙治遷安縣，直隸後軍都督府。距行都司　　里。

興州中屯衞洪武中置。永樂元年二月徙治良鄉縣，直隸後軍都督府。距行都司里。

興州前屯衞 洪武中置。永樂元年二月徙治豐潤縣，直隸後軍都督府。 距行都司　里。

興州後屯衞 洪武中置。永樂元年二月徙治三河縣，直隸後軍都督府。 距行都司　里。

開平衞元上都路，直隸中書省。洪武二年爲府，屬北平行省，尋廢府置衞，屬北平都司。永樂元年二月徙衞治京師，直隸後軍都督府。四年二月還舊治。宣德五年遷治獨石堡，改屬萬全都司，而令兵分班哨備於此，後廢。西北有臥龍山。南有南屏山，又有灤河。東北有香河，又有簸箕河、閻河，西南有兔兒河，下流俱合於灤河。又東有涼亭、沈阿、賽峯、黃崖四驛，路接大寧、古北口；西有桓州、威虜、明安、隰寧四驛，路接獨石。俱洪武中置，宣德後廢。又西北有寧昌路，東北有應昌路，北有泰寧路，又有德寧路，元俱直隸中書省。西有桓州，元屬上都路。洪武中皆廢。 距北平都司　里。

開平左屯衞 洪武二十九年八月置於七合營。永樂元年廢。 距都司　里。

開平右屯衞 洪武二十九年置於軍臺。永樂元年廢。 距北平都司　里。

開平中屯衞 洪武二十九年置於沙峪。永樂元年二月徙治眞定府，直隸後軍都督府。尋徙治灤州西石城廢縣。 距都司　里。

開平前屯衞　洪武二十九年八月置於偏嶺。永樂元年廢。　距北平都司　里。

開平後屯衞　洪武二十九年八月置於石塔。永樂元年廢。　距北平都司　里。

興和守禦千戶所元隆興路，直隸中書省。皇慶元年十月改爲興和路。洪武三年爲府，屬北平布政司。四年後，府廢。三十年正月置所。永樂元年二月直隸後軍都督府。二十年爲阿魯台所攻，徙治宣府衞城，而所地遂虛。東北有凌霄峯。南有威遠川。西有魚兒濼。又西有集寧路，元直隸中書省。西北有寶昌州，元屬興和路。又有高原縣，元爲興和路治。洪武中俱廢。　距北平都司　里。

寬河守禦千戶所　洪武二十二年二月置。永樂元年二月徙治遵化縣，仍屬大寧都司。又僑置寬河衞於京師，直隸後軍都督府。東南有寬河，一名豹河，下流經遷安縣西北，又東合於灤河。

距北平都司　里。

宜興守禦千戶所元宜興縣，屬興州。致和元年八月升爲宜興州。洪武二年兼置衞，屬永平府。三年三月屬北平府。六月改衞爲守禦千戶所。五年七月，州廢，存所。永樂元年，所廢。

距北平都司　里。

南京　禹貢揚、徐、豫三州之域。元以江北地屬河南江北等處行中書省，又分置淮東道宣慰使司治揚州路屬焉；江南地屬江浙等處行中書省。明太祖丙申年七月置江南行中書省。治應天府。洪武元年八月建南京，罷行中書省，以應天等府直隸中書省，衞所直隸大都督府。十一年正月改南京爲京師。十三年正月己亥罷中書省，以所領直隸六部。癸卯改大都督府爲五軍都督府，以所領直隸中軍都督府。永樂元年正月仍稱南京。統府十四，直隸州四，屬州十七，縣九十有七。爲里萬三千七百四十有奇。北至豐、沛，與山東、河南界。西至英山，與河南、湖廣界。南至婺源，與浙江、江西界。東至海。距北京三千四百四十五里。

應天府元集慶路，屬江浙行省。太祖丙申年三月曰應天府。洪武元年八月建都，曰南京。十一年曰京師。永樂元年仍曰南京。洪武二年九月始建新城，六年八月成。內爲宮城，亦曰紫禁城，門六：正南曰午門，左曰左掖，右曰右掖，東曰東安，西曰西安，北曰北安。宮城之外門六：正南曰洪武，東曰長安左，西曰長安右，東之北曰東華，西之北曰西華，北曰玄武。皇城之外曰京城，周九十六里，門十三：南曰正陽，南之西曰通濟，又西曰聚寶，西南曰三山，曰石城，北曰太平，北之西曰神策，曰金川，曰鍾阜，東曰朝陽，西曰清涼，西之北曰定淮，曰儀鳳。後塞鍾阜、儀鳳二門，存十一門。其外郭，洪武二十三年四月建，周一百八十里，門十有六：東曰姚坊、仙鶴、麒麟、滄波、高橋、雙橋，南曰上方、夾岡、鳳臺、大馴象、大安德、小安德，西曰江東，北曰佛寧、上元、觀音。領縣八。洪武二十六年編戶一十六萬三千九百一十五，口一百十九萬三千六百二十。弘治四年，戶一十四萬四千三百六十八，口七十一萬一千三。萬曆六年，戶一十四萬三千五百九十七，口七十九萬五百一十三。

上元倚。太祖丙申年遷縣治淳化鎮，明年復還舊治。東北有鍾山，山南有孝陵衞，洪武三十一年置。北有覆舟山。西北有雞鳴山、幕府山。又東北有攝山。東南有方山。北濱大江。東南有秦淮水，北流入城，又西出，入大江。又北有玄武湖。東有青溪，又有淳化鎮巡檢司。

江寧倚。南有聚寶山、牛首山。西南有三山、烈山、慈姥山。西濱大江。東北有靖安河。西南有大勝關、江寧鎮。東南有秣陵關。西有江東四巡檢司。北有龍江關，置戶分司於此。

句容府東。南有茅山。北有華山，秦淮水源於此。北濱大江。西北有龍潭巡檢司。

溧陽府東南。元溧陽州。洪武二年降爲縣。東南有鐵山、銅山。西南有鐵冶山。北有長蕩湖，一名洮湖，與宜興、金壇二縣分界。西北有溧水，一名瀨水，上承丹陽湖，東流爲宜興縣荆溪，入太湖，舊名永陽江，又曰中江也。西北有上興埠巡檢司，後廢。

溧水府東。元溧水州。洪武二年降爲縣。東南有東廬山，秦淮水別源出焉。南有石臼湖，西連丹陽湖，注大江。

高淳府南。弘治四年以溧水縣高淳鎮置。西南有固城、丹陽、石臼諸湖。東南有廣通鎮，俗曰東壩，有廣通鎮巡檢司。

江浦府西。本六合縣浦子口巡檢司，洪武九年六月改爲縣，析和、滁二州及江寧縣地益之。二十五年七月移於江北新開路口，仍置巡檢司於舊治。東南濱大江，有江淮衞，洪武二十八年正月置。又有西江口巡檢司。

六合府西北。元屬眞州。洪武三年直隸揚州府。二十二年二月來屬。東有瓜步山，濱大江，滁河水自西來，入焉。有瓜埠巡檢司。

鳳陽府元濠州，屬安豐路。太祖吳元年升爲臨濠府。洪武二年九月建中都，置留守司於此。六年九月曰中立府。七年八月曰鳳陽府。洪武二年九月建中都城於舊城西，三年十二月始成。周五十里四百四十三步。立門九：正南曰洪武，南之左曰南左甲第，右曰前右甲第，北之東曰北左甲第，西曰後右甲第，正東曰獨山，東之左曰長春，右曰朝陽，正西曰塗山。中爲皇城，周九里三十步，正南門曰午門，北曰玄城，東曰東華，西曰西華。領州五，縣十三。距南京三百三十里。洪武二十六年編戶七萬九千一百七，口四十二萬七千三百三。弘治四年，戶九萬五千一十，口九十三萬一千一百八。萬曆六年，戶一十一萬一千七十，口一百二十萬二千三百四十九。

鳳陽倚。洪武七年八月析臨淮縣地置，爲府治。十一年又割虹縣地益之。北濱淮，南有鏌鋣山，西濠水出焉。又西南有皇陵城，洪武二年置衞。西北有長淮關，洪武六年置長淮衞於此。東北有洪塘湖屯田守禦千戶所，洪武十一年置。

臨淮府東北。元曰鍾離，爲濠州治。洪武二年九月改曰中立。三年十一月改曰臨淮。七年爲府屬。北濱淮。有二濠水，東源出濠塘山，西源出鏌鋣山，至城西南合流，東入淮。

懷遠府西北。荆山在縣西南。塗山在縣東南。淮水經兩山峽間，有北肥水入焉。又北有渦水亦入淮，謂之渦口。又西南有洛水，與壽州分界，逕縣南新城村入淮。有洛河鎭巡檢司。

定遠府南。南有池河。西有洛河。又有英武衞在北，飛熊衞在東北，俱洪武十一年置。

五河府東北。元屬泗州。洪武四年二月來屬。舊治在縣南，永樂元年圮於水，徙治西北界。嘉靖二十五年遷於澮河北，即今治也。東濱淮。東南有漴河，西北有澮河、沱河，東北有潼河，並流合淮，謂之五河口。又西有上店巡檢司，後廢。

虹府東北。元屬泗州。洪武七年七月來屬。南有汴河。東南有潼河。西有沱河。

壽州元安豐路，屬河南江北行省。太祖丙午年曰壽春府。吳元年曰壽州，屬臨濠府。洪武二年九月直隸中書省。四年二月還屬，後以州治壽春縣省入。北濱淮。淮水逕山硤中，謂之硤石山，有西肥水來合焉。東北有八公山，東肥水逕其下，西入淮，謂之肥口。又西北有潁水，亦入淮。又南有芍陂水，西有淠水，俱入淮。又北有下蔡縣，南有安豐縣，俱洪武中省，有下蔡鎭巡檢司。又東有北爐鎭、西有正陽鎭二巡檢司。東距府一百八十里，領縣二。

霍丘州西南。西南有大別山。北濱淮，史河、灃河俱流入焉。南有開順鎭、丁塔店，西有高唐店三巡檢司。

蒙城州北。北有渦水，又有北肥水。

泗州元屬淮安路。太祖吳元年屬臨濠府。洪武二年九月直隸中書省。四年二月還屬府，後以州治臨淮縣省入。南濱淮，有汴水自城北南流入焉。西距府二百十里，領縣二。

盱眙州南。東南有都梁山。東北有龜山。西有浮山。北濱淮，有池河自西來入焉。又東北有洪澤湖，淮水之所匯也。又西有舊縣巡檢司。

天長州東南。治山在縣南。西北有石梁河，下流為五湖，接高郵州界。東北有城門鄉巡檢司。

宿州元屬歸德府。洪武四年二月來屬。龍山在西南，北肥水出焉。又北有睢河，自河南永城縣流入，下流至宿遷縣合淮，亦曰小河也。南有汴河，亦自永城縣流入，又有澮河與渙水合。又東南有沱水。東南距府二百三十三里。領縣一。

靈璧州東。西南有齊眉山。北有磬石山。黃河在東北。南有汴河。北有睢河。又南有固鎮巡檢司。

潁州元屬汝寧府。洪武四年二月來屬。淮河在南，自河南固始縣流入，下流合大河入海。又南有汝水，自河南息縣流入，逕朱皐鎮入淮。又北有潁河，自河南沈丘縣流入。洪武二十四年，黃河決於河南，由陳州合潁，逕太和縣，又逕州城北，又逕潁上縣，至壽州同入於淮。永樂九年，河復故道。宣德、正統、成化、正德間，河、潁時通時塞，俗亦稱潁為小黃河。西北又有沈丘鎮巡檢司。東距府四百四十里。領縣二。

潁上州東南。東有潁河。南有淮河。東北有西肥水。

太和州西北。南有潁水，亦名沙河。北有西肥水。又有洪山、北原和二巡檢司。

亳州元屬歸德府。洪武初，以州治譙縣省入，尋降爲縣，屬歸德州。六年屬潁州。弘治九年十月復升爲州。西有渦河，自河南鹿邑縣流入，北有馬尙河，流合焉。南有西肥水，卽夏肥水也。又東南有城父縣，洪武中廢。又有義門巡檢司。東南距府四百五十里。

淮安府元淮安路，屬淮東道宣慰司。太祖丙午年四月爲府。領州二，縣九。西南距南京五百里。洪武二十六年編戶八萬六百八十九，口六十三萬二千五百四十一。弘治四年，戶二萬七千九百七十八，口二十三萬七千五百二十七。萬曆六年，戶一十萬九千二百五，口九十萬六千三十三。

山陽倚。北濱淮。高家堰在其西南。南有運河，永樂中濬。西南有永濟河，萬曆九年開，長六十五里，亦謂之新運河。東南有射陽湖。東北有馬邏鄉、廟灣鎭、羊寨鄉三巡檢司。

清河府西。縣治濱黃河，崇禎末，遷治縣東南之甘羅城。南有淮河，東北與黃河合，謂之清口，舊謂之泗口。自徐州至此，皆泗水故道，爲黃河所奪者也。南有洪澤湖，有洪澤巡檢司。又東有馬頭鎭巡檢司。

鹽城府東南。東濱海，有鹽場。北有射陽湖。西有清溝、西北有喻口鎭二巡檢司。

安東府東北。元安東州。洪武二年正月降爲縣。東北朐山在南。東北有鬱洲山，在海中，洪武初，置東海巡檢司於此，後移於州南之新壩。西南有漣河，又有桑墟湖，濱海。南有淮水，東北過雲梯關，折旋入於海。自清口至此，皆淮水故道，爲黃河所奪者也。又漣水自西北來，東南流入淮。又西北有碩項湖。東北有五港口、長樂鎮，東南有壩上三巡檢司。

桃源府西北。元曰桃園。洪武初，更名。北有大河，卽泗水故道。西北有古城巡檢司。東有三義鎮巡檢司，崇禎末，移於縣西之白洋河鎮。

沭陽府北。元屬海寧州。洪武初改屬。東南有沭水，自山東郯城縣流入，其下流爲漣水。又北有桑墟湖。

海州元曰海寧州。洪武初，復曰海州，以州治朐山縣省入。北有于公、白溝等浦，皆產鹽。南有惠澤、西北有高橋二巡檢司。南距府二百七十里。領縣一。

贛楡州北。西北有羽山。東濱海。東北有荻水鎮、南有臨洪鎮二巡檢司。

邳州元屬歸德府。洪武初，以州治下邳縣省入。四年二月改屬中都。十五年來屬。北有艾山，接山東沂水縣界。西有沂水，自沂州西流，至下邳入泗。又西北有泇河。萬曆三十五年開泇以通運，自沛縣夏鎮迄直河口，長二百六十餘里，避黃河險者三百餘里。有直河口巡檢司。又西有新安巡檢司。東南距府四百五十里。領縣二。

宿遷州東南。北有峒峿山。南有大河，卽泗水故道。又東南有睢水，入大河，曰睢口，亦曰小河口。又東南有白洋河，西北有駱馬湖，皆入大河。東北有劉家莊巡檢司。

睢寧州南。北濱大河。有睢水自西來，經縣界，至睢口入河。

揚州府元揚州路，屬淮東道宣慰司。太祖丁酉年十月曰淮海府。辛丑年十二月曰維揚府。丙午年正月曰揚州府。領州三，縣七。西距南京二百二十里。洪武二十六年編戶一十二萬三千九十七，口七十三萬六千一百六十五。弘治四年，戶一十萬四千一百四，口六十五萬六千五百四十七。萬曆六年，戶一十四萬七千二百一十六，口八十一萬七千八百五十六。

江都倚。元末廢。太祖辛丑年復置。西有蜀岡。東有官河，即古邗溝，今運河也。南濱大江。東北有艾陵湖。北有邵伯湖，有邵伯鎮巡檢司。又東有萬壽鎮、西北有上官橋、南有瓜洲鎮三巡檢司。又東有歸仁鎮巡檢司，後遷便益河口。

儀眞府西。元眞州，治揚子縣。洪武二年，州廢，改縣曰儀眞。西北有大、小銅山。南濱江。南有運河。東南有舊江口巡檢司，尋移於縣南汊河口。

泰興府南。南濱江。西北有口岸鎮、東有黃橋鎮、南有印莊三巡檢司。

高郵州元高郵府，屬淮東道宣慰司。洪武元年閏七月降爲州，以州治高郵縣省入。西有運河。西北有樊梁、甓社、新開等湖。西南有白馬塘。北有張家溝、東北有時堡二巡檢司。又西有北阿鎮。東有三垜鎮。西南距府百二十里。領縣二。

寶應州北。西有運河，又有汜光、白馬、射陽等湖。南有槐樓鎮、西南有衡陽二巡檢司。

興化州東。南有運河。東有得勝湖。東北有安豐巡檢司。又東北有鹽場。

泰州　洪武初，以州治海陵縣省入。東濱海。南濱江。西有運河。東北有西溪鎮、北有寧鄉鎮、東南有海安鎮三巡檢司。西距府百二十里。領縣一。

如皋州東南。大江在縣南。運河在縣北。東有掘港、南有石莊、北有西場三巡檢司。又東南有白浦鎮。

通州　洪武初，以州治靜海縣省入。南有狼山，臨大江，有狼山巡檢司。東南濱海，舊有海門島及布州夾。西有運鹽河。又東北有石港巡檢司。城南有利豐監，宋置。西距府四百里。領縣一。

海門州東。舊治禮安鄉圮於海，正德七年徙治餘中場。嘉靖二十四年八月遷於金沙場以避水患。海在東，大江於此入海。又西有張港、東有吳陵、又有安東壩上、又有白塔河四巡檢司。東南有料角嘴。

蘇州府元平江路，屬江浙行省。太祖吳元年九月曰蘇州府。領州一，縣七。西距南京五百八十八里。洪武二十六年編戶四十九萬一千五百一十四，口二百三十五萬五千三十。弘治四年，戶五十三萬五千四百九，口二百四萬八千九十七。萬曆六年，戶六十萬七百五十五，口二百一萬一千九百八十五。

吳倚。西有姑蘇山。西南有橫山，又有穹窿、光福等山。又有太湖。湖縱廣三百八十三里，周三萬六千頃，跨蘇、常、嘉、湖四府之境，亦曰具區，亦曰五湖，中有包山、莫釐山。又南有吳淞江，亦曰松江，亦曰松陵江，亦曰笠澤，自太湖分流，東入海。又西有運河。西南有木瀆、東山、甪頭三巡檢司。又有橫金巡檢司，後廢。

長洲倚。西北有虎丘山，又有陽山，又有長蕩、陽城等湖。東有婁江，源出太湖。東南有運河。又北有吳塔、東南有陳墓二巡檢司。又東有唐湖巡檢司，後廢。

吳江府東南。元吳江州。洪武二年降爲縣。西濱太湖。東有吳淞江，又有運河。又東南有白蜆江。又東有同里，南有平望，西南有震澤，東南有簡村、汾湖五巡檢司。又東有長橋、西南有瀾溪、東南有因瀆三巡檢司，後廢。

崑山府東。元崑山州。洪武二年降爲縣。南有吳淞江。西有女婁江。東南有澱山湖。又南有千墩浦，東有夏駕浦，皆注於婁江。東南有石浦巡檢司，後移於千墩浦口。西北有巴城巡檢司，後移於縣西之眞義鎮。

常熟府北。元常熟州。洪武二年降爲縣。萬曆末避諱曰嘗熟。西北有虞山。北有福山，下臨大江。有福山浦，又東有白茆浦，東北有許浦，西北有奚浦、黃泗浦，爲五大浦。皆分太湖西北之水，注於大江。南有運河。有許浦、白茅、黃泗、福山四巡檢司。

嘉定府東。元嘉定州。洪武二年降爲縣。東濱海。南有運河。又南有吳淞江，西南有白鶴江，西南有青龍江，南有蟠龍江，皆滙吳淞江入海。又劉河在縣北，卽婁江也。又東南有吳淞江守禦千戶所，洪武十九年置。又有寶山守禦千戶所，本協守吳淞中千戶所，嘉靖三十六年置，萬曆五年更名。又東有顧逕、東南有江灣二巡檢司。

又西南有吳塘、南有南翔二巡檢司，後廢。

太倉州 本太倉衞，太祖吳元年四月置。弘治十年正月置州於衞城，析崑山、常熟、嘉定三縣地益之。東濱海。海口有鎭海衞，洪武十二年十月置，後移於太倉衞城。南有劉河，其入海處曰劉河口，有劉家港巡檢司。北有七鴉浦，亦東入海。又東北有甘草巡檢司。又有唐茜涇口巡檢司，後移於東花浦口，尋廢。又有茜涇巡檢司，亦廢。西距府一百零五里。領縣一。

崇明州東。元崇明州，屬揚州路。洪武二年降爲縣。八年改屬蘇州府。弘治十年正月來屬。舊治在縣東北曰東沙，爲海所圮。永樂十九年、嘉靖八年、三十三年三遷，亦俱圮於水。萬曆十三年遷於平洋沙巡檢司，卽今治也。四面環海。西有西沙、北有三沙二巡檢司。

松江府元直隸江浙行省。太祖吳元年正月因之。領縣三。西北距南京七百七十里。洪武二十六年編戶二十四萬九千九百五十，口一百二十一萬九千九百三十七。弘治四年，戶二十萬五百二十，口六十二萬七千三百一十三。萬曆六年，戶二十一萬八千三百五十九，口四十八萬四千四百一十四。

華亭倚。崑山在縣西北。東南濱海，有鹽場。又西北有澱山湖，西有泖湖。〔一八〕東南有黃浦，西北有趙屯、大盈、顧會、松子、磐龍等五浦，俱會吳淞江入海。東南有金山衞，又東有青村守禦千戶所，俱洪武二十年二月置。西北有小貞村、西南有泖橋二巡檢司。南有金山巡檢司，本治張堰，後徙胡家巷。東南有南橋巡檢司，本戚睦，後徙治更名。又有陶宅巡檢司，後廢。又東南有柘林鎮，嘉靖間築城戍守。

上海府東北。東濱海，有鹽場。北有吳淞江，有巡檢司。東有黃浦，有巡檢司。東南有南滙觜守禦中、後千戶所，洪武二十年二月置。又有三林莊巡檢司。又有南蹌巡檢司，後廢。嘉靖三十六年築城曰川沙堡，置兵戍守焉。

青浦府西北。嘉靖二十一年四月以今縣東北之新涇巡檢司置，析華亭、上海二縣地益之。三十二年廢爲青龍鎮，仍置新涇巡檢司。萬曆元年復於唐行鎮置縣，卽今治也。北有吳淞江。東有顧會等浦。西南有澱山湖。又西有安莊鎮，殿山巡檢司置於此。

常州府元常州路，屬江浙行省。太祖丁酉年三月丁亥曰長春府，己丑曰常州府。萬曆末，避諱曰嘗州府。領縣五。西北距南京三百六十里。洪武二十六年編戶一十五萬二千一百六十四，口七十七萬五千五百一十三。弘治四年，戶五萬一百三十一，口二十二萬八千三百六十三。萬曆六年，戶二十五萬四千四百六十，口一百萬二千七百七十九。

武進倚。東爲晉陵縣，元時同治郭內。太祖丁酉年三月改武進縣曰永定，晉陵縣曰京臨。尋以京臨省入永定。壬寅年八月仍改永定曰武進。東南有馬跡山，濱太湖。北有大江。西有孟瀆，又有得勝新河，俱北入江。南有運河。西南有滆湖，與宜興界。東有陽湖，與無錫界。西有魏村閘守禦百戶所，洪武三年置。又有奔牛巡檢司。西北有小河巡檢司，舊在鄭港，後移小河寨，尋復遷孟河城。北有澡江巡檢司，舊在江北沙新河，後遷縣北於塘村。

無錫府東。元無錫州。洪武二年四月降爲縣。西有慧山，梁溪出焉，西南入太湖，其別阜曰錫山。西南有太湖。東南有運河。又西北有高橋、東南有望亭二巡檢司。

宜興府南。元宜興州。太祖戊戌年十月曰建寧州，尋復曰宜興州。洪武二年降爲縣。西南有荆南山，又有國山，又有龍池山。又東南有香蘭山，臨太湖。又有唐貢山，產茶。西北有𨙸山，有長蕩湖。北有運河。南有荆溪。西南有百瀆，疏荆溪之下流，注於太湖，後多堙廢。東北有下邾、北有鍾溪、東南有湖㳇、西南有張渚四巡檢司。

江陰府西北。元江陰州，直隸江浙行省。太祖甲辰年曰連洋州，尋復曰江陰州。吳元年四月降爲縣，來屬。北有君山，濱大江。西南又有秦望山。東有香山。南有運河。又申浦在西，又有黃田等港，俱注大江。東有石頭港巡檢司。西有利港巡檢司，後移於夏港。又東有范港巡檢司，後廢。又有楊舍鎮，嘉靖三十七年築城。

靖江府東北。成化七年閏九月以江陰縣馬馱沙置。〔一九〕大江舊分二派，繞縣南北。天啓後，潮沙壅積，縣北大江漸爲平陸。西南有新港巡檢司。

鎮江府元鎮江路，屬江浙行省。太祖丙申年三月曰江淮府，十二月曰鎮江府。領縣三。西距南京城二百里。洪武二十六年編戶八萬七千三百六十四，口五十二萬二千三百八十三。弘治四年，戶六萬八千三百四十四，口一十七萬一千五百八。萬曆六年，戶六萬九千三十九，口一十六萬五千五百八十九。

丹徒倚。北有北固山，濱大江。江中西北有金山，東北有焦山。又城西江口有蒜山。又京峴山在東，圌山在北，〔二〇〕濱江爲險。又南有運河。西有高資鎮、東北有安港、東有丹徒鎮、北有姜家嘴四巡檢司。

丹陽府東南。北濱大江，又有練湖。南有運河。又東有呂城鎮巡檢司，尋移鎮東。又有包港巡檢司，尋移顧巷。

金壇府東南。西有茅山。〔二一〕東南有長蕩湖，一名洮湖，有湖溪巡檢司。北有白鶴溪。

廬州府元廬州路，屬河南江北行省。太祖甲辰年七月爲府，置江淮中書行省於此，尋罷。領州二，縣六。距南京五百十里。洪武二十六年編戶四萬八千七百二十，口三十六萬七千二百。弘治四年，戶三萬六千五百四十八，口四十八萬六千五百四十九。萬曆六年，戶四萬七千三百七十三，口六十二萬二千六百九十八。

合肥倚。西有雞鳴山，肥水所出，東南流入巢湖。西南有紫蓬山。東有浮槎山、横山。〔二二〕又東南有四頂山，俯瞰巢湖，湖周四百餘里，中有姥山、孤山。又東北有滁水，源出龍潭，下流至六合縣入江。又東有店阜河，南有三汊河，皆入巢湖。東北有梁縣，洪武初省。西南有廬鎮關巡檢司，後徙於縣東之石梁鎮。

舒城府西南。西南有龍眠山，與桐城縣界。西有三角山。又巢湖在東。又南有北峽關，亦與桐城界。

廬江府南。元屬無爲州。洪武初，改屬府。東北有冶父山。東有巢湖。東南有黄陂湖。西有冷水關，有巡檢司。

無爲州洪武中，以州治無爲縣省入。大江在東南。東有濡須水，一名天河，自巢湖分流，東北入江。又東有奥龍河鎮，東南有泥汊河鎮、土橋河鎮，北有黄落河鎮四巡檢司。西北距府二百八十里。領縣一。

巢州北。東南有七寶山，與含山縣濡須山相對峙，有西關在其上。巢湖在西，西北有柘皋河流入焉。南有石梁河，即濡須上流也，東南有清溪入焉。西南有焦湖巡檢司。

六安州洪武四年二月屬中都臨濠府，以州治六安縣省入。十五年改屬。〔二三〕西有淠水，亦曰沘水，下流至壽州入淮。西南有麻埠巡檢司，後廢。又西北有和尚灘巡檢司，弘治間屬霍山縣，後移於新店，仍來屬。東距府百八十里。領縣二。

英山州西南。縣治本直河鄉，崇禎十二年徙於西北之章山，十六年又遷於北境之添棲鄉。多雲山在西北，接湖廣羅田縣界。西有英山河，湖廣浠水之上源也。

霍山州西南。本六安州故埠鎮巡檢司，弘治二年改爲縣。南有霍山，亦曰天柱山，亦曰衡山，又謂之南岳也。東南有鐵鑪山，多鐵冶。又西南有四十八盤山，又淠河在東，源出霍山，下流至壽州入淮。西北有千羅畈、西南有上土市二巡檢司。

安慶府元安慶路，屬河南江北行省。太祖辛丑年八月曰寧江府，壬寅年四月曰安慶府。領縣六。

北距南京六百五十里。洪武二十六年編戶五萬五千五百七十三，口四十二萬二千八百四。弘治四年，戶四萬六千五十，口六十一萬六千八十九。萬曆六年，戶四萬六千六百九，口五十四萬三千四百七十六。

懷寧倚。南濱大江，西有皖水流入焉，曰皖口。西北有觀音港巡檢司。東有長風沙鎮巡檢司。

桐城府東北。東有浮山，一名浮度山。西北有龍眠山。北有北峽山，與舒城界，有北峽關巡檢司。又北有西峽山，亦謂之南峽石，對壽州峽石則此爲南也。東南濱江，有樅陽河，自西北流入焉。又東有六百丈，東南有馬踏石、源子港三巡檢司。

潛山府西北。元末廢。洪武初復置。西北有灊山，亦曰天柱山，亦曰皖公山，卽霍山也，皖水出焉，別流曰灊水，合流注大江。又有天堂山，後部河所出，有天堂寨巡檢司。

太湖府西北。西北有司空山。城西有馬路河，卽後部河之下流也，東合於灊水。又西北有南陽、白沙，東北有小池，北有後部四巡檢司。

宿松府西南。東有馬頭山。又小姑山在縣南大江中，與江西彭澤縣界，有小姑山巡檢司。又西南有歸林灘、南有涇江口二巡檢司。

望江府西南。南濱江。東有雷池，南入江，曰雷江口，亦曰雷港，有巡檢司。西有泊湖，北有慈湖，東北有漳湖，下流俱入江。又西南有楊灣鎭巡檢司。

太平府元太平路，屬江浙行省江東道。太祖乙未年六月爲府。領縣三。東距南京百三十五里。洪武二十六年編戶三萬九千二百九十，口二十五萬九千九百三十七。弘治四年，戶二萬九千四百六十六，口一十七萬三千六百九十九。萬曆六年，戶三萬三千二百六十二，口一十七萬六千八十五。

當塗倚。城北有采石山，一名牛渚山，臨大江。西南有博望山，與和州梁山夾江相對，亦曰東梁山。又丹陽湖在東南，周三百餘里，分流蕪湖，西入江。南有姑熟溪，又有黃池河，西南有大信河，北有慈湖，皆入大江。有采石、大信二巡檢司。

蕪湖府西南。西南有戰鳥山，在大江中。西北有七磯。南有魯明江，一名魯港，又有石硊河，俱注大江。西有河口鎮巡檢司，後移於魯港鎮。

繁昌府西南。西北有磕山，在江中。又三山磯在東北，濱江。又西有荻港，入大江。有三山、荻港二巡檢司。

池州府元池州路，屬江浙行省江東道。太祖辛丑年八月曰九華府，尋曰池州府。領縣六。東北距南京五百五十里。洪武二十六年編戶三萬五千八百二十六，口一十九萬八千五百七十四。弘治四年，戶一萬四千九十一，口六萬九千四百七十八。萬曆六年，戶一萬八千三百七十七，口八萬四千八百五十一。

貴池倚。南有齊山。北濱江。東有梅根港。西有池口河，即貴池也，又西有李陽河，俱流入大江。有池口鎮、李陽河二巡檢司。

青陽府東。西南有九華山。北有青山。西有五溪水，出九華山，又南有臨城河，俱會流大通河入江。

銅陵府東北。南有銅官山。東有城山。西濱大江。又南有大通河，北有荻港河，俱入大江，有大通巡檢司。

石埭府東南。北有陵陽山。西有櫟山，官溪出焉，即池口河之源也。又舒溪在南，下流合蕪湖縣之魯港入江。

建德府西南。南有龍口河，東南入饒州府之獨山湖。又有堯城溪，下流爲東流縣之江口河，入江。又西南有永豐鎮巡檢司。

東流府西。西南有馬當山，枕大江，與江西彭澤縣界。南有香口河，流入江，有香口鎮巡檢司，後移於吉陽鎮。

寧國府元寧國路，屬江浙行省。太祖丁酉年四月曰寧國府。辛丑年四月曰宣城府。丙午年正月曰宣州府。吳元年四月仍曰寧國府。領縣六。北距南京三百十里。洪武二十六年編戶九萬九千七百三十二，口五十三萬二千二百五十九。弘治四年，戶六萬三百六十四，口三十七萬一千五百四十三。萬曆六年，戶五萬二千一百四十八，口三十八萬七千一十九。

宣城倚。北有敬亭山。西有清弋江，西北至蕪湖縣入江。又東有宛溪，與東北之句溪合，北流入大江。又南湖亦在東北，流注於句溪。北有黃池鎮、東北有水陽鎮二巡檢司。

南陵府西。西有工山。南有呂山，淮水出焉。東有靑弋江。又西南有漳水，與淮水合，入於靑弋江。又南有峩嶺巡檢司。

涇府西。南有承流山。西有賞溪，亦曰涇溪，其上流卽舒溪也。又東南有藤溪來合焉，下流入靑弋江。東南有茹蔴嶺巡檢司。

寧國府東南。西有桊山。西北有文脊山。東南有千秋嶺，有關。東有東溪，出浙江於潛縣天目山。西有西溪，出績溪縣龍叢山，卽句溪上源也。東南有嶽山巡檢司，舊置嶽山下，洪武中遷於紐口，復移於石口鎮。又西南有胡樂巡檢司。

旌德府南。北有石壁山。西有正山。西南有箬嶺，與太平、歙二縣界。東有徽水，自績溪縣流入，卽藤溪上流也。東北有烏嶺巡檢司，廢。又北有三溪巡檢司。

太平府西南。南有黃山，與歙縣分界。西有龍門山，有巡檢司。南有蔴川，與舒溪合流入涇縣，爲賞溪。西南有宏潭巡檢司，後移於郭巖前。

徽州府元徽州路，屬江浙行省。太祖丁酉年七月曰興安府。吳元年曰徽州府。領縣六。北距南京六百八十里。洪武二十六年編戶一十二萬五千五百四十八，口五十九萬二千三百六十四。弘治四年，戶七千二百五十一，口六萬五千八百六十一。萬曆六年，戶一十一萬八千九百四十三，口五十六萬六千九百四十八。

歙倚。西北有黃山，亦曰黟山，新安江出焉，東南流爲歙浦。又東曰新安江，至浙江建德縣，與東陽江合爲浙江上源。又楊之水在西，亦曰徽溪，合於歙浦。東南有街口鎭、王干寨二巡檢司。西北有黃山巡檢司。

休寧府西。東北有松蘿山。西有白嶽山。東南有率山，率水出焉，新安江別源也。西南有浙溪，東流與率水合。又西有吉陽水，亦曰白鶴溪，下流合於浙溪。西南有黃竹嶺巡檢司，尋廢。東南有太廈巡檢司，後移於屯溪。

婺源府西南。元婺源州。洪武二年正月降爲縣。北有浙嶺，浙溪水出焉，一名漸溪，新安江別源也。西北有大廣山，婺水所出，南流達於鄱陽湖。又西南有太白、東有大鏞嶺二巡檢司。又西有項村巡檢司，舊治澆嶺，後移縣西北之嚴田。萬曆九年復故。

祁門府西。東北有祁山。西有新安山，又有武陵嶺。北有大共山，大共水出焉，南流入江西浮梁縣界。有大共嶺巡檢司。又西南有良禾嶺巡檢司，後移於苦竹港。

黟府西。西南有林歷山。又有武亭山，橫江水出焉。又東北有吉陽山，吉陽水所出。南有魚亭山，魚亭水出焉。俱流合橫江。

績溪府東北。西北有徽嶺山。東有大鄣山，浙水出焉，亦新安江別源也。又龍叢山在東北，楊之水出焉，流合大鄣山水。有叢山關，與寧國縣界。東有西坑寨巡檢司，尋廢。西北有濠寨巡檢司。

徐州元屬歸德府。洪武四年二月屬中都臨濠府。十四年十一月直隸京師。東南有雲龍山。天啓四年遷州治於雲龍山。東北有盤馬山，產鐵。又有銅山。東南有呂梁山，泗水所經。大河自蕭縣流入，經州城北，遂奪泗水之道，東經百步洪、呂梁洪而入邳州界。有呂梁洪巡檢司。又睢水在南。領縣四。南距南京一千里。洪武二十六年編戶二萬二千六百八十三，口一十八萬八百二十一。弘治四年，戶三萬四千八百八十六，口三十五萬四千三百一十一。萬曆六年，戶三萬七千八百四十一，口三十四萬五千七百六十六。

蕭州西南。舊治在縣西北，今治，萬曆五年徙。南有永固山。北有大河，舊汴河所經道也。南有睢水。又西北有趙家圈巡檢司。嘉靖四十四年，大河決於此。

沛州西北。元屬濟寧路。太祖吳元年來屬。南有大河。東有泗河，自山東魚臺縣流入境。又泡河在西，薛河在東，又北有南沙河、北沙河，皆會於泗。又昭陽湖在縣東。又東北有夏鎭。

豐州西北。元屬濟寧路。太祖吳元年來屬。大河在南。北有豐水，卽泡河也。

碭山州西。元屬濟寧路。太祖吳元年來屬。東南有碭山。其北有芒山。大河自河南虞城縣流入，舊經縣南，嘉靖三十七年徙在北。又南有睢水。

滁州元屬揚州路。洪武初，以州治清流縣省入。七年屬鳳陽府。二十二年二月直隸京師。南有琅邪山。西南有清流山，清流關在其南，清流水出焉，合於滁水。又滁水自全椒縣流入，下流至六合縣入江。西有大鎗嶺巡檢司。領縣二。東距南京一百四十五里。洪武二十六年編戶三千九百四十四，口二萬四千七百九十七。弘治四年，戶四千八百四十，口四萬九千七百一十二。萬曆六年，戶六千七百一十七，口六萬七千二百七十七。

全椒州南。洪武初省，十三年十一月復置。東南有九鬬山。西北有桑根山。又滁水在南，自合肥縣流入，有襄水自北流合焉。

來安州北。洪武初省，十三年十一月復置。東北有五湖山，下有五湖。北有石固山。又來安水在東，東南合清流河。又東南有湯河，南入滁河。東北有白塔鎭巡檢司。

和州元治歷陽縣，屬廬州路。洪武初，省州入縣。二年九月復改縣爲州，仍屬廬州府。七年屬鳳陽府，尋直隸京師。梁山在南，與當塗縣博望山夾江相對，謂之天門山，亦曰西梁山。又東南有橫江，南對當塗縣之采石磯。西南有柵江，卽濡須水，入江之口也。南有白石水，又有裕溪河，源出巢湖，皆南流注於江。西有麻湖，亦曰歷湖，永樂中堙。東北有烏江縣，洪武初省。東有浮沙口、南有裕溪鎭二巡檢司。又南有牛屯河巡檢司，後移於烏江鎭，卽故烏江縣也。領縣一。東南距南京百三十里。洪武二十六年編戶九千五百三十一，口六萬六千七百一十一。弘治四年，戶七千四百五十，口六萬七千一十六。萬曆六年，戶八千八百，口一十萬四千九百六十。

含山州西。洪武初省，十三年十一月復置。南有白石山，白石水出焉。西南有濡須山，與無爲州界。西對巢縣之七寶山，濡須水出其間，卽東關口也。又南有三叉河，東合裕溪入江。

廣德州元廣德路，屬江浙行省。太祖丙申年六月曰廣興府。洪武四年九月曰廣德州。十三年四月以州治廣德縣省入，直隸京師。西有橫山。南有靈山。西北有桐川，匯丹陽湖入江，亦名白石水。南有廣安、西南有陳陽、北有杭村三巡檢司。又東南有苦嶺關，路通浙江安吉州。又有四安鎭。領縣一。北距南京五百里。洪武二十六年編戶四萬四千二百六十七，口二十四萬七千九百七十九。弘治四年，戶四萬五千四十三，口一十二萬七千七百九十五。萬曆六年，戶四萬五千二百九十六，口二十二萬一千五十三。

建平州西北。西南有桐川，又有南碕湖，亦謂之南湖，與宣城縣界，流入丹陽湖。北有梅渚、南有陳村二巡檢司。

校勘記

〔一〕洪熙初仍稱行在正統六年十一月罷稱行在　十一月，原作「八月」，據英宗實錄卷八五正統六年十一月甲午條改。原脫「洪熙初仍稱行在」，據明史稿志一八地理志補。按永樂十九年改北京爲京師，卽去行在之稱，見太宗實錄卷一一七永樂十八年九月丁亥條、國榷卷一七頁一一七三。洪熙元年三月戊戌要「復都南京」，改北京爲行在，見仁宗實錄卷八下。正統六年，仍以北京爲京師，罷稱行在。本志記永樂十九年改北京爲京師，而脫去洪熙元年這一過程的記載，則「正統六年十月罷稱行在」卽不可解。

〔二〕永樂四年閏七月詔建北京宮殿　原脫「詔」字。按本書卷六成祖紀，四年閏七月壬戌下詔，「以明年五月建北京宮殿」，太宗實錄卷四四同。是四年閏七月下詔，實際修建在五年五月。據補。

〔三〕南之右曰順城　順城，寰宇通志卷一、元史卷五八地理志作「順承」，明史稿志一八地理志、明會典卷一八七、讀史方輿紀要卷一一作「順成」，當是因「承」「城」「成」音同而產生的不同寫法。

〔四〕西之北曰彰儀　彰儀，本書卷一一景帝紀、明史稿志一八地理志、讀史方輿紀要卷一一都作「彰義」。「彰義」是金時舊名，見金史卷二四地理志。

〔五〕嘉靖三十二年築重城　三十二年，原作「二十三年」，據本書卷一八世宗紀、明史稿志一八地理志、世宗實錄卷三九六和四〇三改。按世宗實錄卷三九五嘉靖三十一年三月丙午條議准築外城，又卷三九六嘉靖三十二年閏三月乙丑條「建京師外城興工」，又卷四〇三嘉靖三十二年十月辛丑條「新築京師外城成」。

〔六〕西山在西　原作「北西山在西」，衍「北」字，據明史稿志一八地理志、明一統志卷一、讀史方輿紀要卷一一刪。

〔七〕元淸州　淸州，原作「靑州」，據明史稿志一八地理志、寰宇通志卷二、元史卷五八地理志、讀史方輿紀要卷一三改。按本志下文稱洪武八年，「改淸爲靑」。

〔八〕以州治淸池縣省入　原脫「治」字，據明史稿志一八地理志補。

〔九〕口一百九萬三千五百三十一　一百九萬，原作「一十九萬」，據明史稿志一八地理志、明會典卷一九改。

〔一〇〕東北有衞水　原脫「東北」兩字，據明史稿志一八地理志、明一統志卷三、讀史方輿紀要卷一四補。

〔一一〕北有黑水　原脫「北」字，據明史稿志一八地理志、讀史方輿紀要卷一四補。

〔一二〕西南有洹水　洹水，原作「恆水」，據明史稿志一八地理志、讀史方輿紀要卷一五改。本志卷四二彰德府臨漳縣下有「洹水」，和本條下的「自臨漳縣流入」相應。

〔一三〕洪武十四年九月置山海衞於此　原脫「十」字，據明史稿志一八地理志、太祖實錄卷一三九洪武十四年九月甲申條補。

〔一四〕景泰二年移於雷家站　站，原作「跕」，據明史稿志一八地理志、明一統志卷五改。

〔一五〕領衞十五蔚州延慶左永寧保安四衞俱設於本州縣　四衞，原作「五衞」。按以上所列蔚州、延慶左、永寧、保安共四衞，非五衞。將此四衞加以下文所列萬全都司所屬十一衞，共得十五衞，與「領衞十五」之語正合。本書卷九〇兵志、明會典卷一二四所載萬全都司屬衞亦正十五。「五」字乃「四」字之譌，今改正。

〔一六〕西北有西陽河　西陽河，原作「白陽河」，據本志下文「西陽河堡」及明史稿志一八地理志、讀史方輿紀要卷一八改。

〔一七〕東北有長伸地　長伸地，原作「長仲地」，據明史稿志一八地理志、讀史方輿紀要卷一八改。

〔一八〕西有泖湖　泖湖，原作「茆湖」，據明史稿志一八地理志、讀史方輿紀要卷二四改。下文「茆橋」據同上改作「泖橋」。

〔一九〕成化七年閏九月以江陰縣馬馱沙置　成化七年閏九月，原作「成化八年九月」。明史稿志一八地理志、明一統志卷一〇都作「七年」。憲宗實録卷九六繫於七年閏九月辛亥。據改。

〔二〇〕京峴山在東圖山在北　原作「京峴山在東東圖山在北」，下一「東」字緣上一「東」字而衍，據明史稿志一八地理志、明一統志卷一一、讀史方輿紀要卷二五删。

〔二一〕西有茅山　茅山，原作「芽山」，據明史稿志一八地理志、明一統志卷一一改。

〔二二〕東有浮槎山横山　横山，明史稿志一八地理志、寰宇通志卷一七、明一統志卷一四作「黄山」。

〔三〕十五年改屬　十五年，原作「六十年」。洪武無六十年，據明一統志卷一四、讀史方輿紀要卷一六改。

明史卷四十一

志第十七

地理二

山東　山西

山東　禹貢青、兗二州地。元直隸中書省，又分置山東東西道宣慰司治益都路屬焉。洪武元年四月置山東等處行中書省。治濟南府。三年十二月置青州都衞。治青州府。八年十月改都衞爲山東都指揮使司。九年六月改行中書省爲承宣布政使司。領府六，屬州十五，縣八十九。爲里六千四百有奇。南至郯城，與南直界。北至無棣，與北直界。西至定陶，與北直、河南界。東至海。距南京一千八百五十里，京師九百里。洪武二十六年編戶七十五萬三千八百九十四，口五百二十五萬五千八百七十六。弘治四年，戶七十七萬五百五十五，口六百七十五萬九千六百七十五。萬曆六年，戶一百三十七萬二千二百六，口五百六十六萬四千九十九。

濟南府元濟南路，屬山東東西道宣慰司。〔一〕太祖吳元年爲府。領州四，縣二十六。

歷城倚。天順元年建德王府。南有歷山。東有華不注山。有大清河在西北，卽濟水故道，自壽張縣流經縣界，東北至利津入海。又小清河，卽濟之南源，一名濼水，出城西趵突泉，經城北，下流至樂安縣入海。又大明湖在城內。又東北有堰頭鎭巡檢司。

章丘府東。東有長白山，又有譽山。南有東陵山，又有長城嶺。又小清河在北。又東有淯河，一名繡江，合諸泉西北匯爲白雲湖，下流入小清河。

鄒平府東北。西南有長白山，接章丘、長山二縣界。北有小清河。

淄川府東。元般陽路治此，屬山東東西道宣慰司。太祖吳元年改路爲淄川州，縣仍爲附郭。二年七月，州廢，來屬。西南有夾谷山。南有原山，與萊蕪縣界，其山陰淄水出焉。又西有孝婦河，自益都縣流入，合瀧、萌、般諸水，下流入小清河。

長山府東北。元屬般陽路。洪武二年七月來屬。西南有長白山。西北有小清河。南有孝婦河。

新城府東北。元屬般陽路。洪武二年七月來屬。七年十二月省入長山、高苑二縣，後復置。北有小清河。西北有孝婦河。東有烏河，其上流卽時水，下流至高苑縣入小淸河。

齊河府西。元屬德州。洪武二年七月改屬府。有大淸河。

齊東府東。元屬河間路。洪武初來屬。北有大清河。東有滅水河，成化元年開濬，洩小清河漲溢入大清河。

濟陽府北。南有大清河。

禹城府西北。元屬曹州。洪武二十年來屬。西有漯水枯河，俗名土河。

臨邑府北。元屬河間路。洪武初來屬。西北有盤河。

長清府西南。元屬泰安州。洪武二年七月改屬府。東南有青崖山、隔馬山、方山。西南有大清河。又有沙河，自縣南流入焉，亦曰沙溝河。又東南有石都寨巡檢司。

肥城府西南。元屬濟寧路。洪武二年七月來屬。西北有巫山，一名孝堂山，肥水出焉，西流入大清河。

青城府東北。元屬河間路。洪武二年省入鄒平、齊東二縣。十三年十一月復置，來屬。北有大清河。北有大石關，舊置巡檢司，後廢。

陵府西北。元德州，治安德縣，直隸中書省。洪武元年省安德縣入州。七年七月移州於故陵縣。十三年十一月置陵縣於此。東有德河，下流西入衞河。

泰安州元直隸中書省。洪武初來屬，以州治奉符縣省入。北有泰山，卽岱宗也，亦曰東岳，汶水出焉，下流至汶上縣合大清河。又東南有徂徠山。南有梁父山。又城西有泰安巡檢司。北距府百八十里。領縣二。

新泰州東南。西北有宮山，本名新甫。西南有龜山。東北有小汶河，西流合汶水。又西有上四莊巡檢司。

萊蕪州東。洪武初，改屬濟南府。二年仍來屬。東北有原山，其山陽汶水別源出焉。又西南有冠山。西北有韶山。諸山多產銅鐵錫。

德州元陵州，屬河間路。〔二〕洪武元年降爲陵縣，屬濟寧府。二年七月改屬德州。七年七月省陵縣，移德州治焉。西有衞河。東南有故篤馬河，俗名土河。東南距府二百八十里。領縣二。

德平州東。東北有般河，亦曰盤河，〔三〕或以爲古鈎盤也。

平原州東南。

武定州元棣州，治厭次縣，屬濟南路。洪武初，州縣俱廢。六年六月復置州，改名樂安。宣德元年八月改爲武定州。永樂十五年，漢王府遷於此。宣德元年除。南有大清河，又有土河，又有商河。東南有清河巡檢司。西南距府二百四十里。領縣四。

陽信州北。元屬棣州。東有商河。

海豐州東北。洪武六年六月析樂安州南地置，屬濱州，後來屬。東北濱海。又北有鬲津河，又有無棣縣，元屬棣州，洪武初省。東北有大沽河口巡檢司。

樂陵州西北。舊治在縣之咸平鎭，屬滄州，洪武元年改屬濟寧府，二年移治富平鎭，七月來屬。南有般河及鬲津河，又有土河。西南又有商河。西北有舊縣鎭巡檢司。

商河州西南。南有商河。

濱州　洪武初，以州治渤海縣省入。東北濱海，產鹽。南有大清河。北有土傷河，即鬲津別名也。西南距府三百五十里。領縣三。

利津州東。東北濱海，有永阜等鹽場。東有大清河，流入海。又東北有豐國鎭巡檢司。

霑化州西北。東北濱海，有富國等鹽場。又有久山鎭巡檢司。

蒲臺州南。元屬般陽路。洪武二年七月來屬。東濱海。北有大清河。

兗州府元兗州，屬濟寧路。洪武十八年升爲兗州府。領州四，縣二十三。東北距布政司三百五十里。

滋陽倚。洪武三年四月建魯王府。元曰嵫陽。洪武初，省入州。十八年復置。成化間，改爲滋陽。泗水在東，又有沂水，自曲阜縣西流來合焉。

曲阜府東。東南有尼山，沂水所出。又東有防山。北有泗水。又有洙水，西南流入於沂水。又北有孔林。

寧陽府北。西北有汶水，支流爲洸水。洸水者，洙水也，洸、洙相入受，通稱也，俱西南入運河。又東北有堽城堰，即汶、洸分流處也。

鄒府東南。元屬滕州。洪武二年七月改屬。東南有嶧山，亦曰邾嶧，又曰鄒嶧。東北有昌平山。西南有鳧山。又有泗河。

泗水府東。東有陪尾山，泗水出焉，經縣北，下流至南直清河縣入淮。

滕府東南。元滕州，治滕縣，屬益都路。洪武二年七月，州廢，縣屬濟寧府。十八年來屬。東南有桃山。東北有連青山。又西南有新運河，北自南陽，南至境山，長一百九十四里，嘉靖四十四年所開。又薛水，源自縣東高、薛二山間，西南流，合漷水，一名南沙河，至沛縣入運。又有北沙河在縣北，西流經魚臺入招湖。又南有沙溝集巡檢司。

嶧府東南。元嶧州，屬益都路。洪武二年降爲縣，屬濟寧府，後來屬。東南有柱子山，舊名葛嶧山，氶水流其下。又北有君山，一名抱犢山，西泇水所出，東南流至三合村，有東泇河自沂水來會焉。又南合武河、彭、氶諸水注於泗，謂之泇口。萬曆中，改爲運道，自夏鎮至直河口，凡二百六十餘里，避黃河之險者三百三十里。又西北有鄒塢鎮巡檢司，嘉靖中，移於縣西拖梨溝。又東南有臺莊巡檢司，萬曆三十四年置。

金鄉府西南。元屬濟寧路。洪武十八年來屬。金莎嶺在東。大河在西南。

魚臺府西南。元屬濟州。洪武元年屬徐州。二年七月屬濟寧府。十八年來屬。泗河在東，卽運道也。北有菏水，一名五丈溝，東入泗。又東有穀亭鎮，嘉靖九年，黃河決於此。又南有塌場口，洪武、永樂間，爲運道所經。

單府西南。元單州，屬濟寧路。洪武元年省州治單父縣入州。二年七月乃降州爲縣，屬濟寧府。十八年來屬。舊城在南，正德十四年五月因河決改遷。南濱大河。

城武府西南。元屬曹州。洪武四年屬濟寧府。十八年來屬。縣城，正德十四年五月因河決改遷。南有故黃河，卽洪武間之運道也，弘治後堙。

濟寧州元任城縣，爲濟州治。至正八年罷濟州，徙濟寧路治此。太祖吳元年爲濟寧府。十八年降爲州，以州治任城縣省入。南臨會通河。西有馬腸湖。又東南有魯橋鎮巡檢司。東距府六十里。領縣三。

嘉祥州東。元屬單州。洪武二年來屬。南有塔山。東有會通河。北有故黃河，一名塔章河，即塌場口之上流也。

鉅野州西北。元爲濟寧路治，至正八年徙路治任城縣，以縣屬焉。南有高平山。東有鉅野澤，元末爲黃河所決，遂涸。東南有會通河。西南有故黃河，弘治後堙。西有安興集巡檢司。

鄆城州西北。西有灉水，又有故黃河，又有故濟水在西南。

東平州元東平路，直隸中書省。太祖吳元年爲府。七年十一月降爲州，屬濟寧府，以州治須城縣省入。十八年改屬。北有瓠山。東北有危山。西南有安山，亦曰安民山。下有積水湖，一名安山湖。山南有安山鎮，會通河所經也。汶水在南，西流入安山湖。又西北有金線閘巡檢司。東南距府百五十里。領縣五。

汶上州東南。西南有蜀山，其下爲蜀山湖。又西爲南旺湖，其西北則馬踏河，運道經其中而北出，即會通河也。又汶水在東北，舊時西流入大清河。永樂中，開會通河，堰汶水西南流，悉入南旺湖。

東阿州西北。故城在縣西南。今治，本故穀城縣也，洪武八年徙於此。南有碻磝山。西有魚山。會通河自西南而北經此，始與大清河分流。又西有馬頰河，俗名小鹽河，東流入大清河。又張秋鎮在西南，弘治二年，河決於此。七年十二月塞，賜名安平鎮。

平陰州東北。南有汶河。西南有大清河，又有滑口鎭巡檢司，後廢。

陽穀州西北。東有會通河。又東有阿膠井。

壽張州西。洪武三年省入須城、陽穀二縣。十三年十一月復置，屬濟寧府，後來屬。東南有故城，元時縣治在焉。今治，本王陵店，洪武十三年徙置。南有梁山濼，卽故大野澤下流。〔四〕東北有會通河，又有沙灣，弘治前黃河經此，後堙。西南有梁山集巡檢司。

曹州　正統十年十二月以曹縣之黃河北舊土城置。東有舊黃河，洪武初，引河入泗以通運處也。永樂中，亦嘗條濬。南有灉河。東南有菏澤，流爲菏水。東北距府三百里。領縣二。

曹州東南。元曹州，治濟陰縣，直隸中書省。洪武元年省濟陰縣入州。二年，州治自北徙於盤石鎭。四年降爲縣，屬濟寧府。正統十年十二月置州，以縣屬焉。西南有黃陵岡，與河南儀封縣界。弘治五年，黃河決於此，河遂在縣南，東入單縣界，至南直徐州，合泗入淮。又西有賈魯河，嘉靖前猶爲運道，後廢。東南有楚丘縣，元屬曹州，洪武初省。又西北有安陵鎭巡檢司。

定陶州東南。元屬曹州。洪武元年屬濟寧府。十年五月省入城武縣。十三年十一月復置，仍屬濟寧府。正統十年十二月來屬。西有黃河故道。弘治前，河經此，至張秋之沙灣入會通河。

沂州元屬益都路，後省州治臨沂縣入州。洪武元年屬濟寧府。五年屬濟南府。七年十二月屬青州府。十八年來屬。弘治四年八月建涇王府，嘉靖十六年除。西有艾山。東有沂水，源自青州沂水縣，南流至州境，與祊水合，下流入泗。又有沭水，流經南直安東縣爲漣水，入淮。又西南有㴩水，亦曰東㴩水，下流合嶧縣之西㴩水入運。西南有羅藤鎮巡檢司。西距府五百六十里。領縣二。

郯城州東南。洪武初置。東有馬陵山，又有羽山，與南直贛榆縣界。又沭水在東。沂水在西。西有磨山鎮巡檢司，後廢。

費州西北。西北有蒙山。西南有大沫泅，又有祊水，東北有蒙陽水，下流俱入於沂河。西南有關陽鎮、西北有毛陽鎮二巡檢司。

東昌府元東昌路，直隸中書省。洪武初，爲府。領州三，縣十五。東距布政司二百九十里。

聊城倚。城東有會通河。西南有武水枯河，卽漯河也，爲會通河所截，中堙。

堂邑府西。東北有會通河。西有舊黃河。

博平府東北。洪武三年三月省，尋復置。西南有會通河。東北有故黃河。

茌平府東北。西有故黃河。又西北有故馬頰河。

莘府西南。北有弇山，舊有泉湧出，曰弇山泉。

清平府北。元屬德州。洪武元年屬恩州。二年七月屬高唐州。三年三月省，尋復置，改屬。西有會通河。西南有魏家灣巡檢司。

冠府西南。元冠州，直隸中書省。洪武三年降爲縣，來屬。西北有衞河。又東有賈鎭堡，東北有清水鎭堡，俱嘉靖二十二年築。

臨清州元臨清縣，屬濮州。洪武二年七月改屬。弘治二年升爲州。舊治在南，洪武二年徙治臨清閘。景泰元年又於閘東北三里築城，徙治焉。會通河在城南，有衞河自西來會，至天津直沽入海，爲北運河。東南距府百二十里。領縣二。

丘州西。元直隸東昌路。弘治二年改屬州。東南有衞河，又有漳河。

館陶州西南。元屬濮州。洪武二年七月屬東昌府，三年三月省，尋復置，仍屬東昌府。弘治二年改屬州。西有衞河，自元城縣流入。又西南有漳河。又西南有南館陶鎭巡檢司。

高唐州元直隸中書省。洪武初，以州治高唐縣省入，來屬。西有漯河，溢涸無常。又有馬頰河，一名舊黃河。西南距府百二十里。領縣三。

恩州北。元恩州，直隸中書省。洪武二年降爲縣，來屬。西有故城。今治本許官店，洪武七年七月徙於此。西北有衞河。東南有馬頰枯河。又高雞泊亦在縣西北。

夏津州西。洪武三年三月省，尋復置。西南有衞河。又東有馬頰故河。又西有裴家圈巡檢司。

武城州西北。西有衞河。東南有沙河。東北有甲馬營巡檢司。

濮州元直隸中書省。洪武二年以州治鄄城縣省入，來屬。故城在東，景泰三年以河患遷於王村，即今治也。東南有故黃河，永樂中，河流由此入會通河，後堙。又西南有濮水，一名洪河。東北距府二百里。領縣三。

范州東北。洪武三年三月省，尋復置。東南有故城，洪武二十五年圮於河，始遷今治。又東南有水保寨巡檢司。

觀城州西北。洪武三年三月省，尋復置。又東有馬頰河，有黑羊山水自西北流入焉。

朝城州北。洪武三年三月省，尋復置。西南有故漯河。

青州府元益都路，屬山東東西道宣慰司。太祖吳元年爲青州府。領州一，縣十三。西距布政司三百二十里。

益都倚。洪武三年四月建齊王府，永樂四年廢。十三年建漢王府，十五年遷於樂安。成化二十三年建衡王府。南有雲門山，與劈山連。西北有堯山。又西有九迴山，北陽水出焉，亦曰瀰水，經治嶺山麓，曰五龍口，下流經樂安縣，入巨淀。又有南陽水，源出縣西南石膏山，流經城北，又東北合北陽水。又西有淄水，下流至壽光入海。又西南有顏神鎮，孝婦河出焉，入淄川縣界。有顏神鎮巡檢司，嘉靖三十七年築城。鎮西南有青石關。

臨淄府西北。南有牛山。又有鼎足山，女水出焉，下流合北陽水。又有猫山。又有南郊山，其下爲天齊淵。城東有淄水，又西有澠水，又有系水，下流俱入時水。其時水自西南而東北，亦曰耏水，又有澅水流入焉，下流俱至樂安縣入海。南有淄河店巡檢司，後廢。

博興府西北。元博興州。洪武二年降爲縣。南有小清河，有時水。

高苑府西北。東南有商山。西南有小清河。西北有田鎭巡檢司，後廢。

樂安府北。東北濱海，有鹽場。北有小清河。東有時水。又東南有淄水，又有北陽水，又有巨洋水，俱匯流於縣東北之高家港入海。港卽古之馬車瀆也。有高家港巡檢司。又西北有樂安鎭巡檢司。又東北有塘頭寨，有百戶所駐焉。

壽光府東北。北濱海，有鹽場。西有淄水，又有北陽水。又東有巨洋水。又西北有淸水泊，卽古之鉅定湖也，其北接樂安縣之高家港。又東北有廣陵鎭巡檢司。

昌樂府東。元屬濰州，尋省，後復置，仍屬濰州。洪武初，改屬。西北有故城。洪武中，徙於今治。東南有方山，東丹水所出，北逕昌樂故城，西丹水流合焉，下流至壽光縣入於海。又南有白狼水，至濰縣入海。

臨朐府東。南有朐山，又有大峴山，上有穆陵關巡檢司。又東有沂山，一名東泰山，沭水、瀰水俱發源於此。瀰水，一名巨洋水，西合石溝水，〔五〕至壽光入海。又東北有丹山，一名丸山，西丹河及白狼水出焉。

安丘府東南。元屬密州。洪武二年七月，州廢，屬府。西南有牟山，又有峿山。又東北有峗山。東有濰水，下流經濰縣入海。又北有汶水，源亦出沂山，下流合濰水。

諸城府東南。元爲密州治，屬益都路。洪武二年七月，州廢，屬府。東南有琅邪山。西南有常山，又有馬耳山。北有濰水，東北有盧水，流合焉。南有信陽鎭巡檢司。又南有南龍灣海口巡檢司。

蒙陰府西南。元屬莒州。洪武二年七月改屬府。南有蒙陰山。東有長山，有蒙水，北流入沂水。東南有紫荊關巡檢司，萬曆間廢。

莒州元屬益都路。洪武初，以州治莒縣省入。西有浮來山。又西北有箕屋山，濰水出焉。又西南有沭水，流入沂州界。南有十字路、西南有葛溝店二巡檢司。北距府二百里。領縣二。

沂水州西北。西北有大弁山，與雕厓山連，沂水出焉，南流經沂州界入泗。東北有沭水。

日照州東北。東濱海，有鹽場。東南有夾倉鎭巡檢司。

萊州府元萊州，屬般陽路。洪武元年升爲府。六年降爲州。九年五月復升爲府。領州二，縣五。西距布政司六百四十里。

掖倚。北濱海，有鹽場。又有三山島，在海南岸。東北有萬里沙。西南有掖水，北入海。東南有小沽河。又東北有王徐砦守禦千戶所，嘉靖中置。又西有海倉、北有柴葫寨二巡檢司。

平度州元膠水縣。洪武二十二年正月改置。北有萊山。西有膠水，下流至昌邑北入海。東有大沽河，源自黃縣蹲犬山，流經州，與小沽河合，通名爲沽河，至卽墨縣入海。小沽，卽尤水也。又西南有亭口鎭巡檢司。北距府百里。領縣二。

濰州西。元濰州，屬益都路。洪武元年以州治北海縣省入。九年屬萊州府。十年五月降爲縣。二十二年正月改屬州。南有濰水，東北入海。又東北有固堤店巡檢司。

昌邑州西北。元屬濰州。洪武十年五月省入濰縣。二十二年正月復置，來屬。東有濰水。東北有膠河。北有魚兒鎭巡檢司。

膠州元屬益都路。洪武初，以州治膠西縣省入。九年來屬。西南有鐵橛山，膠水所出，亦曰膠山。東北有沽河，南流入海。又東南海口有靈山衞，又有安東衞，俱洪武三十一年五月置。又有夏河寨千戶所，在靈山衞西南。石臼島寨千戶所，在安東衞南。俱弘治後置。又西南有古鎭巡檢司。北有逄猛鎭巡檢司。北距府二百二十里。領縣二。

高密州西北。元屬膠州。洪武元年屬青州府。九年五月屬萊州府，尋復屬州。東有膠水。西有濰水。又西南有密水，一名百尺溝，北會於濰水。

卽墨州東。元屬膠州。洪武初，屬青州府。九年五月屬萊州府。十年五月仍屬州。東南有勞山，在海濱。又有田橫島，在東北海中。東有鼇山衞，洪武二十一年五月置。又東北有雄崖守禦千戶所，南有浮山守禦千戶所，俱洪武中置。又東北有栲栳島巡檢司。又卽墨營舊在縣南，宣德八年移置縣北，有城。

登州府元登州，屬般陽路。洪武元年屬萊州府。六年直隸山東行省。九年五月升爲府。領州一，縣七。西距布政司一千零五十里。

蓬萊倚。洪武初廢。九年五月復置。北有丹崖山，臨大海。南有密神山，密水所出。西南有黑石山，黑水所出，經城南合流，北入於海。西有龍山，產鐵。東有高山巡檢司，本置於海中沙門島，後遷朱高山下。又東南有楊家店巡檢司。

黃府西南。東南有萊山。西南有蹲犬山，大沽水出焉。又東有黃水，東南有洚水，合流入海。又西有馬停鎮巡檢司。

福山府東南。東北有之罘山，三面臨海。西南有義井河，北入海。又奇山守禦千戶所在東北，洪武三十一年置。又北有孫夼鎮巡檢司。

棲霞府東南。東有岠嵎山，嘗產金，亦名金山。又有百澗山，西北有北曲山，二山舊皆產鐵。又南有翠屏山，大河出焉，卽義井河之上源也。

招遠府西南。元屬萊州。洪武九年五月來屬。東北有原疃河，北入海。西有東良海口巡檢司。

萊陽府南。元屬萊州。洪武九年五月來屬。東南有昌水，源發文登縣之昌山，一名昌陽水，南入海。東有豯養澤。又東南有大嵩衞，洪武三十一年五月置。衞西有大山千戶所，成化中置。又南有行村寨巡檢司。

寧海州元直隸山東東西道宣慰司。洪武初，以州治牟平縣省入，屬萊州府。九年改屬。東有金水河，一名沁水，西南有五丈河，俱北入海。又西南有乳山寨巡檢司。西距府二百二十里。領縣一。

文登州東南。元屬寧海州。洪武初，改屬萊州府。九年五月屬登州府，後仍屬州。東南有斥山。南有成山，又有鐵楼山。又西有鐵官山。東南濱海。南有靖海衞，東有成山衞，北有威海衞，皆洪武三十一年五月置。又寧津守禦千戶所在東南，亦洪武三十一年置。又東有海陽守禦千戶所，在靖海衞南。金山守禦千戶所，在威海衞西。百尺崖守禦千戶所，在威海衞北。尋山守禦千戶所，在成山衞東南。俱成化中置。又北有辛汪寨、東北有溫泉鎭、東有赤山鎭三巡檢司。

遼東都指揮使司元置遼陽等處行中書省，治遼陽路。洪武四年七月置定遼都衞。六年六月置遼陽府、縣。八年十月改都衞爲遼東都指揮使司。治定遼中衞，領衞二十五，州二。十年，府縣俱罷。東至鴨綠江，西至山海關，南至旅順海口，北至開原。由海道至山東布政司，二千一百五十里。距南京一千四百里，京師一千七百里。

定遼中衞元遼陽路，治遼陽縣。洪武四年罷。六年復置。十年復罷。十七年置衞。西南有首山。南有千山。又東南有安平山，山有鐵場。又西有遼河，自塞外流入，至海州衞入海。又西北有渾河，一名小遼水，東北有太子河，一名大梁水，又名東梁水，下流俱入於遼水。又東有鴨綠江，東南入海。又東有鳳凰城，在鳳凰山東南，成化十七年築，爲朝鮮入貢之道。又南有鎭江堡城。又連山關亦在東南。

定遼左衞

定遼右衞　俱洪武六年十一月置。

定遼前衞　洪武八年二月置。

定遼後衞　本遼東衞，洪武四年二月置。八年二月改。九年十月徙治遼陽城北，尋復。

東寧衞　本東寧、南京、海洋、草河、女直五千戶所，洪武十三年置。十九年七月改置。

自在州　永樂七年置於三萬衞城，尋徙。

以上五衞一州，同治都司城內。

海州衞　本海州，洪武初，置於舊澄州城。九年置衞。二十八年四月，州廢。西南濱海，有鹽場。西有遼河，匯渾河、太子河入海，謂之三岔河。又西有南、北通江，亦合於遼河。東有大片嶺關，有鹽場。東北距都司百二十里。

蓋州衞　元蓋州，屬遼陽路。洪武四年廢。五年六月復置。九年十月置衞。二十八年四月，州復廢。東北有石城山。又北有平山，其下有鹽場。又東有駐蹕山，西濱海，有連雲島，上有關。又東有泥河，南有清河，東南有畢里河，下流皆入於海。又南有永寧監城，永樂七年置。又西北有梁房口關，海運之舟由此入遼河，旁有鹽場。又東有石門關。西有鹽場。北有鐵場。北距都司二百四十里。

復州衞　本復州，洪武五年六月置於舊復州城。十四年九月置衞。二十八年四月，州廢。西濱海。西南有長生島。又南有沙河，合麻河，西注於海。東有得利嬴城，元季土人築，洪武四年二月置遼東衞於此，尋徙。又南有欒古關。西有鹽場。北有鐵場。北距都司四百二十里。

金州衞　本金州，洪武五年六月置於舊金州。八年四月置衞。二十八年四月，州廢。東有大黑山，小沙河出焉。又有小黑山，駱馬河、澄沙河俱出焉。衞東西南三面皆濱海。南有南關島。東有蓮花島。東南有金線島。又東有皮島，又有長行島。南有雙島及三山島。〔六〕西南有鐵山島。東北有蕭家島，有關。又旅順口關在南，海運之舟由此登岸，有南、北二城，其北城有中左千戶所，洪武二十年置。又東南有望海堝石城，永樂七年置。又衞東有鐵場。東北有鹽場。　北距都司六百里。

廣寧衞元廣寧府路。洪武初廢。二十三年五月置衞。洪武二十五年三月建遼王府。建文中，改封湖廣荆州府。西有醫無閭山。南濱海。東有路河，東北有珠子河，下流皆注於遼河。又板橋河在西，南流入海。北有白土廠關，又有分水嶺關。西北有魏家嶺關。又北有懿州，元屬遼陽路。洪武二十六年正月置廣寧後屯衞於此。永樂八年，州廢，徙衞於義州衞城。又西南有閭陽關，東北有望平縣，元俱屬廣寧路。又西北有川州，元屬大寧路。又東北有順州，西北有成州，元俱屬東寧路。又西南有鍾秀城，元置千戶所於此。俱洪武中廢。東距都司四百二十里。

廣寧中衞

廣寧左衞　俱洪武二十六年正月置。二十八年四月廢。三十五年十一月復置。

廣寧右衞　本治大凌河堡，洪武二十六年正月置。二十八年四月廢。三十五年十一月復置。〔七〕

以上三衞，俱在廣寧衞城。

廣寧前衛

廣寧後衛　俱洪武二十六年正月置。後俱廢。

義州衛元義州，屬大寧路。洪武初，州廢。二十年八月置衛。西北有大凌河，下流入海。東北有清河，下流合大凌河。東南距都司五百四十里。

廣寧後屯衛　洪武二十六年正月置於舊懿州。永樂八年徙治義州衛城。

廣寧中屯衛元錦州，屬大寧路。洪武初，州廢。二十四年九月置衛。東有木葉山。西有東、西紅螺山。西南有杏山。東南有乳峯山。又東有大凌河、小凌河。又西有女兒河，與小凌河合。又南有松山堡，在松山西，宣德五年正月置中左千戶所於此，轄杏山驛至小凌河驛。東有大凌河堡，洪武二十六年正月置廣寧右衛，二十八年四月廢。宣德五年正月置中右千戶所於此，轄凌河驛至十三山驛。又城南有鹽場二，鐵場一。又西有鐵場。東南距都司六百里。

廣寧左屯衛　洪武二十四年九月置於遼河西，後徙廣寧中屯衛城。

廣寧右屯衛元廣寧府地。洪武二十六年正月置於十三山堡。二十七年遷於舊閭陽縣之臨海鄉。北有十三山。山西有十三山堡。西有大凌河。又西南有望梅嶺。又南有鹽場。東有鐵場。東南距都司五百四十里。

廣寧前屯衛元瑞州，屬大寧路。洪武初，屬永平府。七年七月，州廢。二十六年正月置衛。西北有萬松山。北有十八盤山。西有旒子峪，有鐵場。東南爲山口峪，有鹽場。東北有六州河，下流至蛇山務入海。西有山海關，與北直撫寧縣界。又有急水河堡，宣德五年正月置中前千戶所於此，轄山海東關至高嶺驛。又東有杏林堡，宣德五年正月置中後千戶所於此，轄沙河驛至東關驛。東距都司九百六十里。

寧遠衞　宣德五年正月分廣寧前屯、中屯二衞地置，治湯池。西北有大團山。東北有長嶺山。南濱海。東有桃花島。東南有覺華島城。西有寧遠河，卽女兒河也，又名三女河。又東有塔山，有中左千戶所，轄連山驛至杏山驛，西有小沙河中右千戶所，〔八〕轄東關驛至曹莊驛，俱宣德五年正月置。又南有鹽、鐵二場。東距都司七百七十里。

瀋陽中衞元瀋陽路。洪武初廢。三十一年閏五月置衞。洪武二十四年建瀋王府。永樂六年遷於山西潞州。東有東牟山。南有渾河，又東有瀋水入焉。又西有遼河。又東北有撫順千戶所，洪武二十一年置。所東有撫順關。又北有蒲河千戶所，亦洪武二十一年置。南距都司百二十里。

瀋陽左衞

瀋陽右衞　俱洪武中置。建文初廢。洪武三十五年七月復置，〔九〕後仍廢。

瀋陽中屯衞　洪武三十一年閏五月置。建文中廢。洪武三十五年十一月復置，屬北平都司，後屬後軍都督府，寄治北直河間縣。

鐵嶺衞　洪武二十一年三月以古鐵嶺城置。二十六年四月遷於古嚚州之地，卽今治也。西有遼河，南有汎河，又南有小清河，俱流入於遼河。又南有懿路城，洪武二十九年置懿路千戶所於此。又范河城在衞南，亦曰汎河城，正統四年置汎河千戶所於此。東南有奉集縣，卽古鐵嶺城也，接高麗界，洪武初置縣，尋廢。又有咸平府，元直隸遼東行省。至正二年正月降爲縣。洪武初廢。南距都司二百四十里。

三萬衞元開元路。洪武初廢。二十年十二月置三萬衞於故城西，兼置兀者野人乞例迷女直軍民府。二十一年，府罷，徙衞於開元城。洪武二十四年建韓王府。永樂二十二年遷於陝西平涼。西北有金山。東有分水東嶺。北有分水西嶺。西有大清河，東有小清河，流合焉，下流入於遼河。又北有上河，東北有艾河，流合焉，謂之遼海，卽遼河上源也。又北有金水河，北流入塞外之松花江。又鎮北關在東北。廣順關在東。又西有新安關。西南有清河關。南有山頭關。又北有北城，卽牛家莊也，洪武二十三年三月置遼海衞於此。二十六年，衞徙。又南有中固城，永樂五年置。南距都司三百三十里。

遼海衞洪武二十三年三月置於牛家莊。二十六年徙三萬衞城。

安樂州永樂七年置，在三萬衞城。

山西　禹貢冀州之域。元置河東山西道宣慰使司，治大同路。直隸中書省。洪武二年四月置山西等處行中書省。治太原路。三年十二月置太原都衞。與行中書省同治。八年十月改都衞爲山西都指揮使司。九年六月改行中書省爲承宣布政使司。領府五，直隸州三，屬州十六，縣七十九。爲里四千四百有奇。東至眞定，與北直界。北至大同，外爲邊地。西南皆至河，與陝西、河南界。距南京二千四百里，京師千二百里。洪武二十六年編戶五十九萬五千四百四十四，口四百七萬二千一百二十七。弘治四年，戶五十七萬五千二百四十九，口四百三十六萬四百七十六。萬曆六年，戶五十九萬六千九十七，口五百三十一萬九千三百五十九。

太原府元冀寧路，屬河東山西道宣慰司。洪武元年十二月改爲太原府，領州五，縣二十。

陽曲倚。洪武三年四月建晉王府於城外東北維。西有汾水，自靜樂縣流經此，下流至滎河縣合大河。西北有天門關巡檢司。東北有石嶺關巡檢司。

太原府西南。元曰平晉，治在今東北。洪武四年移於汾水西，故晉陽城之南關。八年更名太原。西有懸甕山，一名龍山，又名結絀山，晉水所出，下流入於汾。西北有蒙山。東有汾水。東南有洞渦水，源自樂平，下流入汾。

榆次府東南。東南有涂水，〔一〇〕合小涂水西北流，入洞渦水。

太谷府東南。東南有馬嶺，〔一一〕路出北直邢臺縣，上有馬嶺關，有巡檢司。西有太谷，一名咸陽谷。東北有象谷水，流入汾。

祁府南，少西。東南有胡甲山，隆舟水出焉，下流至平遙入汾。南有隆舟峪巡檢司。又東有團柏鎮。

徐溝府南。北有洞渦水，至此合汾。

清源府西南。北有清源水，東流，南入汾。

交城府西南。東北有羊腸山。東南有汾水。又西有文水。

文水府西南。西南有隱泉山。〔一三〕東有文水，南入汾。又東北有猷水，或以爲卽鄔澤也。

壽陽府東。西有殺熊嶺。南有洞渦水，黑水流合焉。

盂府東北。元盂州。洪武二年降爲縣。東北有白馬山。北有滹沱河，東入北直平山縣界。東北有伏馬關，一名白馬關。又東有楡棗關。

靜樂府西北。元管州。洪武二年改爲靜樂縣。東北有管涔山，汾水所出。又東北有燕京山，上有天池。又北有寧化守禦千戶所，洪武二年置。又東南有兩嶺關，置故鎭巡檢司於此，後移於稍東順水村。又南有樓煩鎭巡檢司。又東北有沙婆嶺巡檢司，後移於陽曲縣天門關。

河曲府西北。元省。洪武十三年十一月復置。西有火山，臨大河。河濱有娘娘灘、太子灘，皆套中渡河險要處也。北有關河，以經偏頭關而名，西北流入大河。成化十一年十二月置偏頭關守禦千戶所，與寧武、雁門爲三關。

平定州東有綿山，澤發水出焉，卽冶河上源，合沾水，東流至平山縣入滹沱。西南有洞渦水，合浮化水，西流入汾。東南有新固關守禦千戶所。又東有故關，卽井陘關也，洪武三年置故關巡檢司於此。又有葦澤、盤石二關在縣東北，俱接井陘縣界。西北距府一百八十里。領縣一。

樂平州東南。東有皋落山，一名靈山。西南有少山，一名沾嶺，爲沾水、清漳二水之發源。沾東流入澤發水，漳北流，折而西南，入和順縣之梁榆水。又西有陡泉嶺，洞渦水所出。又靜陽鎭在縣東南。

忻州　洪武初，以州治秀容縣省入。北有滹沱河，又有忻水，一名肆盧川，自北流入焉。西南有牛尾莊巡檢司，後移於州北十里。又西有寨西巡檢司，西北有沙溝巡檢司，後俱廢。又忻口寨亦在州北。又東南有赤塘關。南距府百六十里。領縣一。

定襄州東，少北。北有滹沱河。又南有叢象山，有三會水流合焉。東北有胡谷砦巡檢司，後廢。

代州　洪武二年降爲縣。八年二月復升爲州。句注山在西，亦名西陘，亦曰雁門山，其北爲雁門關，有雁門守禦千戶所，洪武十二年十月置。又於關北置廣武營城。又東有夏屋山，一名下壺。又南有滹沱河，源自繁峙入州界，西南流經崞、忻、定襄，又東經五臺、盂，入眞定界。又北有太和嶺、水勸口二巡檢司，後俱廢。西南距府三百五十里。領縣三。

五臺州東南。元臺州。洪武二年改爲五臺縣。八年二月來屬。東北有五臺山，有清水河，東北流，合虒陽河，南入於滹沱。又東南有高洪口巡檢司。又東北有大谷口、飯仙山二巡檢司，後俱廢。

繁峙州東。元堅州。洪武二年改爲繁峙縣。八年二月來屬。舊治在縣南，成化三年二月移治東義村。萬曆十四年十二月徙於河北之石龍崗。東北有秦戲山，滹沱河所出也，迴環千三百七十里，至北直靜海縣入海。又北有茹越口、東北有北樓口、東有平刑嶺三巡檢司，後俱廢。又東有郎嶺關城，洪武十七年築。

崞 州西南。元崞州。洪武二年降爲縣。八年二月來屬。西南有崞山。東南有石鼓山，又有滹沱河。又西北有寧武關，有寧武守禦千戶所，景泰元年置。又有八角守禦千戶所，嘉靖三年八月置。又西南有蘆板寨巡檢司。又西北有楊武峪、弔橋嶺、胡峪北口三巡檢司。

岢嵐州 本岢嵐縣，洪武七年十月置。八年十一月升爲州。北有岢嵐山，其東爲雪山。西南有嵐漪河，北有蔚汾水，下流俱入大河。又西北有岢嵐鎮巡檢司，後廢。又北有天澗堡隘，路通朔州。西北有于坑堡隘，又有洪谷堡隘，俱通保德州。東南距府二百八十里。領縣二。

嵐 州南，少東。元嵐州。洪武初，降爲縣。西南有黄尖山，蔚汾水所出。又北有二郎關、鹿徑嶺二巡檢司。

興 州西南。元興州。洪武二年降爲縣。八年十一月來屬。東北有石樓山。西濱大河，南有蔚汾水流入焉。又東有界河口、西南有孟家峪二巡檢司。

保德州 洪武七年降爲縣。八年十一月屬岢嵐州。九年正月復升爲州。西濱大河。東北有得馬水巡檢司，後廢。東南距府五百里。

平陽府 元晉寧路，屬河東山西道宣慰司。洪武元年改爲平陽府。領州六，縣二十八。東北距布政司五百九十里。

臨汾倚。西有姑射山。西南有平山，晉水、平水皆出於此，東流入於汾。

襄陵府西南。西南有三隥山。東有汾水。南有太平關，有巡檢司。

洪洞府北，少東。東有九箕山。西有汾水。

浮山府東，少南。西有浮山。北有澇水，東南有潏水，下流俱入汾。

趙城府北。元屬霍州。洪武三年改屬。西有羅雲山，又有汾水、霍水，自東南流入焉。

太平府西南。元屬絳州。洪武二年改屬。東有汾水。

岳陽府東北。東有沁水，流入澤州界。北有澗水。又南有赤壁水，西北流，會澗水入汾河。

曲沃府南。元屬絳州。洪武二年改屬。南有紫金山，產銅。北有喬山。西有汾水。西南有澮水，下流入汾。

翼城府東南。元屬絳州。洪武二年改屬。東南有澮高山，產銅，下有灤泉。又東有烏嶺山，澮水出焉。

汾西府北，少西。西有青山，產鐵。東有汾水。

蒲府西北。元屬隰州。洪武二年改屬。西有第一河，西流入大河。東有張村岔巡檢司。

靈石府北。元屬霍州。萬曆二十三年五月改屬汾州府。四十三年還屬府。東有綿山，即介山也。城北有汾水，又東有谷水流入焉。又北有靈石口巡檢司。西南有陰地關，又有汾水關。

蒲州元河中府。洪武二年改爲蒲州，以州治河東縣省入。中條山在東南，卽雷首山也，又名首陽山，跨臨晉、聞喜、垣曲、平陸、芮城、安邑、夏縣、解州之境。又南有歷山。又大河自榆林折而南，經州城西，又經中條山毓，又折而東，謂之河曲。臨河有風陵關巡檢司。又東南有涑水，卽絳水下流，又南有嬀汭水，俱注於大河。東北距府四百五十里。領縣五。

臨晉州東北。東南有王官谷。西有大河。南有涑水。又西有吳王寨巡檢司。

榮河州北，少東。大河在城西，汾水至此入河。

猗氏州東北。南有涑水。東南有鹽池。

萬泉州東北。南有介山。

河津州東北。西北有龍門山，夾河對峙，下有禹門渡巡檢司。汾水舊由榮河縣北脽丘入河，隆慶四年東徙，經縣西南葫蘆灘入河。

解州洪武初，以州治解縣省入。南有檀道山，又有石錐山。東南有白徑嶺。南濱大河。東有鹽池。西北又有女鹽池。東北有長樂鎭巡檢司。東南有鹽池巡檢司。東北距府三百四十里。領縣五。

安邑州東北。西有司鹽城。北有鳴條岡。又有涑水。西南有鹽池。南有聖惠鎭巡檢司。西南有西姚巡檢司。

夏州東北。北有涑水。

聞喜州東北。東南有湯山，產銅。南有涑水。又東北有乾河，又有董澤。

平陸州東南。東北有虞山，一名吳山。又東有傅巖。南濱大河，中有底柱山。東有大陽津，上有關，亦曰茅津。有沙澗茅津渡巡檢司。又有白浪渡巡檢司。

芮城州西南。大河南經縣，西折而東。東南有陌底渡巡檢司。西北有萬壽堡。東有襄邑堡。

絳州洪武初，以州治正平縣省入。西北有九原山。〔一三〕南有汾水，澮水自東南流入焉。西有武平關。東北距府百五十里。領縣三。

稷山州西。南有稷神山，又有汾水。

絳州東南。東有太行山。東南有太陰山，又有陳村峪，涑水出焉，經聞喜、夏、安邑等縣，至蒲州入黃河。又西北有絳山，絳水出焉，西流入涑。又東南有教山，教水出焉，卽乾河之源也。絳山產鐵。

垣曲州東南。西北有折腰山，山有銅冶。又東北有王屋山。南濱河，西有清水流入焉。又北有乾河。西北有横嶺背巡檢司。西南有留莊隘。

霍州洪武初，以州治霍邑縣省入。東南有霍山，亦曰霍太山。西有汾水，又有霍水、彘水，俱出霍山，下流俱入汾。南距府百四十五里。

吉州西有孟門山，大河所經。西南有壺口山。又烏仁關在西，平渡關在西北，俱有巡檢司。東距府二百七十里。領縣一。

鄉寧州東南。西南有兩乳山。西有黃河。西北有龍尾磧巡檢司。

隰州洪武初，以州治隰川縣省入。西有蒲水，南入大河。東北有廣武莊巡檢司。東南距府二百八十里。領縣二。

大寧州西南。西濱大河。又東南有昕川，西注於河。西有馬鬬關，大河經其下，有巡檢司。

永和州西。西濱大河。西北有永和關，有巡檢司。又有興德關。西南有鐵羅關。三關俱與陝西濱河爲界。

汾州府元汾州，屬冀寧路。洪武九年直隸布政司。萬曆二十三年五月升爲府。領州一，縣七。東北距布政司二百里。

汾陽倚。元曰西河。洪武初，省入州。萬曆二十三年五月復置，更名。東有汾水。又東北有文水，一名萬谷河，自文水縣東南流入焉。西有金鎖關、黃蘆嶺二巡檢司。

孝義府南，少東。西北有狐岐山，勝水出焉，東流入汾。又縣南有雀鼠谷，與介休縣界，汾水自東北來經此。又西有溫泉鎭巡檢司。

平遙府東。南有麓臺山，一名蒙山，又名謁戾山。西有汾河。東有中都水，又有原祠水，合流注於汾河。又南有普同關巡檢司，後移於縣東北之洪善鎭。

介休府東南。有介山，亦曰綿山。西有汾水，東有石洞水，西流入焉。東北有鄔城泊，與平遙、文水二縣界，卽昭餘祁藪之餘浸也，或亦謂之鄔澤。東南有關子嶺鎭巡檢司。

石樓府西，少南。元屬晉寧路之隰州。萬曆四十年改屬。東南有石樓山。西有黃河，又有土軍川流入焉。又西北有上平關、西有永和關、東北有窟龍關三巡檢司。

臨府西北。元臨州，屬冀寧路。洪武二年降爲縣。萬曆二十三年五月來屬。北濱黄河，東北有楡林河流入焉。西北有尅狐寨巡檢司。

永寧州元石州，屬冀寧路。洪武初，以州治離石縣省入。隆慶元年更名。萬曆二十三年五月來屬。大河在西。東有轂積山，下有石窟村，東川河出焉。北有赤堅嶺，一名離石山，離石水出焉，亦曰北川河，合流注於大河。又西有靑龍渡、北有赤堅嶺二巡檢司。又西有孟門關。東南距府百六十里。領縣一。

寧鄉州南。東南有樓子臺山。西有黄河。

潞安府元潞州，屬晉寧路。洪武二年直隸行中書省。九年直隸布政司。嘉靖八年二月升爲潞安府。領縣八。西北距布政司四百五十里。

長治倚。永樂六年，瀋王府自瀋陽遷此。元上黨縣。洪武二年省入州。嘉靖八年二月復置，更名。東南有壺關山，舊置壺口關於山下。〔一四〕西南有潞水，卽濁漳水，自長子縣流入，下流至河南臨漳縣，合清漳水。又西有藍水，東流與濁漳水合。

長子府西，少南。東南有羊頭山。西南有發鳩山，一名鹿谷山，濁漳水發源於此。西北有藍水，南有梁水，皆流入漳水。

屯留府西北。西北有三㟙山。又西南有盤秀山，藍水出乎其陽，絳水出乎其陰，下流俱合濁漳水。

襄垣府北，少西。南有濁漳水。西北有小漳水，又有涅水，自武鄉縣流入界，合小漳水，下流入濁漳水。西有五巑山巡檢司。

潞城府東北。西有三垂山。北有濁漳水，又有絳水，流合焉，謂之交漳。

壺關府東南。南有趙屋嶺，西南有大峪嶺，俱產鐵。東南有羊腸坂。西北有壺水，西入濁漳。

黎城府東北。西北有濁漳水，東南入河南林縣界。東北又有清漳水，流入河南涉縣界。又東北有吾兒峪巡檢司。

平順嘉靖八年二月以潞城縣青羊里置，析黎城、壺關、潞城三縣地益之。東北有濁漳水。東南有虹梯關、玉峽關二巡檢司。

大同府元大同路，屬河東山西道宣慰司。洪武二年爲府。領州四，縣七。南距布政司六百七十里。

大同倚。洪武二十五年三月建代王府。北有方山。西北有雷公山。東有紇真山。又東北有白登山。又西有大河。又南有桑乾河，自馬邑縣流經此，其下流至蔚州入北直境，爲盧溝河。又西北有金河，又有紫河，皆流入大河。又西有武州山，武州川水出焉。又東有御河，一名如渾水，〔一三〕南有十里河流合焉，即武州川也，俗曰合河，南入於桑乾。北有威寧海子。又有孤店、開山、虎峪、白陽等口，俱在東北。又北有貓兒莊。

懷仁府西南。西有清涼山，西南有錦屏山，舊皆有鐵冶。南有桑乾河。西南有偏嶺等口。

渾源州南有恒山，即北嶽也，與北直曲陽縣界。東有五峰山。又南有翠屏山，滱水出焉，與嘔夷水合，下流爲唐河。

又北有桑乾河。西南有渾源川，下流入桑乾河。又東有亂嶺關、南有瓷窯口、東南有大寨頭三巡檢司。西北距府百三十里。

應州　洪武初，以州治金城縣省入。北有桑乾河。西有小石口巡檢司。東南有胡峪口巡檢司。南有茹越口巡檢司。又有北婁、大石等口，路通繁峙縣。北距府百二十里。領縣一。

山陰州西南。北有桑乾水。

朔州　洪武初，以州治鄯陽縣省入。西南有翠峰山。西北有黃河。又南有灰河，下流入桑乾河。又西有武州，元屬大同路，洪武初省。北有沙淨口、西南有神池口二巡檢司。東北距府二百八十里。領縣一。

馬邑州東，少北。西北有洪濤山，灅水出焉，俗名洪濤泉，即桑乾河上源也，至北直武清縣入海。東南有雁門關。又北有白陽。

蔚州元屬上都路之順寧府。至大元年十一月升爲蔚昌府，直隸上都路。洪武二年仍爲州。四年來屬，以州治靈仙縣省入。東有九宮山，又有雪山。又東南爲小五臺山。北有桑乾水，東入北直保安州界。又北有壺流水，一名胡盧水，西南有滋水流入焉，下流入北直眞定府界。東北有定安縣，元屬州，洪武初廢。西南有石門口，東南有神通溝鎭，東北有鴛鴦口、長寧鎭四巡檢司。又東有九宮口巡檢司，後移於州南黑石嶺。又東北有美峪口巡檢司，尋徙於董家莊。又有興寧口巡檢司，後移於北口關。西北距府三百五十里。領縣三。

廣靈州西，少北。北有九層山。東南有豐水，即葫蘆河上源也。又西南有滋水。北有平嶺關巡檢司，後徙於縣西南之林關口。

廣昌州東南。元曰飛狐。洪武初，更名。東南有白石山。東有雕窠崖，舊有洞產銀。〔一六〕又桑乾河在北。唐河在南，卽滱水也。又淶水在東，源出北厓古塔，與縣南之拒馬河合，東入北直淶水縣界。又紫荆關在東北，接北直易州界。倒馬關在南，接北直定州界。又飛狐關在北，今爲黑石嶺堡，與蔚州界。

靈丘州西南。東南有隘門山，西北有槍峯嶺，卽高是山也，嘔夷水出焉。又有枚回嶺，滋水出焉。

澤州元澤州，屬晉寧路。洪武初，以州治晉城縣省入。二年直隸行中書省。九年直隸布政司。東南有馬牢山。南有太行山，山頂有天井關，關南卽羊腸坂。又東北有丹水，南有白水流入焉，下流注於沁河。東南有柳樹店、南有橫望嶺二巡檢司。領縣四。西北距布政司六百二十里。

高平州北，少東。西北有仙公山，丹水出焉。又西南有空倉堡巡檢司。西北有長平關，又有磨磐寨。

陽城州西。西南有析城山，南有王屋山，與垣曲縣及河南濟源縣界。東有沁河，又西北有濩澤水入焉。

陵川州東北。西北有蒲水，西流入於丹水。南有永和隘巡檢司，後廢。

沁水州西北。東有沁河。又西有蘆河，下流入於沁水。西北有東烏嶺巡檢司。

沁州元屬晉寧路。洪武初，以州治銅鞮縣省入。二年直隸行中書省。九年直隸布政司。萬曆二十三年五月改屬汾州府，三十二年仍直隸布政司。西南有護甲山，涅水出焉。南有銅鞮山。正西有銅鞮水，有二流，一名小漳河，一名西漳河，下流入襄垣縣，合濁漳水。領縣二。西北距布政司三百十里。

沁源州西，少南。北有綿山，沁水出焉，經縣東，下流至河南修武縣入大河，行九百七十餘里。又北有綿上巡檢司。

武鄉州東北。西有涅水，又西有武鄉水入焉。

遼州元屬晉寧路。洪武初，以州治遼山縣省入。二年直隸行中書省。九年直隸布政司。東南有太行山，洺水所出，上有黃澤嶺，嶺有十八盤巡檢司。又東有淸漳水，分二流，至東南交漳村而合，南入黎城縣界。又西北有遼陽水，流合淸漳水。領縣二。西北距布政司三百四十里。

榆社州西。西有榆水。西南有武鄉水。又西北有黃花嶺、馬陵關二巡檢司。

和順州北。東有黃榆嶺，北有松子嶺，西有八賦嶺，俱有巡檢司。又淸漳水在西北，松嶺水及八賦水、梁榆水俱流入焉。

山西行都指揮使司　本大同都衞，洪武四年正月置。治白羊城。八年十月更名。二十五年八月徙治大同府。二十六年二月領衞二十六，宣府左、右，萬全左、右，懷安五衞，改屬萬全都司。後領衞十四。朔州衞治州城，安東中屯衞寄治應州城。

大同前衞　洪武七年二月置，與行都司同城。

大同後衞　洪武二十五年八月置，與行都司同城，尋罷。二十六年二月復置，治行都司東，後仍徙行都司城。東有聚落城，天順三年築。嘉靖二年九月置聚落守禦千戶所於此，來屬。

大同中衞　洪武二十五年八月置，與行都司同城，後罷。

大同左衞　洪武二十五年八月置，與行都司同城。三十五年罷。永樂元年九月復置。七年徙治鎭朔衞城。

大同右衞　洪武二十五年八月置，與行都司同城。三十五年罷。永樂元年九月復置。七年徙治定邊衞城。

鎭朔衞　洪武二十六年二月置，屬行都司。永樂元年二月徙治北直薊州，直隸後軍都督府，而衞城遂虛。七年徙大同左衞來治。正統十四年又徙雲川衞來同治。東有雕鶚山。北有兔毛川，卽武州川也。又西北有御河，自塞外流入，下流入於桑乾河。又北有鹽池。東北距行都司一百二十里。

定邊衞　洪武二十六年二月置，屬行都司。永樂元年二月徙治北直通州，直隸後軍都督府，而衞城遂虛。七年徙大同右衞來治。正統十四年又徙玉林衞來同治。西有大青山。東北有海子窊，兔毛川出焉，分爲二，其一東南流入左衞界，其一西北流自殺虎口出塞。又有南大河，經衞東南，合於兔毛川。東南距行都司一百九十里。

陽和衞元白登縣，屬大同路。洪武初，縣廢。二十六年二月置衞。宣德元年徙高山衞來同治。北有雁門山，雁門水出焉。南有桑乾河。西南距行都司一百二十里。

天成衞元天成縣，屬興和路。洪武四年五月改屬大同府，縣尋廢。二十六年二月置衞，後徙鎭虜衞來同治。桑乾河在南。南洋河在北，卽雁門水也，東入宣府西陽和堡界。西南距行都司一百二十里。

威遠衞正統三年三月以淨水坪置。南有大南山。西有小南山。又南有南大河，下流入於兔毛川。東距行都司一百八十里。

平虜衞成化十七年置，與行都司同城。嘉靖中徙今治。西有小靑山，又有黃河自東勝衞流入。北有南大河。西北有雲內縣，本元雲內州，屬大同路，洪武五年廢。宣德中復置縣，屬豐州，正統十四年復廢。西北有平地縣，元屬大同路，亦洪武中廢。東北距行都司二百四十里。領千戶所一。

井坪守禦千戶所成化二十年七月置。

雲川衞洪武二十六年二月置，屬行都司。永樂元年二月徙治北直畿內，直隸後軍都督府。宣德元年還舊治，仍屬行都司。正統十四年徙治舊鎭朔衞城，與大同左衞同治，而衞城遂虛。東距行都司二百十里。

玉林衛　洪武二十六年二月置，屬行都司。永樂元年二月徙治北直畿內，直隸後軍都督府。宣德元年還舊治，仍屬行都司。正統十四年徙治舊定邊衛城，與大同右衛同治，而衛城遂虛。東有玉林山，玉林川出焉。東距行都司二百四十里。

鎭虜衛　洪武二十六年二月置，屬行都司。永樂元年二月徙治北直畿內，直隸後軍都督府。宣德元年還舊治，仍屬行都司。正統十四年徙治天成衛城，與天成衛同治，而衛城遂虛。東距行都司　百　十里。

高山衛　洪武二十六年二月置，屬行都司。永樂元年二月徙治北直畿內，直隸後軍都督府。宣德元年徙陽和衛城，與陽和衛同治，仍屬行都司，而衛城遂虛。嘉靖二年九月置高山守禦千戶所於此，屬大同前衛。東有高山。西有兎毛川。東距行都司三十里。

宣德衛元宣寧縣，屬大同路。洪武中，縣廢。二十六年二月置宣德衛，後廢。東南距行都司八十里。

東勝衛元東勝州，屬大同路。洪武四年正月，州廢，置衛。二十五年八月分置東勝左、右、中、前、後五衛，屬行都司。二十六年二月罷中、前、後三衛。永樂元年二月徙左衛於北直盧龍縣，右衛於北直遵化縣，直隸後軍都督府。三月置東勝中、前、後三千戶所於懷仁等處守禦，而衛城遂虛。正統三年九月復置，後仍廢。北有赤兒山。西有黃河。西北有黑河，源出舊豐州之官山，西流入雲內州界，又東經此，入於黃河。又有兔毛川，亦入於黃河。又有紫河，源出舊豐州西北之黑峪口，下流至雲內州界，入於黑河。又西有金河泊，上承紫河，下流亦入於黃河。西北有豐州，元屬大同路，洪武中廢，宣德元年復置；正統中內徙，復廢。又有淨州路，元直隸中書省，亦洪武中廢。西距行都司五百里。領千戶所五。

失寶赤千戶所

五花城千戶所

幹魯忽奴千戶所

燕只千戶所

甕吉剌千戶所

俱洪武四年正月置。

校勘記

〔一〕元濟南路屬山東東西道宣慰司　原脫「道」字，據本志淄川下注及元史卷五八地理志補。

〔二〕元陵州屬河間路　原作「元屬河間陵州路」。按元無「陵州路」，據元史卷五八地理志乙正。

〔三〕東北有般河亦曰盤河　原脫「亦」字，據明史稿志一九地理志補。

〔四〕南有梁山濼即故大野澤下流　原闕「即」字，據明史稿志一九地理志補。

〔五〕巨洋水西合石溝水　石溝水，原作「石構水」，據明史稿志一九地理志、寰宇通志卷七五、明一統志卷二四改。

〔六〕南有雙島及三山島　三山島，原作「三十島」，據明史稿志一九地理志、讀史方輿紀要卷三七改。

〔七〕三十五年十一月復置　三十五年，原作「二十五年」。明史稿志一九地理志作「永樂初」，太宗實錄卷一四作洪武三十五年十一月乙未，據改。

〔八〕西有小沙河中右千戶所　原脫「小」字，據明史稿志一九地理志、寰宇通志卷七七、遼東志卷一補。

〔九〕建文初廢洪武三十五年七月復置　三十五年，原作「二十五年」，據太宗實錄卷一〇下洪武三十五年七月戊戌條改。又按太宗實錄稱：「初，建文中，改瀋陽左衞爲衡山護衞，右衞爲臨安護衞」。是「建文初廢」，當作「建文中更名」。下一條，瀋陽中屯衞，「建文中廢。洪武三十五年十一月復置」，「三十五年」也誤作「二十五年」，據太宗實錄卷一四洪武三十五年十一月己亥條改。

〔一〇〕府東南㯻南有涂水　「東南有涂水」的「東南」兩字，原沿上文「府東南」的「東南」兩字而脫，據明史稿志一九地理志、明一統志卷一九、讀史方輿紀要卷四〇補。

〔一一〕府東南東南有馬嶺　第二個「東南」兩字，原沿上文「東南」兩字而脫，據明史稿志一九地理志、明一統志卷一九、讀史方輿紀要卷四〇補。

〔一二〕府西南西南有隱泉山　「西南有隱泉山」的「西南」兩字，原沿上文「西南」兩字而脫，據明一統志卷一九、讀史方輿紀要卷四〇補。

〔一三〕西北有九原山　九原山，原作「九泉山」，據明史稿志一九地理志、寰宇通志卷七九、明一統志卷二〇改。

〔一四〕舊置壺口關於山下　壺口關，原作「壺關口」，據明史稿志一九地理志、讀史方輿紀要卷四二改。

〔一五〕又東有御河一名如渾水　御河，原作「街河」，誤，據讀史方輿紀要卷四十四改。

〔一六〕舊有洞產銀　銀，明史稿志一九地理志作「銅」，讀史方輿紀要卷四四作「舊設銅山冶」。

明史卷四十二

志第十八

地理三

河南　陝西

河南　禹貢豫、冀、揚、兗四州之域。元以河北地直隸中書省，河南地置河南江北行中書省。治汴梁路。洪武元年五月置中書分省。治開封府。二年四月改分省爲河南等處行中書省。三年十二月置河南都衞。八年十月改都衞爲都指揮使司。九年六月改行中書省爲承宣布政使司。府八，直隸州一，屬州十一，縣九十六。爲里三千八百八十有奇。北至武安，與北直、山西界。南至信陽，與江南、湖廣界。東至永城，與山東、江南界。西至陝州，與山西、陝西界。距南京一千一百七十五里，京師一千五百八十里。洪武二十六年編戶三十一萬五千六百一十七，口一百九十一萬二千五百四十二。弘治四年，戶五十七萬五千二百四十九，口四百三十六萬四千四百七十六。萬曆六年，戶六十三萬三千六十七，口五百一十九萬三千六百二。

開封府元汴梁路，屬河南江北行省。洪武元年五月曰開封府。八月建北京。十一年，京罷。領州四，縣三十。

祥符倚。洪武十一年正月建周王府。大河舊在城北。正統十三年，河決滎陽，東過城西南，而城遂在河北。東爲開封縣，元時同治郭內，洪武中省。南有朱仙鎮。東北有陳橋鎮。

陳留府東，少南。北有大河。東北有睢水，下流至南直宿遷縣合泗水。〔一〕

杞府東南。北有睢水，又有舊黃河，洪武二十五年河決之故道也。嘉靖三十六年，全河合淮入海，而縣遂無河患。

通許府東南。西南有故黃河，弘治後北徙，不經縣界。

太康府東南。北有渦水，自通許縣流入，下流至南直懷遠縣入淮。東有馬廠集，正統十三年河決，自杞縣經此。

尉氏府南，少西。西南有大溝，東北合康溝，入於黃河。

洧川府西南。南有故城，洪武二年以河患遷今治。又南有洧水，下流至西華縣合潁水。東南有南席店，弘治九年，河入栗家口，南行經此。

鄢陵府南，少西。北有洧水。

扶溝府南，少東。東有沙河，一名惠民河，又名小黃河，卽宋蔡河故道也。成化中濬，下流達南直太和縣界。又北有洧水，自西流入焉。又東北有黃河故道，弘治二年淤。

中牟府西。東有故城，天順中，徙今治。大河在縣北。又有汴河，舊自滎陽而東，下流經祥符縣南，又東南至南直泗州入於淮。正統六年改從此入河，後淤。西北有圃田澤。

陽武府西北。北濱大河，自此至南直徐州，大河所行，皆唐、宋汴河故道。

原武府西北。北有黑陽山，下臨大河。洪武二十四年，河決於此。正統十二年復決焉。東南有安城縣，洪武初置，正統中廢。

封丘府北。南有大河。西南有荆隆口，一名金龍口。弘治二年、五年，萬曆十五年，崇禎四年、五年，河屢決於此。又西北有沁河，弘治六年淤。西南有中欒鎮巡檢司。

延津府西北。大河舊經縣北。成化十四年，河決，徙流縣南，而縣北之流遂絕。西北有沙門鎮，弘治十一年移項城縣西之香臺巡檢司於此。

蘭陽府東，少北。北濱大河，有李景高口。萬曆十七年，河決於此。

儀封府東，少北。元屬睢州。洪武十年五月改屬南陽府，後來屬。故城在縣北，洪武二十二年二月圮於河，徙日樓村，即今治也。東北有黃陵岡，大河舊經其下，入曹縣界。弘治五年，河決於此，尋塞之，改從岡南入睢州界。又賈魯故河亦在縣北，正德四年，河決入焉。

新鄭府西南。元屬均州。隆慶五年七月改屬。西南有大隗山，一名具茨山，溱水出焉，一名魯固河，下流入潁。

又南有陘山。北有大河。又有溱水，一曰溍水，流合縣南之洧水。

陳州 洪武初，以州治宛丘縣省入。南有潁水。又西有沙水，亦曰小黃河，至潁岐口，與潁水合，下流分爲二。崇禎間，屢決於西南之苑家埠口。又南有故黃河，嘉靖時，黃河南出之道也。西北距府二百六十五里。領縣四。

商水州西南。洪武初廢。四年七月復置。北有潁水，又有濦水，亦曰大濦水。

西華州西，少北。北有潁水，又有沙水，卽小黃河也。西南有濦水，又有常社鎭巡檢司。

項城州南。東北有故城。今治本南頓縣之殄寇鎭也，宣德三年遷。東有潁水，西有溵水流入焉。洪武二十四年，大河自陳州經縣界合潁，下入於淮。永樂九年，河始復故道。又東北有沙水。

沈丘州東南。元屬潁州。洪武初廢。弘治十年改乳香臺巡檢司置，來屬。東北有潁水，東入南直潁州界。又北有沙河，東入南直太和縣界。又東有界首巡檢司。又北有南頓縣，洪武初廢。景泰初，置南頓巡檢司於此。

許州 洪武初，以州治長社縣省入。西有潁水。北有潩水。又東有東湖，一名秋湖。又西北有石固鎭，與長葛縣界。東北距府二百二十里。領縣四。

臨潁州東南。西有潁水，潩水自縣北流入焉。又西南有小濦水。

襄城州西南。南有首山。東北有潁水。南有汝河。

郾城州東南。南有沙水，亦曰大溵水，上流卽故汝水也，又東南有澧水來入焉。〔三〕

長葛州西北。北有洧水。西有潩水。

禹州元曰鈞州。〔三〕洪武初，以州治陽翟縣省入。萬曆三年四月避諱改曰禹州。成化二年七月建徽王府。嘉靖三十五年除。北有禹山，又西北有鐄山，有鐵母山，舊俱產鐵。又北有潁水，下經襄城，一名渚水，至臨潁合沙河。東北距府三百二十里。領縣一。

密州西北。南有洧水，又有溱水。

鄭州 洪武初，以州治管城縣省入。西南有梅山，鄭水出焉，下流舊入汴水，後堙。又西有須水，源出滎陽縣，舊亦入於汴水。正統八年嘗濬以分決河之流，後亦堙。東北距府百四十里。領縣四。

滎陽州西。南有大周山，汴水出焉。又東南有嵩渚山，京水出焉。又有索水，源出小陘山，北流與京水合，下流入於鄭水。又大河在北。東有須水鎮，崇禎十年築城。

滎澤州北，少西。元直隸汴梁路。洪武中，改屬州。北有故城。洪武八年因河患徙於南。成化十五年正月又徙北，濱大河。東南有孫家渡，正統十三年，大河決於此。

河陰州西北。舊治在大峪口，洪武三年爲水所圮，徙於此。東北有廣武山，與三皇山連。西有敖倉，北濱大河。

汜水州西。故城在縣東，洪武十一年七月徙於成皋。崇禎十六年又遷西北。北濱河，洛水自西，東至滿家溝合汜水入焉。又西有虎牢關，洪武四年九月改曰古崤關，有巡檢司。

河南府元河南府路，屬河南江北行中書省。洪武元年爲府。領州一，縣十三。東距布政司三百八十里。

洛陽倚。洪武二十四年建伊王府。嘉靖四十三年廢。萬曆二十九年十月建福王府。北有北邙山。西南有闕塞山，亦曰闕口山，亦曰伊闕山，俗曰龍門山。又西北有穀城山，亦曰朁亭山，瀍水所出。又東南有大谷，谷口有關。又大河在北。又有洛水，源自洛南冢嶺山，東經盧氏、永寧諸縣，至洛陽、偃師、鞏縣入於河。又東有伊水，自盧氏縣東北流至偃師縣而入洛。又北有瀍水，西有澗水，俱流會於洛。又西南有孝水。

偃師府東，少北。南有緱氏山。又有洛水，西有伊水流合焉。

鞏府東北。西南有轘轅山，上有關。北濱河。西北有洛水，舊經縣北入河，謂之洛汭，亦曰洛口。嘉靖後，東過汜水縣入河。又南有鄩水，會洛入河，亦曰鄩口也。又東南有石子河，西南有長羅川，皆流入洛水。又西南有黑石渡巡檢司。

孟津府東北。舊治在縣東，今治本聖賢莊，嘉靖十四年七月遷於此。西北有大河。又西有硤石津，又西有委粟津，又有高渚、馬渚、陶渚，皆大河津濟處。東北有孟津巡檢司。

宜陽府西南。西有女几山。東南有鹿蹄山，一名非山，甘水出焉。又北有洛水。西有宜水，又有昌谷水，與甘水俱流注於洛。又西南有趙保鎭、木册鎭二巡檢司。

永寧府西南。北有崤山，崤水出焉，北注於河。〔四〕其東曰穀陽谷，穀水所出焉。又南有洛水。東北有刀轘川，下流爲昌谷水。又有大宋川，下流爲宜水。又西有崇陽鎮、又有高門關、東有峭底關三巡檢司。

新安府西。西有缺門山。北有大河。又南有澗水，穀水自北流入焉。東有慈澗水，亦流入穀水。又有函谷新關。

澠池府西。元屬陝州。洪武中改屬。東北有廣陽山，亦曰澠池山，北溪水出焉。又有白石山，澗水所出。西北濱河。南有穀水。又西北有南村巡檢司。

登封府東南。北有嵩山，即中岳也，亦曰太室山。又西有少室山，潁水中源出焉；又有右源，出於山之南溪，又有左源，出於西南之陽乾山，合流至南直壽州入淮。又北有陽城山，洧水所出，下流至扶溝縣入沙河。又東南有崿嶺，即箕山也，上有崿坂關。又東南有五渡水，流入潁，亦曰三交水。又西南有少陽河，亦流入潁。

嵩府西南。元嵩州，屬南陽府。洪武二年四月降爲縣，來屬。三塗山在西南。陸渾山在東北。又東有篩山，〔五〕北有露寶山，西有大礦山，皆產錫。西南有伏牛山，即天息山也，山有分水嶺，汝水出焉，下流至南直潁州入淮，行千三百五十餘里。又南有伊水，西北有高都川流入焉。又西南有舊縣鎮巡檢司。西有沒大嶺巡檢司。

盧氏府西南。元屬嵩州。洪武元年四月屬南陽府。三年三月屬陝州。萬曆初，改屬府。西南有熊耳山，洛水自陝西商州流入境，經此。東南有巒山，一名悶頓嶺，伊水所出。北有鐵嶺，東澗水出焉，東南入洛。又東北有馬回川，亦入於洛。又東南有欒州鎮、西南有朱陽鎮、〔六〕北有杜管鎮三巡檢司。又西有白華關。

陝州元屬河南府路。洪武元年四月改屬南陽府，以州治陝縣省入。東有底柱山，在大河中。山有三門，中曰神門，南曰鬼門，北曰人門，惟人門修廣可行舟，鬼門最險。又南有橐水，一名永定澗，亦曰漫澗，西北入河。又東南有硤石關，有巡檢司。又有雁翎關。〔七〕東距府三百里。領縣二。

靈寶州西，少南。北濱河。又西有弘農澗。南有虢略鎮巡檢司。又有函谷故關。西南又有洪關。

閿鄉州西南。東南有夸父山，一名秦山，中有大谷關。北濱河，自山西芮城縣流入，東南至永城縣，入南直碭山縣界。西有湖水，又有盤澗水北流入焉。又西有潼關，與陝西華陰縣分界。

歸德府元直隸河南江北行省。洪武元年五月降爲州，屬開封府。嘉靖二十四年六月升爲府。領州一，縣八。西距布政司三百五十里。

商丘倚。元曰睢陽。洪武初省。嘉靖二十四年六月復置，更名。舊治在南，弘治十五年圮於河，十六年九月遷於今治。北濱河。正統後，河決而南。城營在河北，正德後，仍在河南。北有丁家道口巡檢司。東南有武津關巡檢司。

寧陵府西。南有睢水。北有桃源集巡檢司。

鹿邑府南。元屬亳州。洪武中改屬。南有潁水，又蔡河自西流入，謂之蔡河口，即沈丘縣之沙河也。又北有渦水，東流入南直亳州境。

夏邑府東。元曰下邑。洪武初，更名。北濱大河。又東南有睢水。

永城府東南。洪武元年五月屬開封府。十一月來屬。北有碭山，又有芒山，皆與南直碭山縣界。又睢水、澮水皆在縣南。又南有泡水，弘治間淤塞。

虞城府東北。元屬濟寧路。洪武二年正月來屬。南有故城。嘉靖九年遷於今治。北有黃河。

睢州元屬汴梁路。洪武初，屬開封府，以州治襄邑縣省入。十年五月降爲縣。十三年十一月復升爲州。嘉靖二十四年六月來屬。北濱河。又有睢水亦在州東北。東距府百七十里。領縣二。

考城州北。元末省。洪武四年八月復置，屬開封府。十年五月復省。十三年十一月復置，屬州。舊治在縣東南。正統十三年徙。北濱大河。

柘城州東南。元末省。洪武四年八月復置，屬開封府。十年五月省入寧陵縣。十三年十一月復置，屬州。北有睢水。南有渦水。

汝寧府元直隸河南江北行省。〔八〕洪武初，因之。領州二，縣十二。距布政司四百六十里。

汝陽倚。天順元年三月建秀王府，成化八年除。十年建崇王府。洪武初，縣廢，四年七月復置。北有汝水，源出天息山，東流入境，過新蔡東南入淮。又南有溵水，又有汝水，又有溱水，又西北有溮水，俗名泥河，下流俱入於汝。又城南有柴潭。東有陽埠巡檢司。

眞陽府東。元屬息州。洪武四年省入汝陽縣。景泰四年置眞陽鎭巡檢司於此。弘治十八年十二月仍置縣，而徙巡檢司於縣南銅鍾店，仍故名，尋廢。南有淮水。又汝水在縣東，北有溵水流入焉。

上蔡府北。洪武初廢，四年五月復置。西有汝水，西南有沙水流合焉。

新蔡府東，少南。元屬息州，後廢。洪武四年五月復置，改屬。南有汝水，又澺水自城北流合焉。又東北有瓦店巡檢司。

西平府西北。北有汝水，源出縣西南雲莊、諸石二山。自元末堨斷故汝，而此水遂爲汝源。嘉靖九年復塞，改爲洪河之上流。

確山府西南。洪武十年五月省入汝陽縣，十三年十一月復置。成化十一年九月改屬信陽州。弘治二年八月仍屬府。西北有朗山，〔九〕亦曰樂山。北有黃酉河，下流爲練河，流入汝。又西有竹溝巡檢司。南有明港巡檢司。

遂平府西，少北。西南有查牙山，其東南相接者曰馬鞍山。又西有洪山，灈陂之源出焉，自西平縣雲莊諸山之水既塞，遂以此爲汝源。南有灈水，又有沙河，又北有石洋河，其下流皆入於汝。

信陽州元爲信陽縣，屬信陽州，後廢。洪武元年十月置信陽州於此，屬河南分省。四年二月屬中都臨濠府。七年八月改屬。十年五月降爲縣。成化十一年九月復升爲州。西南有賢首山。南有土雅山，又有峴山。東南有石城山，亦曰冥山。北有淮水，又南有溮水流入焉。東北距府二百七十里。

領縣一。

羅山州東。元信陽州治，後州縣俱廢。洪武元年十月置州於舊信陽縣，復置羅山縣屬焉。十年五月直隸汝寧府。

成化十一年九月還屬州。北有淮水，又南有小黃河入焉。東南有大勝關巡檢司，與湖廣黃陂界。西南有九里關，即黃峴關，義陽三關之一，有巡檢司，與湖廣應山縣界。

光州 洪武初，以州治定城縣省入。四年二月改屬中都臨濠府。十三年仍來屬。北有淮水。又南有潢水，北流入淮水。西南有陰山關。西北距府三百里。領縣四。

光山州西南。南有石盤山。北濱淮。南有潢水，亦曰官渡河。又南有木陵關。西南又有白沙、〔一〇〕土門、斗木嶺、黃土嶺、修善衝等五關，與湖廣麻城縣界。東南有牛山鎭巡檢司，後移於長潭。又有沙窩鎭巡檢司，後廢。

固始州東北。南有白鹿崖。北濱淮。東有史河，西有淠河，俱入南直霍丘縣界，下流入淮。又東北有朱皐鎭，與南直潁州界，有巡檢司。

息州西北。元息州，洪武四年二月屬中都臨濠府。尋降爲縣，屬潁州。七年仍來屬。南濱淮。東北有汝水。北有楊莊店巡檢司，後移於縣東北之固城倉。

商城州東南。成化十一年四月析固始縣地置。南有金剛臺山。又東南有竹根山。東有大蘇山，灌水出焉，流入南直霍丘縣。又東有牛山河，即史河上源也。西南有五水關河。又南有五河，下流俱入於史河。又南有金剛臺巡檢司，本置金剛臺山下，嘉靖二十七年移於縣東南之水東案。又南有長嶺關，東南有松子關，俱接湖廣羅田縣界。

南陽府元直隸河南江北行省。洪武初，因之。領州二，縣十一。距布政司六百八十里。

南陽倚。洪武二十四年建唐王府。城南有精山。北有百重山、雉衡山。又有分水嶺，其水北流入於汝水，南流入於淯水。西南有臥龍岡。東有淯水，一名白河，下流至湖廣襄陽縣界入漢水。西南有湍水，西北有洱水，皆流入淯水。

鎮平府西。洪武十年五月省入南陽縣。十三年十一月復置。西北有五朵山，產銅。東有潦河，流入淯河。

唐府東南。洪武三年以故比陽縣地置。南有唐子山。東北有大狐山，〔二〕亦曰壺山，泚水所出。又西有黃淳水，又有泌水，下流皆入淯水。又東北有石夾口關。

泌陽府東。元爲唐州治。洪武二年二月省入州。十三年十一月，州廢，復置縣。東有銅山，泌水出焉。又北有潕水，東北有瀙水，下流俱入汝水。又象河關在縣東北，有巡檢司。

桐柏府東南。本唐縣之桐柏鎮巡檢司。成化十二年十二月改置縣，而移巡檢司於毛家集。東有桐柏山，淮水所經，下流至南直安東縣入海，行二千三百餘里。又東有大復山。西北有胎簪山，淮水所出。又西有澧水，亦曰醴水，下流入泌水。

南召府北。成化十二年十二月以南陽縣南召堡置。北有丹霞山，一名留山。北有魯陽關，即三鵶路口也，與魯山縣界。有鵶路鎮巡檢司，成化十二年十二月移於窪石口。

鄧州元治穰縣。洪武二年二月，縣廢。十三年十一月復置縣。十四年五月復省入州。南有析隈山。西北有白崖山。北有湍水，又東有涅水，亦名趙河，自北來入焉。東北距府百二十里。領縣三。

內鄉州北，少西。東有熊耳山，湍水所出。西南有淅水，又有丹水。又北有菊潭。東北有金斗山巡檢司，後廢。又西北有西硤口關巡檢司。又西南有黨子口關。又西有武關，路出陝西商州。

新野州東南。西有清水，又有湍水，又北有泚水，東有棘水，皆流入於淯水。

淅川州西。成化六年析內鄉縣地置。東南有太白山。又有丹崖山。東有均水，又西南有淅水，北有丹水俱流入焉，南入於漢水。西北有花園頭巡檢司，又有荆子口關。又西有峽口鎮，南接湖廣均州界。

裕州洪武初，以州治方城縣省入。東北有方城山，渚水出焉，下流入泚水。西南距府百二十里。領縣二。

舞陽州東北。汝水在縣北，舊入西平縣界，元末於渦河堨斷其流，使東歸潁，而西平之水始別爲汝源。南有潕水，亦曰舞水，又有瀙水，下流俱入於汝寧府之汝水。西南有沙水，即滍水也。又北有澧水，下流歸故汝水。

葉州北，少東。北有黃城山，一名長城山，有汝水。又北有滍水，流入汝。東北有沙水，一名滍水，又名泜水，又北有昆水入焉，下流入於汝。又北有昆陽關。

懷慶府元懷慶路，直隸中書省。洪武元年十月爲府，屬河南分省。領縣六。東南距布政司三百里。

河內倚。永樂二十二年建衞王府。正統三年除。八年，鄭王府自陝西鳳翔府遷此。北有太行山，又有碗子城山，上有關。又有沁河，源出山西沁源縣，流入府境，下流至武陟入大河。又有丹河，自澤州流入，注於沁河。又西有柏鄉城，崇禎四年築。

濟源府西。元屬孟州。洪武十年五月改屬府。南濱大河。西有王屋山，接山西垣曲縣界，濟水出焉。西北有琮山，溴水出焉。又東北有沁水，經兩山之間，一名枋口水。又西北有軹關。〔一二〕西有邵原鎮巡檢司。

修武府東，少北。西有沁水。

武陟府東。大河在縣南。東有沁河，至南賈口入焉。又東北有蓮花池，萬曆十五年，沁河決此。又西北有寧郭城，景泰中築。

孟府南，少西。元孟州。洪武初，以州治河陽縣省入。十年五月降爲縣。西南濱大河。

溫府東南。元屬孟州。洪武十年五月改屬府。南濱大河，溴水自西北流入焉。又西南有濟水，舊自濟源縣流經沇河鎮，南注於河，後其道盡入河中。

衞輝府元衞輝路，直隸中書省。洪武元年八月爲府。十月屬河南分省。領縣六。東南距布政司一百六十里。

汲倚。弘治四年八月建汝王府。嘉靖二十年除。隆慶五年二月建潞王府。北有衞河，源出輝縣，下流至北直靜海縣入海，行二千餘里。又東北有淇門鎮。

胙城府東，少南。洪武十年五月省入汲縣。十三年十一月復置。

新鄉府西南。北有衞河。西北有淸水。又西南有大河故道，正統十三年河決縣之八柳樹由此，尋塞。西有古沁河，永樂十三年後，時決時涸。

獲嘉府西，少南。洪武十年五月省入新鄉縣，十三年十一月復置。大河舊在縣南。天順六年中，河自武陟徙入原武，而縣界之流絕。北有淸水，又有小丹河合焉。

淇府北。元淇州，後廢。洪武元年九月復置。十二月降爲縣。西北有淇水，又淸水自東北流入焉，下流入於衞河。

輝府西北。元輝州，後廢。洪武元年九月復置。十二月降爲縣。西有太行山。西北有白鹿山。又有蘇門山，一名百門山，山有百門泉，泉通百道，其下流爲衞水，故又名衞源。又西南有淸水。又西北有侯趙川、西有鴨子口二巡檢司。

彰德府元彰德路，直隸中書省。洪武元年閏七月爲府。十月屬河南分省。領州一，縣六。南距布政司三百六十里。

安陽倚。永樂二年四月建趙王府。元末，縣廢。洪武元年九月復置。東北有韓陵山。西北有銅山，舊產銅。北有安陽河，本名洹水，〔一三〕自林縣流入，至北直內黃縣入衞河。又北有濁漳水。

臨漳府東北。元末廢。洪武元年九月復置。西有淸、濁二漳水，合流於此，曰交漳口，入北直界。又有滏水，下流入於漳河。西南又有洹水。

湯陰府南。元末廢。洪武元年九月復置。西有蕩水，經縣治北，下流入衛水。

林府西，少南。元林州，後廢。洪武元年九月復置。二年四月降爲縣。西北有隆慮山，亦曰林慮，洹水出焉。又西南有天平山。西有太行山。又北有濁漳水，自山西平順縣流入。

磁州元治滏陽縣，屬廣平路，後州縣俱廢。洪武元年十一月復置州，屬廣平府。二年四月來屬。西北有神麢山，滏水出焉。又南有清漳水。北有車騎關巡檢司。南距府七十里。領縣一。

武安州西北。元末廢。洪武元年十一月復置。東南有滏山，滏水出焉。西南有磁山，產磁石。東北有洺河，流入北直邯鄲縣界。又西有固鎮巡檢司。

涉州西，少北。元屬眞定路，後廢。洪武元年十一月復置，屬眞定府。二年四月來屬。南有涉水，即清漳水也，自山西黎城縣流入。又東北有偏店巡檢司，後移於縣西南之吾而峪口。

汝州元屬南陽府。洪武初，以州治梁縣省入。成化十二年九月直隸布政司。東南有霍山。又有魚齒山，涉水出於此，入葉縣界。又西南有鳴皐山。又有空峒山。南有汝水。西有廣成澤。〔一四〕領縣四。東北距布政司四百九十里。

魯山州西南。東有魯山。西有堯山，滍水所出，西南有波水流入焉。又西北有歇馬嶺關巡檢司。

郟州東，少南。東南有汝水，西有扈澗水流入焉。

寶豐州東南。成化十一年四月析汝州地置。南有汝水，又有湴水。

伊陽州西，少南。成化十二年十二月以汝州之伊闕故縣置，析嵩及魯山二縣地益之。西有伊陽山。又有堯山，即天息山也，上有分水嶺，湴水出焉，俗又名沙水。又南有汝水。西有伊水。西南有上店鎮巡檢司，成化十二年十二月移於常界嶺。又有普救關巡檢司，廢。

陝西　禹貢雍、梁二州之域。元置陝西等處行中書省，治奉元路。又置甘肅等處行中書省。治甘州路。洪武二年四月置陝西等處行中書省。治西安府。三年十二月置西安都衞。與行中書省同治。八年十月改都衞爲陝西都指揮使司。九年六月改行中書省爲承宣布政使司。領府八，屬州二十一，縣九十有五。爲里三千五百九十七。東至華陰，與河南、山西界。南至紫陽，與湖廣、四川界。北至河套，西至肅州。外爲邊地。距南京二千四百三十里，京師二千六百五十里。洪武二十六年編戶二十九萬四千五百二十六，〔一五〕口二百三十一萬六千五百六十九。弘治四年，戶三十萬六千六百四十四，口三百九十一萬二千三百七十。萬曆六年，戶三十九萬四千四百二十三，口四百五十萬二千六百六十七。

西安府元奉元路，屬陝西行省。洪武二年三月改爲西安府。領州六，縣三十一。

長安倚。治西偏。洪武三年四月建秦王府。北有龍首山。南有終南山。西南有太一山，又有子午谷，谷中有關。北有渭水，源出鳥鼠山，流經縣界，至華陰入黃河。又西有灃水。又西北有鎬水，合滮水，〔一六〕又南有潏水，亦曰泬水，合滂水，俱北流入渭。

咸寧倚。治東偏。渭水在南。東有滻水，合霸水流入渭。

咸陽府西北。舊治在渭河北，洪武二年徙於渭南。東北有涇水，東入渭。東南有灃水，北入渭。

涇陽府北。西北有甘泉山。南有涇水，源自岍頭山，流經縣界，至高陵縣入渭。又北有冶谷水，合淸谷水，下流入渭。

興平府西，少北。南有渭水。

臨潼府東，少北。東南有驪山，有溫泉。北有渭水。西有潼水，又東有戲水，俱北入渭。又東有泠水，一曰零水，至零口鎭亦入渭。又南有鶱鹽驛，舊產鹽。

渭南府東。元屬華州。嘉靖三十八年十一月改屬府。北有渭水。

藍田府東南。南有七盤山，旁有繂坡，謂之七盤十二繂，藍關之險道。又有嶢山。東南有藍田山，有關。西有灞水，西北有長水，亦曰荊溪，又南有輞谷水，亦曰輞川，俱注於霸水。

鄠府西南。南有牛首山，澇水出焉。北有渭水。西南有甘泉，西有渼陂，俱流合澇水，注於渭。又澧水在南，合高觀谷、太平谷諸水，入長安縣界。

盩厔府西南。西南有駱谷，谷長四百二十里，谷口有關。谷中有十八盤、又有柴家關二巡檢司。北有渭水。南有龍水，西南有黑水流入焉。又東有駱谷水，東南有芒水，並北入渭。

高陵府東北。西南有渭水，涇水自西北流合焉。

富平府東北。元屬耀州。萬曆三十六年改屬府。西南有荆山。西北有漆沮水，舊經白水縣南入洛，自鄭渠堙廢，不復東入洛矣。東北有美原巡檢司，尋廢。

三原府北，少東。元屬耀州。弘治三年十一月改屬府。西北有堯門山。東北有漆沮水。西有清水，下流注於渭。

醴泉府西北。元屬乾州。嘉靖三十八年十一月改屬府。西北有九嵕山，又有武將山。東有涇水，又有甘谷水，流合焉。

華州南有少華山。北有渭水，與同州界。西有赤水，分大小二流，又有石橋水，俱北注渭。西距府二百里。領縣二。

華陰州東。南有華山，亦曰太華，即西嶽也。東有牛心谷。西南有車箱谷。東北有大河，自朝邑縣流入，至渭口，與渭水合，所謂渭汭也。南有敷水，北入渭。東北有潼水，入於大河。東有潼關。洪武七年置潼關守禦千戶所。九年十一月升爲衞，屬河南都司。永樂六年直隸中軍都督府。

蒲城州西北。東有洛水。又西有西鹵池，南有東鹵池，舊產鹽。

商州洪武七年五月降爲縣。成化十三年三月仍爲州。東南有商洛山。西有熊耳山，伊水所出。南有丹崖山，舊產銅。又有冢嶺山，洛水所出，下流至河南汜水縣入大河。又南有丹水，流入河南內鄉縣界。東有武關，西有秦嶺二巡檢司。又東有龍駒寨。西北距府二百二十里。領縣四。

商南州東，少南。成化十三年三月以商縣之層峯驛置，尋徙治於沭河西。西南有兩河，卽丹水也，東有沭河，南有挾川，俱入焉。東有富水堡巡檢司。

雒南州北，少東。元曰洛南，屬商州。洪武七年五月改屬華州。成化十三年三月復來屬。天啟初，改洛爲雒。東北有魚難山，魚難水出焉，西北有玄扈山，玄扈水出焉，俱北入於洛。東南有三要、東北有石家坡二巡檢司。

山陽州南，少東。本商縣之豐陽巡檢司，成化十二年十二月改爲縣，而移巡檢司於縣東南之漫川里，仍故名。東南有天柱山。西南有甲河，流入湖廣上津縣界，注於漢水。又東有竹林關巡檢司。

鎭安州西南。景泰三年以咸寧縣野猪坪置，屬府。天順七年二月遷治謝家灣。成化十三年三月改屬州。西有乍水，合縣南洵水入洵陽縣界，注於漢江。北有舊縣、西有五郎壩二巡檢司。

同州北有商原。南有渭水。西南有沮水，一名洛水。西南距府二百六十里。領縣五。

朝邑州東。東有大河。南有渭水。又有洛水，舊自縣南經華陰縣西北葫蘆灘入渭；成化中，自縣南趙渡鎭徑入於河，不復入渭。東北有臨晉關，一名大慶關，卽蒲津關也，舊屬蒲州，洪武九年八月來屬。有蒲津關巡檢司。

郃陽州東北。東有黃河。

韓城州東北。西有梁山，一名呂梁山，濱大河。東北有龍門山，夾河對峙。

澄城州北。西有洛水。

白水州西北。南有故城。洪武初，徙於今治。西有洛水，白水流入焉。西北有馬蓮灘巡檢司。

耀州東有沮水，西有漆水流入焉。又有淸水，流入三原縣界。南距府百八十里。領縣一。

同官州東北。北有神水峽，峽內有金鎖關巡檢司。又西北有北高山，漆水出焉，東南流與同官川水合。又東有沮水，南有安公谷水，其下流合於沮水。

乾州西北有梁山，接岐山縣界。其南有漠谷，漠谷水經其下，流爲武水。又東北有甘谷水。又西有武亭水。東南距府百六十里。領縣二。

武功州西南。西南有太白山，又有武功山。東南有惇物山。南有渭水。又西有漠谷水，又有武亭水，自縣東北流合焉。俱匯於漳水。

永壽州北。東有涇水。西南有錦川河，下流爲漠谷水。有土副巡檢司。又有穆陵關。

邠州元直隸陝西行省。洪武中來屬，以州治新平縣省入。北有涇水。西南有白土川，〔一七〕亦名漆水，東南注於渭水，與入洛之漆異。東南距府三百五十里。領縣三。

淳化州東。南有黃嶔山。西有涇水。東有淸水，南流入耀州界。

三水州東北。成化十三年九月析淳化縣地置。東南有石門山。東有三水河，一名汃水，西南流入涇水。東南有石門巡檢司。

長武州西北。萬曆十一年三月以邠州宜祿鎮置。北有涇水，自涇州流入。南有汭水，一名宜祿水，亦自涇州流入，逕縣東停口鎮，與黑水河合，入於涇水。西有窰店巡檢司，本名宜祿，治宜祿鎮。弘治十七年遷於正東之冉杏，仍故名。萬曆十一年又遷，更名。

鳳翔府元屬陝西行省。洪武二年三月因之。領州一，縣七。東距布政司三百四十里。

鳳翔倚。永樂二十二年建鄭王府。正統八年遷於河南懷慶府。東北有杜陽山，杜水所出。西北有雍山，雍水出焉，下流合漆水入渭。又東南有橫水，亦曰橫渠，東入渭。

岐山府東。東北有岐山。又有梁山。又北有武將山。南有渭水，西北有岐水，又東有漳水，俱流入扶風縣界。又南有斜谷水，北入渭。

寶雞府西南。東南有陳倉山。西南有大散嶺，大散關在焉。又有和尙原，接鳳縣界。南有渭河，東有汧河流入焉。又東南有箕谷水，有洛谷水，俱北入渭。西南有益門鎭二里散關、東南有虢川二巡檢司。〔一八〕又東南有金牙關。

扶風府東。西南有渭河。東有漆河，又有雍水自東南流入焉，又南有漳河，俱流入武功縣界。

郿府東南。元屬奉元路。洪武二年來屬。西有衙嶺山，褒水出其南，流入沔，斜水出其北，流入渭。西有五丈原。又西南有斜谷，南入漢中，有斜谷關。北有渭水。

麟遊府東北。西有漆水，南有麟遊水，下流俱入於渭。西南又有杜水，亦曰杜陽川，東入漆。西北有石窯關巡檢司。

汧陽府西，少北。元屬隴州。嘉靖三十八年十一月改屬府。舊治在縣西，嘉靖二十七年徙於今治。南有汧河。

隴州元屬鞏昌總帥府。延祐四年十一月省州治汧源縣入州。洪武二年來屬。西北有隴山，上有關曰隴關，亦曰大震關，一名故關，有故關大寨巡檢司。又有安夷關，亦曰新關。又西有小隴山，一名關山。又西南有岍山，汧水出焉。南有吳山，卽吳嶽，古文以爲岍山。西南有白環谷，白環水出焉。西有弦蒲藪，汭水出焉，下流合於涇水。南有渭水。西南有方山原。又南有隴安、西南有香泉二巡檢司。東南距府百八十里。

漢中府元興元路，屬陝西行省。洪武三年五月爲府。六月改名漢中府。領州一，縣八。〔一九〕東北距布政司九百六十里。

南鄭倚。萬曆二十九年十月建瑞王府。西南有巴嶺山，南連孤雲、兩角、米倉諸山，達四川之巴州。南濱漢水，又曰沔水，源自嶓冢，經縣界，下流至湖廣漢陽府入大江。又有沮水，漢水別源也，又西北有褒水，俱流入漢水。南有靑石關巡檢司。

褒城府西北。洪武十年六月省入南鄭縣，後復置。東北有褒谷，自此出連雲棧，北抵斜谷之道也。南有沔水，卽漢水也。又有廉水，又城東有褒水，西南有讓水，一名遜水，下流俱入沔水。北有雞頭關巡檢司。又有虎頭關。西北有漢陽關。

城固府東，少北。南有漢水。東北有壻水，又名智水，下流入漢水。又西北有黑水，或云卽褒水之上源。

洋府東南。元洋州。洪武三年降爲縣。十年六月省入西鄉，後復置。北有興勢山。東有黃金谷。南有漢水。西北有壻水，西有灙水，亦曰駱谷水，又東有酉水，俱南入漢。

西鄉府東南。東有饒風嶺，有關。北有漢水。東有洋水，卽清涼川也，〔二〇〕西北合木馬河入漢。東南有鹽場關、西南有大巴山、東北有子午鎭三巡檢司。

鳳府西北。元鳳州。洪武七年七月降爲縣。南有武都山。北有嘉陵江，源出縣之嘉陵谷，下流至四川巴縣入於大江。又東有大散水，亦注於嘉陵江。東北有清風閣巡檢司。南有留壩巡檢司，後遷廢丘關，又遷柴關，仍故名。南有仙人關。西有馬嶺關。

沔府西。元沔州，屬四川廣元路。洪武三年改屬漢中府，省州治鐸水縣入州。七年七月降爲縣。十年六月省入略陽，後復置。成化二十一年六月屬寧羌州。嘉靖三十八年十一月仍屬府。北有鐵山。東南有定軍山。南有漢水。西有沮水，又有大安水，南入於漢。西南有大安縣，洪武初廢。又西有石頂關。

寧羌州本寧羌衞。洪武三十年九月以沔縣之大安地置。成化二十一年六月置州，屬府。東北有五丁山，亦曰金牛峽。北有嶓冢山，漢水出焉，亦曰漾水，下流至湖廣漢陽縣合大江。又東有嘉陵江，西有西漢水合焉。西南有白水，自洮州衞流經此，亦曰葭萌水，有白水關，其下流至四川昭化縣合於嘉陵江。又東北有濜水，流入漾水，謂之濜口。又東有沮水。北有陽平關巡檢司。東北距府三百里。領縣一。

略陽州北。元屬沔州。洪武三年屬府。成化二十一年六月改來屬。西有盤龍山。東南有飛仙嶺，棧道所經也。東有沮水，爲漢水之別源。南有嘉陵江，西北有犀牛江，卽西漢水也。又西有白水江。東北有九股樹、西有宜口二巡檢司。又西北有白水鎭巡檢司，後廢。

延安府元延安路，屬陝西行省。洪武二年五月爲府。領州三，縣十六。南距布政司七百四十里。

膚施倚。東有延水，又有清化水流入焉。

安塞府西北。西有洛水。北有延水，出縣西北之蘆關嶺，又東南有西川水，北有金明川，俱流入焉。又北有塞門守禦千戶所，洪武十二年置。西南有敷政巡檢司。

甘泉府西南。北有野猪峽。西有洛河，南有伏陸水流入焉。又東北有庫利川。

安定府東北。北有高柏山，懷寧河出焉，東流入於無定河。西北有白洛城，洪武三年築。

保安府西北。西南有洛河，有喫莫河流入焉。北有大鹽池。又西有靖邊守禦千戶所，隆慶元年二月置。北有順寧巡檢司。

宜川府東。南有孟門山，在大河中流。又西南有銀川水，北有汾川水，西南有丹陽諸川，俱流入大河。

延川府東，少北。東濱大河。北有吐延川，合清澗水，流注於大河。又東北有永寧關，臨河。

延長府東。東濱河。南有延水，流入大河。

靑澗府東北。元屬綏德州。嘉靖四十一年改屬府。東有黃河，東北有無定河流入焉。又西有靑澗河。

鄜州東有洛水，南與罩池水合，又名三川水。西有直羅巡檢司。北距府百八十里。領縣三。

洛川州東南。西南有洛水。東南有鄜城巡檢司。

中部州南。北有橋山，亦曰子午嶺，沮水出焉。西北有谷河及子午水，俱入於沮水。又東北有洛水。

宜君州南。西南有玉華山，又有鳳凰谷。東有洛水。東北有沮水。

綏德州洪武十年五月省入府，後復置。南有魏平關。東有黃河。城東有無定河，一名奢延水，亦曰圁水，西北有大理水流入焉。東北有官菜園渡口巡檢司。西南距府三百六十里。領縣一。

米脂州北。西有無定河。有大理水，又有小理水，西北有明堂川，俱流入無定河。北有碎金鎮、西南有克戎寨二巡檢司。又西有銀州關，成化七年修築。

葭州洪武七年十一月降爲縣，屬綏德州。十三年十一月復升爲州，屬府。東濱大河，西有葭蘆河，城東有眞鄉川流合焉。西南距府五百八十里。領縣三。

吳堡州南。元屬州。洪武七年十一月改屬綏德。尋省。十三年十一月復置，還屬。東濱河。

神木州北。洪武初省。十三年十一月復置。西北有楊家城，正統五年移縣治焉。成化中，復還故治。南有大河。北有濁輪川。西南有屈野川。

府谷州東北。洪武初省。十三年十一月復置。東濱大河，北有清水川入焉。

慶陽府元屬鞏昌總帥府。洪武二年五月直隸行省。領州一，縣四。東南距布政司五百七十里。

安化倚。洪武二十四年四月建慶王府。二十六年遷於寧夏衞。元省。洪武中復置。東北有白於山，洛水所出。又城東有東河，西有西河，流合焉，下流爲馬蓮河。又西有黑水河，源出縣北之太白山，下流至長武縣合於涇河。東北有槐安、北有定邊二巡檢司。又西南有驛馬關、又有靈州、又有大鹽池三巡檢司，廢。

合水府東南。東有建水，西有北岔河，流合焉，謂之合水，西南入馬蓮河。又東北有華池水，有平戎川流合焉，東入鄜州之洛河。有華池巡檢司。

環府西北。元環州，屬鞏昌總帥府。洪武初，降爲縣，來屬。西有環河，出縣北青岡峽，下流爲府城之西河。又南有黑水河，又有鹹河，西南有甘河，俱注於環河。又西有葫蘆泉。西北有淸平關。西北有安邊守禦千戶所，弘治中置。

眞寧府東南。元屬寧州。萬曆二十九年改屬府。西有馬蓮河。南有大陵、小陵諸水，卽九陵川之上源也。東有雕山嶺巡檢司。

寧州元屬鞏昌總帥府。洪武中來屬。東有横嶺，又有九龍川，亦曰寧江，亦曰九陵川，西南流，會上流羣川，而南注於涇河。東北有襄樂巡檢司。北距府百五十里。

平涼府元屬鞏昌總帥府。洪武三年五月直隸行省。領州三，縣七。東南距布政司六百五十里。

平涼倚。洪武二十四年建安王府。永樂十五年除。二十二年，韓王府自遼東開原遷此。西南有可藍山。西有崆峒山。又有笄頭山，涇水出焉，下流至高陵縣入渭。又西有横河，東有湫峪河，俱流入涇河。又西有羣牧監。洪武三十年置陝西行太僕寺。永樂四年置陝西苑馬寺，領長樂等六監，開成等二十四苑，俱在本府及慶陽、鞏昌境內。正統三年又併甘肅苑馬寺入焉。又東有通梢關。

崇信府東南。北有汭水。西南有赤城川，南有白石川流合焉，下流合於涇水。

華亭府南。西有小隴山。西北有瓦亭山，有瓦亭關巡檢司，所謂東瓦亭也。東北有涇河。東南有汭水。又東南有三鄉鎮，北有馬舖嶺二巡檢司。

鎮原府東北。元鎮原州，屬鞏昌總帥府。洪武初，降爲縣，來屬。西北有胡盧河，分二流，一北注於黄河，其支流東南注於涇河。南有高平川，流入胡盧河。西有安平寨巡檢司。西北有蕭關。西南有木峽關。又西有石峽關。南有驛藏、木靖二關。

隆德府西南。元屬靖寧州。嘉靖三十八年十一月改屬府。東有好水，西流與苦水合。西北有武延川，流入好水。

東南有捺龍川，流入苦水。

涇州元直隸陝西行省。洪武三年以州治涇川縣省入，來屬。舊治在涇水北。今治本皇甫店，洪武三年徙於此。北有涇河，有汭水。東有金家凹巡檢司。西北距府百五十里。領縣一。

靈臺州東南。西北有白石原。東北有三香水，一名三交川，下流至邠州合涇水。又西南有細川水，東北流合於三交川。

靜寧州元屬鞏昌總帥府。洪武中來屬。南有隴山。北有橫山，卽隴山支阜。南有水洛川，一名石門水，下流至秦州入略陽川。又西有苦水河，卽高平川之上源。東距府二百三十里。領縣一。

莊浪州東南。元莊浪州，直隸陝西行省。洪武三年屬鳳翔府。八年三月降爲縣，來屬。西有苦水川。

固原州　本固原守禦千戶所，景泰三年以故原州城置。成化四年升爲衞。弘治十五年置州，屬府。西南有六盤山，上有六盤關，東北有清水河出焉，下流合鎭原縣之胡盧河。又北有黑水，北流入於大河。又東西有二朝那湫，其下流注於高平川。南有開成州，元直隸陝西行省，治開成縣。洪武二年省州，以縣屬平涼府。成化三年廢縣。又東南有廣安州，元屬開成州，洪武二年省。又西有甘州羣牧所，永樂中置。又西北有西安守禦千戶所，成化五年以舊西安州置。北有鎭戎守禦千戶所，成化十二年以葫蘆峽城置。東北有平虜守禦千戶所，弘治十四年以舊豫望城置。又北有下馬關，嘉靖五年置。東南距府百七十里。

鞏昌府元屬鞏昌總帥府。洪武二年四月直隸行省。領州三，縣十四。東距布政司千六百十里。

隴西倚。西有首陽山，上有關。北濱渭水，東有赤亭水，西流入焉。

安定府北。元定西州，屬鞏昌總帥府。至正十二年三月改名安定州。洪武十年降爲縣，屬府。北有車道峴。西有西河，東有東河，流合焉。北有崦口巡檢司。

會寧府東北。元會州，屬鞏昌總帥府。至正十二年三月改爲會寧州。洪武十年降爲縣，屬府。東有響水，北流入大河。東有青家巡檢司。

通渭府東北。北濱渭，西有華川，東流入焉。

漳府南。西南有故城。今治，正統中所徙。西北有西傾山。南有漳水，北流入渭。東南有鹽井。

寧遠府東。南有太陽山，舊產鐵。北有桃花峽，兩山夾峙，渭水經其中。西有廣吳水，又有山丹水，俱源出岷州，並流北注渭。

伏羌府東。西南有朱圉山，俗名白崖山。北有渭水，西南有永寧河，西有洛門川，俱東北注於渭。

西和府東南。元西和州，屬鞏昌總帥府。洪武十年降爲縣，屬府。舊治在西南白石鎮，洪武中，移於今治。北有祁山。南有黑谷山，上有關。西北有西漢水，亦曰鹽官水。西南有濁水，卽白水江也。東北有鹽井。

成府東南。元成州，屬鞏昌總帥府。洪武十年降爲縣，屬府。西北有仇池山。東南有西漢水。西南有濁水，又西有建安水，又有洛谷川，俱流入西漢水。又東有泥陽水，下流至徽州界入嘉陵江。又北有黃渚關巡檢司。

秦州元屬鞏昌總帥府。洪武二年屬府，省州治成紀縣入州。西南有嶓冢山，西漢水出焉，下流至寧羌州合嘉陵江。東北有渭水，有秦水東流入渭。又西有西谷水，下流入西漢水。又南有籍水，西南有段谷水流入焉。又東有長離水，即瓦亭川下流也，俱流入於渭。南有高橋巡檢司。又有石榴關。又有現子關。西距府三百里。領縣三。

秦安州北。東有大隴山。又東北有瓦亭山，所謂西瓦亭也。城南有渭水。又西有隴水，瓦亭川自東北流合焉。又東有松多川，下流入於秦水。又東有隴城關巡檢司。

清水州東。東有隴山，有盤嶺巡檢司。西南又有小隴山。西有渭水。東有秦水，南有清水流入焉。

禮州西南。元禮店文州軍民元帥府，屬吐蕃宣慰司。洪武四年十一月置禮店千戶所。十一年屬岷州衞。十五年改屬秦州衞。成化九年十二月置禮縣於所城，屬州。故城在東。洪武四年移於今治。東南有西漢水。西南有岷峨山，岷江出焉，東南流入階州界合於西漢水。又西有漩水鎮、南有板橋山二巡檢司。

階州元屬鞏昌總帥府。洪武四年降爲縣，屬府。十年六月復爲州。舊城在東南坻龍岡上。今城，洪武五年所置。北有白水江。東北有犀牛江，即西漢水也。又西北有羌水，下流合白水江。又東有七防關巡檢司。西北距府八百里。領縣一。

文州東南。元文州。至元九年十月置，屬吐蕃宣慰司。洪武四年降爲縣，屬府。十年六月改屬州。二十三年三月省。成化九年十二月復置，仍屬州。東南有青唐嶺，路入四川龍安府。東有白水，西有黑水，流合焉。又北有羌水，一名太白水。東有文縣守禦千戶所，本文州番漢千戶所，洪武四年四月置。二十三年改文縣守禦軍民千戶所。成化九年更今名。又東有玉壘關。西北有臨江關。

徽州元屬鞏昌總帥府。洪武十年六月降爲縣，屬府，後復升爲州。東南有鐵山。南有嘉陵江，又有河池水流入焉。又南有虞關巡檢司。西南有小河關。西北距府四百八十里。領縣一。

兩當州東。洪武十年六月省入徽縣，後復置，屬州。南有嘉陵江。

臨洮府元臨洮府，屬鞏昌總帥府。泰定元年九月改爲臨洮路。洪武二年九月仍爲府。領州二，縣三。南距布政司千二百六十里。

狄道倚。西南有常家山，與西傾山相接。北有馬寒山，浩尾河出於其北，阿干河出於其南，俱東流入大河。又西南有洮河，自洮州衞流入。又東有東峪河，南有邦金川，皆流會洮河。北有摩雲嶺巡檢司。又北有打壁峪關，有結河關。南有南關，有下襯關，有八角關、十八盤關。西有三岔關，有分水嶺關。

渭源府東，少南。西有南谷山，渭水所出。又有鳥鼠山，渭水所經，東至華陰縣入大河。又西有分水嶺，東流者入渭，西流者入洮，上有分水嶺關巡檢司。又西南有五竹山，清源河出焉，逕縣東南入渭。

蘭州元屬鞏昌總帥府。洪武二年九月降爲縣，來屬。成化十三年九月復爲州。建文元年，肅王府自甘州衞遷此。南有皋蘭山。北濱大河，所謂金城河也，湟水自西，洮水、阿干河俱自南，先後流入焉。又西南有灘水，合於洮水。北有金城關，下有鎭遠浮橋，有河橋巡檢司。西北有京玉關，南有阿干鎭關。西南有鳳林關。南距府二百十里。領縣一。

金州東，少南。元金州，屬鞏昌總帥府。洪武二年九月降爲縣，屬府。成化十三年改屬州。舊城在南，洪武中，移於今治。北有大河，東北流亂山中，入靖虜衞界。又南有浩尾河，一名閃門河，入於大河。東北有一條城，萬曆二十五年置。

河州元河州路，屬吐蕃宣慰司。洪武四年正月置河州衞，屬西安都衞。六年正月置河州府，屬陝西行中書省。七年七月置西安行都衞於此，領河州、朶甘、烏斯藏三衞。八年十月改行都衞爲陝西行都指揮使司。九年十二月，行都指揮使司廢，衞屬陝西都指揮使司。十年分衞爲左右。十二年七月，府廢，改左衞於洮州，升右衞爲軍民指揮使司。成化九年十二月置州，屬府，改軍民指揮使司爲衞。西南有雪山，與洮州界。西北有小積石山，上有關。大河自塞外大積石山東北流，逕此，又逕楡林衞北，折而南，與山西中流分界，至潼關衞北，折而東，入河南界，回環陝西境四千餘里。南有大夏河，卽灕水也，亦曰白石川。又西北有積石州，元屬吐蕃宣慰司，洪武四年正月改置積石州千戶所。西南有貴德州，元屬吐蕃宣慰司，洪武八年正月改置歸德守禦千戶所。又南有寧河縣，東北有安鄉縣，元俱屬河州路，洪武三年廢，六年復置。十二年復廢。又東南有定羌巡檢司。東北距府百八十里。

靈州元屬寧夏府路。洪武三年罷。弘治十三年九月復置，直隸布政司。大河在城北，洛浦河自南流入焉。南有小鹽池。距布政司九百九十三里。

興安州元金州，屬興元路。萬曆十一年八月更名。二十三年直隸布政司。舊治漢水北，後遷水南。萬曆十一年又遷故城南三里許。北有漢水。又西有衡河，亦曰恒河，下流入漢江。東北有乾祐關巡檢司，廢。領縣六。西北距布政司六百四十里。

平利州南，少東。元末省。洪武三年置，屬四川大寧州。五年二月來屬。十年六月復省，後復置。東有女媧山，灌溪水出焉，西北與黃洋河合，入於漢。南有鎮坪巡檢司。

石泉州西。元末省。洪武三年置，屬四川大寧州。五年二月來屬。嘉靖三十八年十一月改屬漢中府。萬曆十一年還屬州。南有十八盤山，有漢江。西有饒風河，東有遲河，〔三〕俱入漢。又西有饒風嶺巡檢司，本治縣東遲河口，後遷下饒風鋪，更名。

洵陽州東。元末省。洪武三年復置。五年二月來屬。東北有水銀山，產水銀、硃砂。南有漢江，東有旬水流入焉。又有乾祐河，自西北流入旬水。東有閭關、西北有三岔二巡檢司。

漢陰州西，少北。元末省。洪武三年復置。十年六月省入石泉縣，後復置，屬州。嘉靖三十八年十一月改屬漢中府。萬曆十一年還屬州。南有漢水。東北有直水，又有恒河，俱流入漢水。又西有方山關。

白河州東南。成化十二年十二月以洵陽縣白河堡置，屬湖廣鄖陽府。十三年九月來屬。北有漢江，東入湖廣鄖西縣界。南有白石河，分二流，俱北注於漢。

紫陽州西南。正德七年十一月以金州紫陽堡置。初治紫陽灘之左，嘉靖三十五年遷於灘右。西有漢江。

洮州衞元洮州，屬吐蕃宣慰司。洪武四年正月置洮州軍民千戶所，屬河州衞。十二年二月升爲洮州衞軍民指揮使司，屬陜西都司。西南有西傾山，桓水出焉，下流爲白水江，又强川亦出焉，一名洮水。又北有石嶺山，上有石嶺關。東有黑松嶺，上有松嶺關。又東有黑石關、三岔關、高樓關。北有羊撒關。西南有新橋關、洮州關。東南有舊橋關。南距布政司千六百七十里。

岷州衞元岷州，以舊祐川縣地置，屬吐蕃宣慰司。洪武四年正月置岷州千戶所，屬河州衞。十一年七月升爲衞，屬陜西都司。十五年四月升軍民指揮使司。嘉靖二十四年又置州，改軍民指揮使司爲衞。四十年閏五月，州廢，仍置軍民指揮使司。洪武二十四年建岷王府。二十六年遷雲南。北有岷山，洮河經其下。南有白水，一名臨江。又東有石關。東北有鐵州，元屬吐蕃宣慰司。洪武四年正月置鐵城千戶所，屬河州衞，後廢。領所一。南距布政司千五百五十里。

西固城守禦軍民千戶所衞南。本西固城千戶所，洪武七年三月置，屬鞏昌府。十五年四月改置，來屬。南有白水。北有化石關。西北有平定關。

榆林衞成化六年三月以榆林川置。其城，正統二年所築也。西有奢延水，西北有黑水，經衞南，爲三岔川流入焉。又北有大河，自寧夏衞東北流經此，西經舊豐州西，折而東，經三受降城南，折而南，經舊東勝衞，又東入山西平虜衞界，地可二千里。大河三面環之，所謂河套也。洪武中，爲內地。天順後，元裔阿羅出、毛里孩、孛羅出相繼居之。西南有鹽池，舊屬寧夏衞，嘉靖九年來屬。又衞東有長鹽池、紅鹽池。西有西紅鹽池、鍋底池。又東有長樂堡，分轄雙山等十二營堡，爲中路。又有神木堡，分轄鎭羌等九營堡，爲東路。西有安邊營，分轄永濟等十二營堡，爲西路。俱成化後置。又北有邊牆，成化九年築，長一千七百七十餘里，東起淸水營，接山西偏頭關界，西抵定邊營，接寧夏花馬池界。南距布政司千一百二十里。

寧夏衞元寧夏府路，屬甘肅行省。洪武三年爲府。五年，府廢。二十六年七月置衞。二十八年四月罷。永樂元年正月復置。洪武二十六年，慶王府自慶陽府遷此。西有賀蘭山。又西南有峽口山，黃河流其中，一名青銅硤。黃河出硤東流，亦曰三岔河。又東有黑水河，南有淸水河，卽葫蘆河下流也，俱注於黃河。有寧夏羣牧千戶所，洪武二十七年十二月置。領千戶所四。東南距布政司千四百里。

靈州守禦千戶所衞東南。洪武十六年十月置，治在河口。宣德三年二月徙於城東。弘治十三年九月復置靈州於所城。

興武守禦千戶所衞東南。正德元年以興武營置。

韋州守禦千戶所衞東南。弘治十年以故韋州置。西有大蠡山。南有小蠡山。東有東湖。

平虜千戶所衞北，少東。嘉靖三十年以平虜城置。東北有老虎山，濱大河。北有鎮遠關。

寧夏前衞　在寧夏城內，洪武十七年置。

寧夏左屯衞

寧夏右屯衞　亦俱在寧夏城內，洪武二十五年二月置，後廢。三十五年十二月復置。

寧夏後衞　本花馬池守禦千戶所，成化十五年置。正德元年改衞。其城，正統九年所築也。東北有方山。西有花馬池。西北有大鹽池。又西有小鹽池。東有長城關，正德初置。東南距布政司千一百二十里。

寧夏中衞元應理州，屬寧夏府路。洪武三年，州廢。永樂元年正月置衞。西有沙山，一名萬斛堆。大河在南。又西南有澀圍水，流入大河。又有裴家川。又東南有鳴沙州，元屬寧夏府路。洪武初廢。南距布政司千一百十里。

靖虜衞　正統二年以故會州地置，屬陝西都司。南有烏蘭山，上有烏蘭關。北有大河。西南有祖厲河，東北有亥剌河，皆注於大河。西南有會寧關。南距布政司千二百二十里。

陝西行都指揮使司元甘肅等處行中書省，治甘州路。洪武五年十一月置甘肅衞。二十五年罷。二十六年，陝西行都指揮使司自莊浪徙置於此。領衞十二，守禦千戶所四。距布政司二千六百四十五里。

甘州左衞倚。元甘州路。洪武初廢。二十三年十二月置甘州左衞。二十七年十一月罷。二十八年六月復置。洪武二十五年三月建肅王府。建文元年遷於蘭縣。西南有祁連山。西北有合黎山。東北有人祖山，山口有關，曰山南，嘉靖二十七年置。又東北有居延海。西有弱水，出西南山谷中，下流入焉。又有張掖河，流合弱水，其支流曰黑水河，仍合於張掖河。又東南有盧水，亦曰沮渠川。

甘州右衞

甘州中衞　俱洪武二十五年三月置。

甘州前衞

甘州後衞　俱洪武二十九年置。四衞俱與甘州左衞同城。

肅州衞元肅州路，屬甘肅行省。洪武二十七年十一月置衞。西有嘉峪山，其西麓卽嘉峪關也。弘治七年正月扁關曰鎭西。西南有小崑崙山，亦曰雪山，與甘州山相接。北有討來河，東會於張掖河。西南有白水，又西北有黑水，東南有紅水，俱流入白水，下流入西寧衞之西海。又東北有威虜衞，洪武中置，永樂三年三月省。東距行都司五百十里。

山丹衞元山丹州，直隸甘肅行省。洪武初廢。二十三年九月置衞，屬陜西都司，後來屬。東南有焉支山。西有刪丹河，卽弱水也。北有紅鹽池。西距行都司百八十里。

永昌衞元永昌路，屬甘肅行省，至正三年七月改永昌等處宣慰司。洪武初廢。十五年三月置衞，屬陝西都司，後來屬。北有金山，麗水出焉。西南有白嶺山，亦曰雪山。西有水磨川，上有水磨關。又東南有蹇占河。西北距行都司三百十里。

涼州衞元西涼州，屬永昌路。洪武九年十月置衞，屬陝西都司，後來屬。南有天梯山，三岔河出焉。東南有洪池嶺。又東北有白亭海，有瀦野澤。又西有土彌干川，卽五澗水也，亦出天梯山，下流合於三岔河。又東有雜木口關。又有涼州土衞，洪武七年十月置。西北距行都司五百里。

鎭番衞本臨河衞，洪武中，以小河灘城置。三十年正月更名。建文中罷。永樂元年六月復置。西有黑河，卽張掖河下流也。又東有三岔河。南有小河。西有鹽池。西南有黑山關。西距行都司五百五十里。

莊浪衞洪武五年十一月以永昌地置。十二年正月置陝西行都指揮使司於衞城。二十六年，行都司徙於甘州。建文中，改衞爲守禦千戶所。洪武三十五年十月復改所爲衞，屬陝西都司，後來屬。東有大松山。其北有小松山。西有分水嶺，南出者爲莊浪河，北出者爲古浪河。又南有大通河，與莊浪河合，北流經衞西，入於沙漠。北距行都司九百四十里。

西寧衞元西寧州，直隸甘肅行省。洪武初廢。六年正月置衞。宣德七年十一月升軍民指揮使司，屬陝西都司，後來屬。西南有小積石山，與河州接界。東南有峽口山，亦曰湟峽。南有大河，自西域流入，迴環於陝西、山西、河南、山東四布政司，及南直隸之地，幾至萬里，至淮安府清河縣，南合長淮，又東至安東縣南入於海。又北有湟水，即蘇木連河也，東入大河。又西南有賜支河，又城北有西寧河，皆流入大河。又西北有浩亹水，西南有宗哥川，俱流合於湟水。又西有西海，亦名卑禾羌海，俗呼青海。西北有赤海。又有鳥海鹽池。東南有綏遠關。西北距行都司千三百五十里。

碾伯守禦千戶所　本碾北地。洪武十一年三月置莊浪分衞。七月改置碾北衞，後廢，而徙西寧衞右千戶所於此。成化中更名。南有碾伯河。西北距行都司千二百三十里。

沙州衞元沙州路，屬甘肅行省。洪武初廢。永樂元年置衞。正統間廢。南有鳴沙山。東南有三危山。又東有龍勒山，又有渥洼水。西有瓜州，元屬沙州路，洪武初廢。東距行都司千三百六十里。

鎮夷守禦千戶所　洪武三十年以甘州衞地置。建文二年罷。永樂元年復置所，舊在西北，天順八年移於今治。南有黑河，即張掖河也。西南有鹽池。北有兔兒關。東南距行都司三百里。

古浪守禦千戶所　正統三年六月以莊浪衞地置。古浪河在東。又南有古浪關。東有石峽關。東南距行都司六百四十里。

高臺守禦千戶所　景泰七年以甘州衞之高臺站置。弱水在北。又西有合黎山。西南有白城山。東南距行都司一百六十里。

校勘記

〔一〕下流至南直宿遷縣合泗水　合泗水，原作「合大河」，據明史稿志一九地理志、明一統志卷一三、讀史方輿紀要卷四七改。

〔二〕東南有澧水來入焉　澧水，原作「濃水」，據明史稿志一九地理志改。讀史方輿紀要卷四七作「澧河」，嘉慶重修一統志卷二一八作「澧水」，並引水經注「醴水東逕酈城縣故城南」。

〔三〕元曰鈞州　鈞州，原作「均州」，據明史稿志一九地理志、寰宇通志卷八三、明一統志卷二六改。均州在湖廣，不在河南。

〔四〕峭水出焉北注於河　河，原作「洛」，據明史稿志一九地理志、水經注卷四、讀史方輿紀要卷四八改。洛水在永寧南，峭水在永寧北。峭水北注，是入河，不是入洛。

〔五〕東有篩山　原脫「有」字，據明史稿志一九地理志補。

〔六〕西南有朱陽鎮　朱陽鎮，原作「南朱陽鎮」，據明史稿志一九地理志、明會典卷一三九刪。讀史方輿紀要卷四八作「朱陽關」，無「南」字。

〔七〕又有雁翎關　翎，原作「領」，據明史稿志一九地理志、寰宇通志卷八五改。

〔八〕元直隸河南江北行省　在「河南江北行省」下原衍「汝寧府」三字，今删。

〔九〕西北有朗山　朗山，原作「郎山」，據明史稿志一九地理志、明一統志卷三一改。讀史方輿紀要卷五〇確山縣，稱「開皇八年改曰朗山縣」，卽因朗山得名。

〔一〇〕西南又有白沙　白沙，原作「北沙」，據明史稿志一九地理志、明一統志卷三一改。讀史方輿紀要卷五〇稱後魏元英破梁將吳子陽於白沙，卽此。

〔一一〕東北有大狐山　大狐山，原作「大孤山」，據明史稿志一九地理志改。讀史方輿紀要卷五一認爲大狐山卽張衡南都賦的「天封大狐」。

〔一二〕又西北有軹關　軹關，原作「枳關」，據明史稿志一九地理志、寰宇通志卷八九、明一統志卷二八改。讀史方輿紀要卷四九謂軹關在軹道，因稱。

〔一三〕本名洹水　洹水，原作「垣水」，據明史稿志一九地理志、寰宇通志卷九一改。

〔一四〕西有廣成澤　成，原作「城」，據明史稿志一九地理志、讀史方輿紀要卷五一改。

〔一五〕洪武二十六年編戶二十九萬四千五百二十六　二十六年，原作「二十五年」，據明史稿志二〇地理志改。本志各承宣布政使司所列戶口都作「洪武二十六年」，是年有戶口統計。

〔一六〕合滍水　滍水，原作「彪水」，據明史稿志二〇地理志、寰宇通志卷九二、明一統志卷三二改。滍水亦稱「滍池」，水經注卷一九「滍池出鄗池，西入於鄗」。

〔一七〕西南有白土川　川，原作「州」，據明史稿志二〇地理志、讀史方輿紀要卷五四改。

〔一八〕東南有虢川二巡檢司　虢川，原作「虎川」，據明會典卷一三九改。

〔一九〕領州一縣八　原作「領州二，縣十四」，是沿用明會典卷一六、明一統志卷三四舊文，和下文州縣數不合。漢中府原包括興安州所屬六縣，故作「領州二，縣十四」。萬曆二十三年把興安州和領縣六從漢中府劃出，直隸布政使司，所以只餘州一縣八，據改。

〔二〇〕東有洋水卽清涼川也　明史稿志二〇地理志、明一統志卷三四、讀史方輿紀要卷五六都以洋水和清涼川爲二水。

〔二一〕東有遲河　遲河，原作「池河」，據明史稿志二〇地理志、明一統志卷三四改。讀史方輿紀要卷五六稱「河名遲者，以此河易漲而難消也」。又稱「舊設遲河巡司於此」，字亦作「遲」。

明史卷四十三

志第十九

地理四

四川　江西

四川　禹貢梁、荆二州之域。元置四川等處行中書省。〔一〕治成都路。又置羅羅蒙慶等處宣慰司，治建昌路。屬雲南行中書省。洪武四年六月平明昇。七月置四川等處行中書省。九月置成都都衞。與行中書省同治。八年十月改都衞爲四川都指揮使司。領招討司一，宣慰司二，安撫司五，長官司二十二及諸衞所。九年六月改行中書省爲承宣布政使司。領府十三，直隸州六，宣撫司一，安撫司一，屬州十五，縣百十一，長官司十六。爲里千一百五十有奇。北至廣元，與陝西界。東至巫山，與湖廣界。南至烏撒、東川，與貴州、雲南界。西至威茂，與西番界。距南京七千二百六十里，京師一萬七百一十里。洪武二十六年編戶二十一萬五千七百一十九，口一百四十六萬六千七百七十八。弘治四年，戶二十五萬三千八百三，口二百五十九萬八千四百六十。萬曆六年，戶二十六萬二千六百九十四，口三百一十萬二千七十三。

成都府元成都路。洪武四年爲府。領州六，縣二十五。

成都倚。洪武十一年建蜀王府。

華陽倚。北有武擔山。又有外江，自灌縣分流經城北，遶城而南，一名清遠江。又有內江，亦自灌縣分流經城南，遶城而東，亦名石犀渠。合流南注於大江。此府城之內、外江也。東有寧州衞，洪武十一年四月置。東南有馬軍寨巡檢司。

雙流府西南。洪武十年五月省入華陽縣。十三年十一月復置。東南有牧馬川，卽府城內、外江下流也。

郫府西。有內江，一名郫江，卽府城內江之上流也。

溫江府西，少南。西南有皁江，亦曰內江。

新繁府西北。洪武十年五月省入成都縣。十三年十一月復置。西北有沱江。又西有湔溲口。

新都府北。東有雒水，自什邡縣流經此，下流至瀘州入大江，亦曰中水。北有湔水，卽大江別流，自灌縣東北出，流經此，至漢州入雒水。東北有綿水，自漢州流至此入雒江。三水同流，亦曰郫江也。

彭府北。元彭州。洪武十年五月降爲縣。北有九隴山，有葛璝山，又有大隋山、中隋山。南有沱江，又北有濛水流合焉。又東有濛陽縣，元屬彭州。洪武十年五月省。又北有白石溝巡檢司。

崇寧府西北。元屬彭州。洪武四年屬府。十年五月省入灌縣。十三年十一月復置。南有沱江。

灌府西，少北。元灌州。洪武中，降爲縣。西北有灌口山。又有玉壘山，下有玉壘關，一名七盤關。又西南有青城山。又西有湔江，亦曰都江，亦曰湔堋江，古離堆也。岷江經此，正流引而南，支流分三道，繞成都境。有石渠水口。又有白沙水，下流入都江。又南有沱江，即郫江上源也。又西有蠶崖關巡檢司。西南有獠澤關。

金堂府東。洪武十年五月省入新都縣。十三年十一月復置。東北有三學山。南有雲頂山。有金堂峽，雒水經此，曰金堂河。東南又有懷口巡檢司。

仁壽府南，少東。東有麗甘山，下有鹽井。東有三嵎山，又有蟠溪，下流入資江。又南有陵井，產鹽，亦曰仙井。

井研府南，少東。洪武六年十二月置。十年五月省入仁壽縣。十三年十一月復置。東北有鐵山，舊產鐵。南有鹽井。

資府東。明玉珍置資州。洪武初，降爲縣。南有珠江，即雒江也，東流爲資江。東有銀山鎮巡檢司。

內江府東南。洪武中置。西有中江，即雒之異名。南有椑木鎮巡檢司。

安府北，少東。元安州，治在西北。洪武中，降爲縣，移於今治。南有浮山，黑水出焉，南流入羅江縣界。北有曲山關。東有小東壩關。又東南有睢水關，關西有綿堰堡，綿水發源處也。

簡州洪武六年降爲縣。正德八年又升爲州。舊治在絳河北。正德八年徙治河南。東北有石鼓山。

西有分棟山。東有雁水，卽雒水也，綘水自北來合焉，一名赤水，亦曰牛鞞水。又城內有牛皮井，產鹽。西有龍泉鎭巡檢司。西南有陽安關。西北距府百五十里。領縣一。

資陽州東。洪武六年十二月置，屬府。十年五月省入簡縣。成化元年七月復置，仍屬府。正德中，改屬州。西有資溪，流入雁水。東有資陽鎭巡檢司，後移治濛溪河。

崇慶州元治晉原縣。洪武中省縣入州。西有鶴鳴山。西北有郫江，東流入新津界。又北有味江，東北有白馬江，皆岷江南出之別名也。西北有永康縣。東南有江源縣，明玉珍復置，洪武初省。西有淸溪口巡檢司。東北距府百十里。領縣一。

新津州東。南有天社山。〔二〕南枕大江，一名阜江。東有北江，亦曰新穿水，自府城南流經此合大江。

漢州明玉珍復置雒縣，爲州治。洪武四年省縣入州。東有雒水，有綿水。又西南有湔水，流入雒。又北有雁水，亦流入雒，故雒水亦兼雁水之名。又東北有石亭水，流合綿水。東南有三水關巡檢司。西南距府百十里。領縣三。

什邡州西。洪武十年五月省入綿竹縣。十三年十一月復置。西北有章山，雒水出此，亦名雒通山。南有高鏡關，雒水經其南。又西有大逢山。

綿竹州西北。西北有紫巖山，綿水出焉。又有紫溪河，一名射水河。又北有睢水關。

德陽州東北。洪武十年五月省入漢州。十三年十一月復置。北有鹿頭山，上有鹿頭關。東有綿水。西南有石亭水。南有白馬關巡檢司。

綿州元屬潼川府。洪武三年來屬。十年五月降爲縣。十三年十一月復爲州。東有富樂山。西有涪水，源出松潘衞，流經此，亦曰綿江，下流至合州，合於嘉陵江。又西北有安昌水，一名龍安水，東南流合涪水。又東有潺水，亦合於涪水。東有魏城巡檢司。西南距府三百六十里。領縣二。

羅江州南。洪武六年十二月省入綿州。十三年十一月復置。東北有羅江，涪水與安昌水會流處也。又西有黑水，自安縣流入界。又西南有白馬關巡檢司，關與德陽縣鹿頭關相對。

彰明州北。洪武十年五月省入綿縣。十三年十一月復置。東北有太華山。西有涪江，北有廉水，西有讓水，俱流入焉。

茂州元治汶山縣，屬陝西行省吐番宣慰司。洪武中省縣入州。十六年復置縣，後復省。南有岷山，卽隴山之南首也。汶江自松潘衞流入，經山下，又東經州城西，東南流，迴環於四川、湖廣、江西三布政司及南直隸之地，入於海，幾七千餘里。南有鷄宗關、東有積水關、北有魏磨關三巡檢司。又南有七星關，又有鴈門關。東有桃坪關。北有實大關。西北有黃崖關，有汶山長官司，又南有靜川長官司，東南有隴木頭長官司，西南有岳希蓬長官司，俱洪武七年五月置，屬重慶衞。又北有長寧堡，本長寧安撫司，宣德中，平曆日諸蠻置，屬松潘衞。正統元年二月改屬壘溪所。八年六月改屬茂州衞。後廢爲堡。東南距府五百五十里。領縣一。

汶川州西南。北有七盤山。西有玉輪江，卽汶江也，有汶川長官司，洪武七年五月置。西有寒水關巡檢司。又南有徹底關。

威州元以州治保寧縣省入。明玉珍復置縣。洪武二十年五月復省縣入州。舊治在西北鳳坪里，宣德三年六月遷於保子岡河西。十年六月又遷於保子岡河東千戶所城內。東南有定廉山，鹽溪出焉。又西南有雪山，亦曰西山。北有汶江，西北有赤水，北有平谷水，俱流入焉。東有通化縣，洪武三年省。西北有保子關、徹底關。西南有鎭夷關。東南距府四百五十里。領縣一。

保州西北。洪武六年分保寧縣地置。東有汶江。西北有鎭安關。

保寧府元屬廣元路。洪武四年直隸行省。領州二，縣八。西南距布政司七百里。

閬中倚。成化二十三年建雍王府。弘治三年遷於湖廣衡州府。四年八月建壽王府。正德元年遷於湖廣德安府。舊治在縣東，明玉珍徙於此。東有蟠龍山，其北有鋸山關。〔三〕又有靈山，其麓爲梁山關。南有嘉陵江，卽西漢水，自陝西寧羌州流入，至巴縣合大江，亦曰閬水，又曰巴水，其下流曰渝水。有南津關在城南，臨嘉陵江。又有滴水關，在城北玉臺山下。又東南有和溪關。

蒼溪府西北。洪武十年五月省入閬中縣。十三年十一月復置。大獲山在東，宋江環其下。東南有雲臺山。西南有嘉陵江，宋江自西流入焉。北有八字堡巡檢司。

南部府南，少東。洪武十年五月省入閬中縣。十三年十一月復置。南有南山，一名跨鰲山。東南有離堆山。東北有嘉陵江。

廣元府北，少西。元廣元路，治綿谷縣。洪武四年改爲府。九年四月降爲州，來屬，以綿谷縣省入。十三年十一月復置綿谷縣。二十二年六月降州爲縣，復省綿谷縣入焉。北有潭毒山，上有潭毒關，下臨大江。又有朝天嶺，上有朝天關。又有七盤嶺，上有七盤關，爲陝西、四川分界處。又東北有大漫天嶺，其北有小漫天嶺。西有嘉陵江。北有渡口，在大、小二漫間。東有百丈關，北有望雲關，有龍門閣，北達陝西寧羌州。

昭化府西北。元屬廣元路。洪武十年五月省入廣元州。十三年十一月復置，屬府。西南有長寧山，有白衞嶺。又西有九曲山。東有嘉陵江，其津口曰桔柏津，渡口關在焉。北有白水，自陝西文縣流入，亦曰葭萌水，合於嘉陵江。又北有馬鳴閣，又有石櫃閣。

劍州元屬廣元路。洪武六年以州治普安縣省入，來屬。九年省。十三年十一月復置。北有大劍山，亦曰梁山，西北接小劍山，飛閣通衢，謂之劍閣，有大、小劍門關在其上。又有漢陽山。東有嘉陵江。西南有涪江。北有大劍溪、小劍溪，又有泥溪。東南距府三百二十里。領縣一。

梓潼州西南。西有梓潼水，亦曰潼江水，下流入於涪江。又北有揚帆水，流合潼江水。又東有小潼水，下流入嘉陵江。

巴州元屬廣元路。洪武九年四月以州治化城縣省入，又改州爲縣，來屬。正德九年復爲州。東北有小巴山，與漢中大巴山接，巴江水出焉，經州東南，分爲三，下流至合州入嘉陵江。南有淸水江，流合巴江。

東有曾口縣，元屬州，後廢。又北有米倉關巡檢司，本治小巴山之巔，尋徙大巴山下，後廢。東北距府三百五十里。領縣二。

通江州東，少北。元至正四年置，屬府。正德九年改屬州。舊治在趙口坪，洪武中，徙於今治。東有得漢山。南有巴江。又有宕水，在縣西璧山下，亦曰諾水，流入巴江。東北有濛壩、北有羊圈山二巡檢司。又東北有桐柏關，相對楞林關。

南江州北。正德十一年置。北有兩角山。南有難江，源出南鄭縣米倉山，下流入巴江。西北有大壩巡檢司。

順慶府元順慶路。洪武中，爲府。領州二，縣八。西南距布政司六百里。

南充倚。北有北津渡，縣舊治也。洪武中，徙今治。南有淸居山。西有大、小方山。東有嘉陵江。西有曲水，又有流溪水，東有淸水溪，又有大斗溪，俱流注於嘉陵江。又西有昆井，產鹽。府境州縣多鹽井。北有北津渡巡檢司。

西充府西北。洪武十年五月省入南充縣。十三年十一月復置。南有南岷山，上有九井、十三峯。西有西溪，即流溪也。

蓬州元屬順慶路。洪武中，以州治相如縣省入。東南有雲山。西有嘉陵江。東北有巴江。西南距府百四十里。領縣二。

營山州東，少北。洪武十年五月省入蓬州。十三年十一月復置。東北有大、小蓬山。東有巴江。

儀隴州北，少東。洪武十年五月省入蓬州。十三年十一月復置。西有伏虞山。北有金城山，一名金粟山。東有巴江。北有鼇水，流入嘉陵江。

廣安州元廣安府，屬順慶路。洪武四年降爲州，來屬。十年五月以州治渠江縣省入。東北有篆江，卽巴江，合渠江之下流也。江中有三十六灘，亦名洄水。又北有濃水，南流合於環水，至州南合洄水，幷注合州之嘉陵江。西北距府二百十里。領縣四。

岳池州西北。東有岳池水。

渠州東北。元渠州，屬順慶路。至元二十六年五月省州治流江縣入焉。洪武九年四月降爲縣。東北有八濛山。東有宕渠山，有渠江，下流合巴江。又北有衞渠關，正德中置。

鄰水州東，少南。成化元年七月置。東南有鄰山，產鐵。有鄰水，下流入大江，縣以此名。

大竹州東，少北。元屬渠州。洪武九年來屬。西有九盤山。東有東流溪，下流合於渠江。

夔州府元夔州路，屬四川南道宣慰司。洪武四年爲府。九年四月降爲州，屬重慶府。十年五月直隸布政司。十三年十一月復爲府。領州一，縣十二。西距布政司千九百里。

奉節倚。洪武九年四月省。十三年十一月復置。東北有赤甲山。東有白帝山，又有白鹽山。南濱江。東出爲瞿唐峽，峽口曰灩澦堆。又西有南鄉峽、虎鬚灘，東有龍脊灘，皆江流至險處。又東有大瀼水、東瀼水，俱流入江。南有尖山、又有金子山二巡檢司。又東有瞿唐關。東南有江關。南有八陣磧，磧旁有鹽泉。

巫山府東。東有巫山，亦曰巫峽，大江經其中，東入湖廣巴東縣界。東有大寧河，又有萬流溪，皆流入大江。

大昌府東。洪武十三年十一月置。西有千頃池。又有當陽鎭巡檢司。

大寧府東北。元大寧州。洪武九年降爲縣。北有寶源山，有石穴，鹽泉出焉。又有馬連溪，亦曰昌溪。東北有袁溪巡檢司。北有青崖關。

雲陽府西。元雲陽州。洪武六年十二月降爲縣。南濱江。東有湯溪，源自湖廣竹山，流經此，至奉節湯口入江。西有檀溪，上承巴渠水，入於湯水。北有鹽井。又西北有五溪、北有鐵檠二巡檢司。

萬府西，少南。元萬州。洪武六年十二月降爲縣。南濱江。西有苧溪。東有彭溪。又西有武寧縣，洪武四年省，有武寧巡檢司。又西南有銅羅關巡檢司。又西北有西柳關。

開府西，少北。元開州。洪武六年八月置，九月降爲縣。南有開江，彭溪之上流，有清江自縣東流合焉，亦曰疊江。又南有墊江，一名濁水，亦合流於開江。

梁山府西。元梁山州，治梁山縣。洪武六年十二月省州，存縣。十年五月改屬忠州，後來屬。北有高梁山，又有高都山。西南有桂溪，南有蟠龍溪，下流俱入於江。

新寧元屬達州。洪武三年改屬重慶府。十年五月省入梁山縣。十三年十一月復置，來屬。東有霧山，開江出焉。

又東有豆山關。

建始府東南。元屬施州。洪武中來屬。西有石乳山，產麩金，上有石乳關，與湖廣施州衞界。南有清江，自施州衞流入，又東入湖廣巴東縣界。

達州元治通川縣。洪武九年四月降爲縣，省通川縣入焉。正德九年復升爲州。西有石城山。東有渠江，通川江之下流，西南入渠縣界，合於巴江，中有南昌灘，有土副巡檢司。又西有鐵山關。東北有深溪關。

東南距府八百里。領縣二。

東鄉州東，少北。成化元年七月置。通川江在城東。

太平州東北。正德十年析東鄉縣地置。東北有萬頃池，渠江、通川江出焉，下流爲渠江。北有北江，又北入陝西紫陽縣界，名任河，入於漢江，東北有明通巡檢司。

重慶府元重慶路，屬四川南道宣慰司。洪武中，爲府。領州三，縣十七。西北距布政司五百五十里。

巴倚。東有塗山。大江經城南，又東經明月峽，至城東，與涪江合。西北有魚鹿峽，涪江所經。東南有丹溪，東北有交龍溪，俱流入大江。東有大紅江巡檢司。西有佛圖關。西南有二郎關。東有銅鑼關。又南有南坪關。

江津府西南。北濱大江。東南有僰溪口，僰溪入江處，有清平巡檢司。

璧山成化十九年三月析巴縣地置。大江在南。涪江在北。又北有璧山巡檢司。

永川府西，少南。洪武六年十二月置。

榮昌府西，少南。洪武六年十二月置。西有雒江，即中水。西北有昌寧縣，明玉珍置，洪武七年省。

大足明玉珍置，屬合州。洪武四年改屬府。東有米糧關。北有化龍關。

安居成化十七年九月析銅梁、遂寧二縣地置。東有安居溪，一名瓊江，下流入涪江。

綦江府南，少東。元綦江長官司，屬播州。明玉珍改爲縣。洪武中來屬。南有綦江，即僰溪之上流，一名東溪，有東溪巡檢司，後徙縣南之趕水鎭。又南有三溪渡，有綦市關。

南川府東南。洪武十年五月省入綦江縣。十三年十一月復置。南有南江，北流爲綦江，中有龍床灘，在縣北。又東有四十八渡水，流入南江。又南有馬頸關、雀子崗關。北有冷水關。

長壽府東，少北。洪武六年九月置，屬涪州，尋改屬府。北濱大江。南有樂溫山，下有樂溫灘，大江所經。又東有桃花溪。

黔江府東。元屬紹慶府。洪武五年十二月省入彭水縣。十一年九月置黔江守禦千戶所。十四年九月復置縣，來屬。南有黔江，源出貴州思州府界，正流自涪江合大江，支流經此，下流爲湖廣施州衞之淸江。又東有石勝關，又有石牙關。西有白巖關。東南有老鷹關，與湖廣施州界。

合州府北。元治石照縣。明玉珍省縣入焉。東有釣魚山，嘉陵江經其北，涪江經其南。又東北有嘉渠口，嘉陵江與渠江合流處，經城東南，涪江自西流合焉，亦曰三江口，并流而南，入於大江。南距府百五十里。領縣二。

銅梁州南。北有涪江。

定遠州北。有舊城。今城本廟兒壩，嘉靖三十年徙此。東有武勝山。西南有涪江。東有嘉陵江。

忠州府東。元治臨江縣。洪武中，以縣省入。南濱大江，江中有倒鬚灘，西北有鳴玉溪流入江。西有臨江巡檢司。西距府八百里。領縣二。

酆都州西南。元曰豐都。洪武十年五月省入涪州。十三年十一月復置，曰酆都。南濱大江，有葫蘆溪自西南流入焉。東南有南賓縣，洪武中省。又有沙子關巡檢司。

墊江州西，少北。明玉珍置，屬州。南有高灘溪，西南入長壽界，爲桃花溪。

涪州大江自長壽縣流入，東逕黃草峽，又東逕鐵櫃山，又東逕州城北，遶城而東，又南有涪陵江流合焉，江口有銅柱灘。又東南有清溪關。西南有白雲關。又西有陽關。西距府四百三十里。領縣二。

武隆州南。元曰武龍。洪武十年五月省入彭水縣。十三年十一月復置，曰武隆。西南有涪陵江，亦曰黔江，亦曰巴江。

彭水州南。元紹慶府治此，屬四川南道宣慰司。洪武四年，府廢，改屬重慶府。洪武十年五月來屬。東有伏牛山，山左右有鹽井。城西有涪陵江。又東南有水德江，源自貴州思南流入涪陵江。東南有天池關。東北有亭子關。

遵義軍民府元播州宣慰司，屬湖廣行省。洪武五年正月改屬四川。十五年二月改屬貴州都司。二十七年四月改屬四川布政司。萬曆二十九年四月改置遵義軍民府。領州一，縣四。西北距布政司千七百里。

遵義倚。元播州總管。洪武五年正月改爲播州長官司。萬曆二十九年四月改縣，與府同徙治白田壩，在故司城之西。北有龍岩山。其東爲定軍山，又有大婁山，上有太平關，亦曰婁山關。又東有烏江，源自貴州水西，即涪陵江上源，中有九接灘，其南有烏江關。又東南有仁江，東有湘江、洪江，皆流合於烏江。又西南有落閩水，東有樂安水，亦俱流入焉。又東南有河度關。西南有老君關。又東有三度關。西有落濛關。西北有崖門關、黑水關。北有海龍囤，有白石口隘。

桐梓府東。萬曆二十九年四月以舊夜郎縣望草地置。北有僰溪，源出山箐，綦江之上流。

眞安州元珍州思寧長官司。明玉珍改眞州。洪武十七年置眞州長官司。萬曆二十九年四月改置。南有芙蓉江，自烏江分流，東北入於黔江。又有三江，東南流合於虎溪，亦注於黔江。西南距府二百里。領縣二。

綏陽府東北。萬曆二十九年四月以舊綏陽縣地置。東有水德江，亦曰涪江，亦曰小烏江，流入彭水縣界。

仁懷州西。萬曆二十九年四月以舊懷陽縣地置。東南有芙蓉江，西南有仁水，其下流俱注於烏江。

敍州府元敍州路，屬敍南等處蠻夷宣撫司。至元二十三年正月降爲縣。洪武六年六月置府。領州一，縣九。北距布政司千二百里。

宜賓倚。弘治四年八月建申王府，未之國，除。西有朱提山，舊產銀。西南有石城山。又西北有朝陽崖，大江經其下，又東經城東南，馬湖江來合焉。又西南有石門江，俗呼橫江，北入馬湖江。又東南有黑水，一名南廣溪，北入江。又西北有宣化縣，洪武中省，有宣化巡檢司。又西南有橫江鎭巡檢司。又南有撲索關。

南溪府東。東濱大江，中有石筍灘，在縣西。又有銅鼓灘，在縣東。又南有青衣水，流入大江。

慶符府南。洪武十年五月省入宜賓縣。十三年十一月復置。南有石門山，石門江經其下。又西北有馬鳴溪，流入馬湖江。

富順府東北。元富順州。洪武中，降爲縣。西南有虎頭山。東有金川，亦曰中水，卽雒江也。又西有榮溪，東有鼇溪，俱流合焉。又西有鹽井。東有趙化鎭巡檢司。

長寧府東南。元長寧軍，屬馬湖路。泰定二年十月改爲州。洪武五年降爲縣。治東西有二溪，並冷水溪，三溪合流入大江，曰三江口。又東出虞公峽，曰淸溪，亦曰武寧溪，其下流入於大江。又治北有淯井，產鹽。東有梅洞堡巡檢司。

興文府東南。元戎州，屬馬湖路。洪武四年降爲縣，來屬。萬曆二年二月改曰興文。南有南壽山，又有思早江，又東有水車河，俱流入清溪。西有武寧城，萬曆二年二月築，置建武守禦千戶所於此。所南有九絲城，所東南有李子關。縣東北有板橋巡檢司，後遷兩河口，仍故名。

隆昌府東北。本富順縣隆橋馬驛。隆慶元年置縣，析榮昌、富順二縣及瀘州地屬之。西南有雒江。

高州元屬敍南宣撫司。洪武五年降爲縣，屬府。正德十三年四月復爲州。舊治懷遠寨。正德十三年遷治中壩。東有復寧溪，卽黑水之上流。南有江口巡檢司。北距府百五十里。領縣一。

筠連州西。元筠連州，治騰川縣，屬永寧路，尋廢縣存州。洪武四年降州爲縣，屬敍州府。六年十二月改屬綿州，尋仍屬敍州府。十年五月省入高縣。十三年十一月復置，仍屬敍州府。正德十三年四月來屬。西有定川溪，下流與清溪合。東南有三岔巡檢司。

珙州東。元下羅計長官司，屬敍南宣撫司。明玉珍改爲珙州。洪武四年降爲縣。十年五月省入高縣。十三年十一月復置，屬府。正德十三年四月來屬。西南有珙溪，下流入清溪。南有鹽水壩巡檢司，後遷歇馬堡，仍故名。

龍安府元龍州，屬廣元路。明玉珍置龍州宣慰司。洪武六年十二月復置龍州。十四年正月改松潘等處安撫司。二十年正月仍改爲龍州。二十二年九月改龍州軍民千戶所。二十八年十月升龍州軍民指揮使司，後復曰龍州。宣德七年改龍州宣撫司，直隸布政司。嘉靖四十五年十二月改曰龍安府。領縣三。南距布政司四百八十里。

平武倚。本名寧武，萬曆十八年四月置，後更名。州舊治在江油縣界之雍村。洪武六年徙於青州所。二十二年又徙於盤龍壩箭樓山之麓，卽今治也。東南有馬盤山，又有石門山。東有涪江，有青川溪，下流合白水，入嘉陵江。西北有胡空關，〔四〕又有黃陽關。東有鐵蛇關，西有大魚關，羊昌關、和平關，俱永樂中置。又東有棧閣，道出陝西文縣。又西有永濟橋，鐵索爲之，達松潘衞。又東有青川守禦千戶所，洪武四年十月以舊青川縣置，屬四川都司。嘉靖四十五年十二月來屬。所東有白水江。東北有明月關巡檢司。南有杲陽關。北有北雄關，接陝西文縣界。又有控夷關，萬曆中置。

江油府東南。元省。明玉珍復置。洪武十年五月省入梓潼縣。十三年十一月復置，屬劍州。嘉靖四十五年十二月來屬。西有大匡山，與彰明縣界。東北有竇圌山。北有涪水，水上有涪水關。

石泉府西南。元屬安州。洪武中，州廢，改屬成都府。嘉靖四十五年十二月來屬。北有三面山，龍安水出焉。又東有湔水，東至江陽入江，有馬坪口巡檢司。北有松嶺關。西有石板關。東有奠邊關。東北有大方關。西北有上雄關。

馬湖府元馬湖路，屬敍南宣撫司。洪武四年十二月爲府。領縣一，長官司四。東北距布政司千一百里。

屏山倚。本泥溪長官司，洪武四年十二月置。萬曆十七年三月改縣。西有雷番山。南有馬湖江，其上源自黎州西徼外流入界，至此合金沙江，經府城東入宜賓縣界。中有結髮灘、鐵鎖灘、雞肝石灘，俱在府西。又有馬湖，湖在山頂，亦曰龍湖。東有悔泥溪巡檢司。又東有龍關。西有鳳關。又北有新鄉鎭，萬曆十七年三月建城，置戍焉。

平夷長官司府西。洪武四年十二月置。舊治在司東。萬曆中，移於今治。南有馬湖江，又南有大汶溪，東有小汶溪，俱流合焉。

蠻夷長官司府西，少南。洪武四年十二月置。南濱馬湖江，西有什葛溪，東有大鹿溪，俱流合焉。南有戎寧巡檢司。

沐川長官司府西，少北。元置。洪武四年十二月改爲州，尋復。北有沐川，下流入大江。東有芭蕉溪，下流入馬湖江。

雷坡長官司府西南。洪武四年十二月置。二十六年省。

鎭雄府元芒部路，屬雲南行省。洪武十五年正月爲府。十六年正月改屬四川布政司。十七年五月升爲軍民府。嘉靖五年四月改府名。萬曆三十七年五月罷稱軍民府。北有樂安山，與敍州府界。又西有白水，亦曰八匡河，源出烏撒界，流經此，境內諸川俱流入焉，下流至敍州府入大江。又南有苴斗河，下流入烏撒之七星關河。又北有鹹泉二，俱產鹽。有益良州、強州，元俱屬芒部路，洪武十七年後廢。又有阿頭、易溪、易娘三蠻部，元屬烏撒路，洪武十五年三月屬芒部府。十七年又改阿頭部爲阿都府，屬四川布政司。後俱廢。南有阿赫關，與烏撒界。領長官司五。北距布政司千五百八十里。

白水江欽酬長官司正德十六年十一月置。

懷德長官司府西。本却佐寨。

威信長官司府南。本母響寨。

歸化長官司府西南。本夷良寨。

安靜長官司府西北。本落角寨。四司，俱嘉靖五年四月改置。

烏蒙軍民府元烏蒙路，後至元元年九月屬四川行省。洪武十五年正月爲府，屬雲南布政司。十六年正月改屬四川布政司。十七年五月升爲軍民府。西有凉山。北有界堆山，與敍州府界。西南有金沙江，下流合於馬湖江。南有索橋，金沙江渡處。北有羅佐關。〔五〕有歸化州，洪武十五年三月置，屬府，尋廢。東北距布政司千三百里。

烏撒軍民府元烏撒路，〔六〕後至元元年九月屬四川行省。洪武十五年正月爲府，屬雲南布政司。十六年正月改屬四川布政司。十七年五月升爲軍民府。西有盤江，出府西亂山中，經府南爲可渡河，入貴州畢節衞界。有可渡河巡檢司。又西有趙班巡檢司。又有阿赫關、郎撒二巡檢司。東南有七星關。東有老鴉關，又有善欲關，皆與貴州畢節衞界。又南有倘唐驛，路出雲南霑益州。東北距布政司千八百五十里。

東川軍民府元東川路，屬雲南行省。洪武十五年正月爲府。十七年五月升爲軍民府，改屬四川布政司。二十一年六月廢。二十六年五月復置。西南有馬鞍山，府舊治在焉。尋移治萬額山之南。又西南有絳雲弄山，接雲南祿勸州界，下臨金沙江。又東南有牛欄江，自雲南尋甸府流入，至府北合金沙江。有藤索橋，在東北牛欄江上。東北距布政司千四百里。

潼川州元潼川府，直隸四川行省。洪武九年四月降爲州，以州治郪縣省入，〔七〕直隸布政司。北有涪江，南有中江流合焉。又西南有郪江，有鹽井。西南距布政司三百里。領縣七。

射洪州南。洪武十年五月省入鹽亭縣。十三年十一月復置。東有涪江。又東南有射江，亦曰獺江，亦曰梓潼水，自鹽亭縣流入，經縣東南之獨坐山，合於涪江。又東南有沈水，亦入涪江。有鹽井。

中江州西。洪武十年五月省入州。十三年十一月復置。西南有可蒙山、銅官山，南有賴應山、私鎔山，俱產銅。東南有中江，南有郪江，有鹽井。

鹽亭州東，少北。北有紫金山。南有梓潼水。東有鹽亭水，自劍州南境流入，亦謂之瀰江。城東有鹽井。

遂寧州東南。元遂寧州。明玉珍省州治小溪縣入焉。洪武九年四月降州爲縣。東有銅盤山，又有涪江，北有郪江流入焉，謂之郪口。西有倒流溪，有鹽井。

蓬溪州東南。元屬遂寧州。洪武十年五月省入遂寧縣。十三年十一月復置，徙治故城之西南。西有明月山，下爲明月池。又有伏龍山，下有火井。北有蓬溪，下流合於涪江，有鹽井。

安岳州南。洪武四年於縣置普州。九年，州廢。西有岳陽溪，下流合於涪江，有鹽井。

樂至州南，少西。成化元年七月置，屬州。正德九年改屬簡州。嘉靖元年四月還屬。有鹽井。

眉州元屬嘉定府路。洪武九年四月降爲縣，仍屬嘉定州。十三年十一月復爲州，直隸布政司。東有蟇頤山，西面臨江，下爲蟇頤津。南有峨眉山。東有玻瓈江，卽大江也。南有思濛江，西南有金流江，一名難江，下流俱入大江。東南有魚耶鎭巡檢司。北距布政司百八十里。領縣三。

彭山州北。洪武十年五月省入眉縣。十三年十一月復置。東有彭亡山，亦曰平無山，俗呼爲平模山。北有天社山。南有打鼻山。東北濱大江，內江自雙流縣流入焉，卽牧馬川也，合流而南，亦曰武陽江，江中有鼓樓灘。又有赤水，亦自東北流入大江。

丹稜州西。洪武六年十二月置，屬嘉定府。十年五月省入眉縣。十三年十一月復置，來屬。東南有青衣水，源出盧山縣，流經此，下流至嘉定州入大江。

青神州南。洪武十年五月省入嘉定州。十三年十一月復還屬。西有熊耳山，青衣水經其下。又東有大江。東南有松柏灘。東有犂頭灣巡檢司。

邛州元屬嘉定府路。洪武九年四月降爲縣，仍屬嘉定州。成化十九年二月復爲州，直隸布政司。西有古城山，產鐵。又東南有銅官山，產銅。西有相臺山，下有火井，又有鹽井。南有邛水，自雅州流入，至新津縣入大江。南有夾門關巡檢司。西有火井壩巡檢司，後移於州南二十五里。東北距布政司三百里。領縣二。

大邑州北，少東。洪武十年五月省入邛縣。十三年十一月復置，屬嘉定州。成化十九年二月還屬。西北有鶴鳴山，與崇慶州界。東有牙江，下流入邛水。

蒲江州東南。元省入州。洪武六年十二月復置，屬嘉定府。成化十九年二月還屬。南有蒲水，源出名山縣，流經此，東入邛州界。西有雙路巡檢司。

嘉定州元嘉定府路。洪武四年爲府。九年四月降爲州，以州治龍遊縣省入，直隸布政司。東有三龜山。又有九頂山。大江在城東，亦曰通江。又西有陽江，即大渡河，自峨眉縣流入，經城東烏尤山下，合於大江。又西南有青衣水，至城西雙淵，與陽江合。東南有金石井巡檢司，後廢。北距布政司二百六十里。領縣六。

峨眉州西。西南有峨眉山，有大峨、中峨、小峨，羅目江出焉。陽江在縣南，自黎州所夷界流入，與羅目江合。又西南有中鎭巡檢司，後徙治大圍山。又有土地關，接蠻界。

夾江州西北。西有青衣水，又有洪雅川，合焉。

洪雅州西北。元省入夾江。成化十八年五月復置。西北有青衣水。西有洪雅川。又有竹箐山巡檢司。

犍爲州東南。舊治玉津鎭。今治懲非鎭，洪武中徙此。東有大江。東北有四望溪流入焉。有四望溪口巡檢司。又北有石馬關巡檢司。

榮州東。本榮州。洪武六年十二月置。九年四月降爲縣。東有榮川水，有甕溪關、飛水關，俱洪武間置。又有大坪隘口，成化十二年八月置。

威遠州東。洪武六年十二月置，屬嘉定府。十年五月省入榮縣。十三年十一月復置。

瀘州元屬重慶路。洪武六年直隸四川行省。九年直隸布政司。舊治在州東茜草壩。洪武中，徙此。城西有寶山。西南有方山。大江在東，一名瀘江，又名汶江，資水自州北來合焉，亦曰中江。又有瀘州衞，洪武二十一年十月置於州城，成化四年四月徙於州西南之渡船鋪。南有石棚鎭、北有李市鎭二巡檢司。又有江門、水流崖、洞掃等關堡，俱成化四年四月置。又南有龍透關，崇禎間修築。西北距布政司千五百五十里。領縣三。

納溪州西南。北濱大江，城西有納溪水，自蕃部西南流合焉。有納溪口巡檢司。南有倒馬關、石虎關，俱通雲南、交阯路。

江安州西，少南。北濱大江，有綿水西南流入之，謂之綿水口。又南有清溪，又有涇灘，俱流合於綿水。有板橋巡檢司。

合江州東，少北。舊治在神臂山南。洪武初徙安樂山之麓，卽今治也。又南有榕山，俗名容子山。北濱大江，西有之溪、北溪入焉，因謂之合江。又南有安樂溪，西北流入江安縣。

雅州元屬陝西行省吐蕃宣慰司。洪武四年以州治嚴道縣省入，直隸布政司。東有蔡山，一名周公山，其下有經水，一名周公水。又東南有榮水，一名長濆河，又有小溪，一名百丈河，至州界，俱合流於青衣江。北有金雞關。東北有金沙關。東北距布政司四百五十里。領縣三。

名山州東北。洪武十年省入州。十三年十一月復置。東北有百丈山，旁有百丈縣，元屬州，洪武中省。西有蒙山。南有青衣江。

榮經州西南。明玉珍省入嚴道縣。洪武中復置。東北有銅山。東有邛崍山，與黎州所界，上有九折坂。西有大關山，邛崍關在焉。北有長濆河，南有周公水，並流入州界。西北有紫眼關，地接西番。又有碉門砦，亦曰和川鎭，元置碉門安撫司。洪武五年設碉門百戶所於此，其地與天全界。

蘆山州西北。元曰瀘山，後省。洪武六年十二月復置，改爲蘆山。東有盧山，青衣水出焉。南有三江渡，其水經多功峽，下流入平羌江。西北有臨關，舊曰靈關，正統初更名。有臨關巡檢司。又南有飛仙關。

永寧宣撫司元永寧路。洪武七年爲永寧長官司。八年正月升宣撫司。天啓三年廢，地屬敍州府。故城在西。洪武十五年遷於今治。東南有獅子山。西北有青山。南有永寧河，東北流經瀘州境，入於大江。又東南有赤水河。東有魚浮關，洪武四年置。領長官司一。距布政司千八百里。

九姓長官司司城西南。元九姓羅氏黨蠻夷長官千戶。洪武六年十二月改置。天啓六年改屬瀘州。南有通江溪，東北會於納溪之江門峽。西南有金鵝池。

太平長官司元大壩軍民府，洪武中廢。成化四年四月改置。

天全六番招討司元六番招討司。洪武六年十二月改置，直隸四川布政司。二十一年二月改隸都司。東有多功山。南有和水，一名始陽河，亦名多功河，流入雅州青衣江。又西番境內有可跋海，其下流合雲南樣備水，流入交阯。又禁門關、紫石關亦俱在司西。又東有善所、張所、泥山、天全、思經、樂㶊、始陽、樂屋、在城、靈關凡十百戶所。東距布政司五百五十里。

松潘衞元松州，屬雲南行省。洪武初，因之。十二年四月兼置松州衞。十三年八月罷衞。未幾，復置衞。二十年正月罷州，改衞爲松潘等處軍民指揮使司，屬四川都司。嘉靖四十二年罷軍民司，止爲衞。東有雪欄山，上有關。南有紅花山。西北有甘松嶺。又北有大、小分水嶺。西有岷江，自陝西洮州衞流經此，亦曰潘州河。又東有涪江，出小分水嶺，東南流，入小河所界。北有潘州衞，洪武中，以故潘州置。二十年省入。又西有鎭夷關，永樂四年七月置。又西北有流沙關。又東有望山、雪欄、風洞、黑松林、三舍、小關子關。南有西寧、歸化、安化、新塘、北定、浦江六關。又有平夷關，萬曆十四年置。又南爲鎭平關。又西北有漳臘堡，洪武十一年置。領千戶所一，長官司十六，安撫司五。東南距布政司七百六十里。

小河守禦千戶所宣德四年正月置。北有師家山，一名文山，山麓有文山關。南有小河，卽涪水也，東流入龍安府界，有鐵索橋跨其上。

占藏先結簇長官司

蠟匝簇長官司

白馬路簇長官司

山洞簇長官司

阿昔洞簇長官司

北定簇長官司

麥匝簇長官司

者多簇長官司

牟力結簇長官司

班班簇長官司

祈命簇長官司

勒都簇長官司

包藏先結簇長官司以上十三司，俱洪武十四年正月置。

阿用簇長官司宣德十年五月置。

潘斡寨長官司正統五年七月置。

別思寨長官司宣德十年五月置。

八郎安撫司永樂十五年二月置。

麻兒匝安撫司宣德二年三月，以阿樂地置。

阿角寨安撫司

芒兒者安撫司二司，俱正統五年七月置。

思曩日安撫司正統十一年七月置。

疊溪守禦軍民千戶所　本疊溪右千戶所，洪武十一年以古翼州置，屬茂州衞。二十五年改置，直隸都司。南有排柵山。西有汶江，南有黑水流合焉，謂之翼水。又南有南橋、中橋、徹底三關，北有永鎮橋關、鎮平關，西有疊溪橋關，東有小關，俱洪武十一年置。領長官司二。東南距布政司五百八十里。

疊溪長官司所城北。

鬱即長官司所城西。俱永樂元年正月置。

黎州守禦軍民千戶所　本黎州長官司，洪武九年七月置。十一年六月升安撫司，直隸布政司。萬曆二十四年降爲千戶所，直隸都司。東北有蜑鍾山，下有黎州，元屬陝西行省吐蕃宣慰司。洪武五年省州治漢源縣入州。永樂後廢。西北有飛越山，兩面皆接生羌界。西南有大田山，東麓爲大田壩，萬曆二十四年立黎州土千戶所於此。又東有沖天山。南有避瘴山。西北又有筭箕山。南有大渡河，卽古若水。洪武十五年六月置大渡河守禦千戶所，後徙司城西北隅。又西南有漢水，源出飛越山之仙人洞，亦曰流沙河，下流至試劍山，入大渡河。河南卽清溪關，與建昌行都司界。西有黑崖關，洪武十六年置。又有椒子關，路通長河西等處。東北距布政司六百九十里。

平茶洞長官司元溶江芝子平茶等處長官司。洪武八年正月置，屬酉陽宣撫司。十七年直隸布政司。西有百歲山。哨溪出於其東，滿溪出於其西，合流入買賽河。北距布政司千六百七十里。

溶溪芝蔴子坪長官司元溶江芝子平茶等處長官司。洪武八年改置，屬湖廣思南宣慰司。十七年五月直隸四川布政司。

安寧宣撫司　成化十三年二月置，領長官司二。

懷遠長官司

宣化長官司 俱成化十三年二月，與宣撫司同置。

酉陽宣慰司元酉陽州，屬懷德府。明玉珍改沿邊溪洞軍民宣慰司。洪武五年四月仍置酉陽州，兼置酉陽宣慰司，州尋廢。八年正月改宣慰司爲宣撫司，屬四川都司。永樂十六年改屬重慶衞。天啓元年升爲宣慰司。東南有酉水，流合平茶水，至湖廣辰州府合流於江，有寧俊江巡檢司。西北距重慶府四百九十里。領長官司三。

石耶洞長官司司東南。元石耶軍民府。洪武八年正月改爲長官司。

邑梅洞長官司司南。元佛鄉洞長官司。明玉珍改邑梅沿邊溪洞軍民府。洪武八年正月改置。北有凱歌河，一名買賽河，自貴州平頭著可司流入，東入酉陽司界。

麻兔洞長官司洪武八年正月置。

石砫宣慰司〔八〕元石砫軍民宣撫司。明玉珍改安撫司。洪武八年正月爲宣撫司，屬重慶衞。嘉靖四十二年改屬夔州衞。天啓元年升爲宣慰司。東有石砫山。又有三江溪，卽葫蘆溪之上流也。西南距夔州府七百五十里。

四川行都指揮使司元羅羅蒙慶等處宣慰司，治建昌路，屬雲南行省。洪武十五年罷宣慰司。二十七年九月置四川行都指揮使司。治建昌衞。領衞五，所八，長官司四。東北距布政司千四百八十里。

建昌衞軍民指揮使司元建昌路，屬羅羅蒙慶宣慰司。洪武十五年正月爲府，屬雲南布政司，兼置衞，屬雲南都司。十月，衞府俱改屬四川。二十五年六月，府廢，升衞爲軍民指揮使司。二十七年九月來屬。領守禦千戶所四，長官司三。南有瀘水，流入金沙江。又北有長河，南有懷遠河，西南有寧遠河，下流俱合於瀘水。又東有建安州、永寧州，又東有里州，東南有闊州，西南有瀘州、隆州，元俱屬建昌路，洪武十五年三月俱屬建昌府。東有北社縣，元屬永寧州，洪武十五年三月因之，尋改爲碧舍縣。又西有德州，元屬德昌路，洪武十五年三月屬德昌府。二十七年後，府州縣俱廢。又有建昌前衞指揮使司，洪武二十七年六月置，與建昌軍民衞同城，九月屬四川行都司，萬曆三年省。又東有建昌土衞，洪武十五年置，萬曆後廢。北有瀘沽巡檢司，即故瀘沽縣也。又南有蔴剌巡檢司。又西南有打沖河、東南有白水、東有龍溪三巡檢司，後廢。又東北有老君關，有太平關。東南有甸沙關。又有金川堡。

守禦禮州後千戶所

守禦禮州中中千戶所衞北。元禮州，屬建昌路。洪武十五年三月屬建昌府，兼置二守禦所，屬衞。二十七年後，州廢。北有瀘沽縣，元屬禮州，洪武十五年三月因之，亦二十七年後廢。

守禦打沖河中前千戶所衞西。洪武二十七年二月置。西有打沖河，蠻名黑惠江，一名納夷江，源出吐蕃，下流入金沙江。東北有水砦關。南有天星砦。

守禦德昌千戶所衞南。洪武十五年置。南有德昌路，元屬羅羅蒙慶宣慰司，洪武十五年三月爲府，屬雲南布政司，十月改屬四川布政司，二十七年後廢。

昌州長官司衞南。元屬德昌路。洪武十五年三月屬德昌府。永樂二年七月改置。

威龍長官司衞東南。元威龍州，屬德昌路。洪武十五年三月以「龍」爲「隆」，屬德昌府。永樂二年七月改置。

普濟長官司衞西南。元普濟州，屬德昌路。洪武十五年三月屬德昌府。永樂二年七月改置。

寧番衞軍民指揮使司元蘇州，屬建昌路。洪武十五年三月屬建昌府。二十一年十月兼置蘇州衞，屬四川都司。二十五年六月，州廢，升衞爲軍民指揮使司。二十六年三月更名，屬四川都司。二十七年九月來屬。南有南山，產銅。東有長河，亦名白沙江，南流會於瀘水。又有中縣，元屬建昌路。洪武十五年三月改屬永寧州。十七年改屬蘇州，後廢。又有沙陀關、羅羅關、九盤關。南有鳥角關。北有北山關。又西有定番堡，萬曆十五年置。南距行都司百九十里。領千戶所一。

守禦冕山橋後千戶所衞東。正統七年以冕山堡置。東有東河，與瀘沽河合，下流入金沙江。北有冕山關。

越巂衞軍民指揮使司洪武二十五年七月置，屬四川都司。二十七年九月來屬。西有阿露山，亦曰大雪山。北有大渡河，與黎州界。又有魚洞河，南有羅羅河，合流入大渡河。又北有青岡關，有海棠關，有曬經關。南有小相公嶺關。西北有剌伯關。南距行都司百九十里。領千戶所一，長官司一。

鎭西後千戶所衞北。弘治中置。

邛部長官司衞東。元邛部州，屬建昌路。洪武十五年三月屬建昌府，二十七年四月升軍民府，後仍爲州，屬越嶲衞。永樂元年五月改爲長官司。東有平夷、歸化二堡，萬曆十五年開部夷地增置。

鹽井衞軍民指揮使司元柏興府，治閏鹽縣，屬羅羅蒙慶宣慰司。洪武十五年三月屬雲南布政司。二十四年二月降爲州，省閏鹽縣入焉。二十六年六月，州廢，置衞，屬四川都司。二十七年九月來屬。南有柏林山。西有斛㮨和山，產金。又西有鐵石山，出砮石。東北有打沖河，上有索橋。西有雙橋河，東有越溪河，俱流入打沖河。又治東有鹽井。北有金縣，元屬柏興府，洪武十五年三月因之，十七年後廢。又東有雙橋關。西有古德關。東南距行都司三百里。領千戶所一，長官司一。

打沖河守禦中左千戶所衞東北。洪武二十五年置。

馬剌長官司衞南。永樂初置。

會川衞軍民指揮使司　本會川守禦千戶所，洪武十五年置，屬建昌衞。二十五年六月升軍民千戶所。十一月升會川衞軍民指揮使司，屬四川都司。二十七年九月來屬。東南有土田山，產石碌，有葛砧山，產石青。東有密勒山，產銀礦。西南有金沙江，自雲南武定府流入界。又西有瀘水，南入焉。南有瀘沽河，亦流入焉。又南有搭甲渡巡檢司。東南有瀘津關。南有迷郎關，又有松坪關。西有永昌關，有大龍關。北有甸沙關，接建昌衞界。有會川路，元屬羅羅蒙慶宣慰司。洪武十五年三月爲府，屬雲南布政司。十月改屬四川布政司。二十六年四月，府廢。墮其城。二十七年四月復置府，後復廢。又西有永昌州，南有武安州，又有黎漢州，元俱屬會川路，洪武十五年三月俱屬會川府，十月俱改爲縣，二十四年二月復俱爲州。東南有姜州，元屬建昌路，又有會理州，元屬會川路，洪武十五年三月俱改屬東川府。北有麻龍州，元屬會川路，洪武十五年三月改屬東川府。又有麻龍縣，洪武十七年改屬麻龍州。二十七年後，府州縣俱廢。西北距行都司五百里。領千戶所一。

守禦迷易千戶所〔九〕衞西北。洪武二十五年閏十二月置。

江西　禹貢揚州之域。元置江西等處行中書省。治龍興路。太祖壬寅年正月因之。正月治吉安府。二月還治洪都。洪武三年十二月置江西都衞。與行中書省同治。八年十月改都衞爲都指揮使司。九年六月改行中書省爲承宣布政使司。領府十三，州一，縣七十七。爲里九千九百五十六有奇。北至九江，與江南、湖廣界。東至玉山，與浙江界。南至安遠，與福建、廣東界。西至永寧，與湖廣界。距南京一千五百二十里，京師四千一百七十五里。洪武二十六年編戶一百五十五萬三千九百二十三，口八百九十八萬二千四百八十二。弘治四年，戶一百三十六萬三千六百二十九，口六百五十四萬九千八百。萬曆六年，戶一百三十四萬一千五，口五百八十五萬九千二十六。

南昌府元龍興路，屬江西行省。太祖壬寅年正月爲洪都府。癸卯年八月改南昌府。領州一，縣七。

南昌倚。洪武十一年建豫王府。二十五年改爲代王，遷山西大同。永樂初，寧王府自大寧衞遷此，正德十四年除。故城在東。今城，明太祖壬寅年改築。東湖在城東南隅。西有贛江，自豐城縣流入，東北入鄱陽湖，出湖口縣，入大江，亦曰章江。又東南有武陽水，上源自南豐縣盱江，北流經此，又東北入宮亭湖。南有市汊巡檢司。

新建倚。西有西山，跨南昌、新建、奉新、建昌四縣之境。北有吳城山，臨贛江。東有鄱陽湖，即彭蠡也，俗謂之東鄱湖；其西與宮亭湖相接，謂之西鄱湖。西南有筠水，一名蜀江，自高安縣流入，合於章江。東北有趙家圍、西有烏山、北有吳城、西北有昌邑四巡檢司。

豐城府南，少西。元富州。洪武九年十二月改爲豐城縣。南有羅山，富水所出。又有秠山，豐水所出。西南有章江，豐水自南，富水自東南，俱流入焉。又東有雲韶水，自撫州流入，亦入於章江。南有沛源、西南有江滸口二巡檢司。又有河湖巡檢司，廢。又北有港口巡檢司，治大江口，後遷縣東北小江口，廢。

進賢府東南。西南有金山，產金。北有三陽水，又有軍山湖，又北有日月湖，下流俱入於鄱陽湖。東有潤陂、東北有鄔子寨、北有龍山、東南有花園四巡檢司。

奉新府西。西有百丈山，馮水所出，下流入於章江。又西有華林山，華林水出焉。又西北有藥王山，龍溪水出焉。二水合流，注於馮水。西有羅坊巡檢司。又有白沙巡檢司，廢。

靖安府西北。西有毛竹山，接寧州界，雙溪水出焉，下流入於馮水。北有桃源山，桃源水所出，流與雙溪水合。又西北有長溪，源出名山，下流入於修水。

武寧府西北。西有太平山。西北有九宮山。南有修水。

寧州府西。元分寧縣，爲寧州治。洪武初，改縣爲寧縣，省州入焉。弘治十六年，升縣爲州。西有幕阜山，修水發源於此，下流入鄱陽湖。又東有鶴源水，源發九宮山，下流合修水。西有杉市巡檢司，後遷於崇鄉北村。南有定江、又有八疊嶺二巡檢司，廢。東南距府三百六十里。

瑞州府元瑞州路，屬江西行省。洪武二年爲府。領縣三。東北距布政司二百里。

高安倚。北有米山。西北有華林山。又北有蜀江，自上高縣流入，東流滙於南昌之象牙潭而入章江，一名錦水。此別一蜀江，非出岷山之大江也。又南有曲水，亦東入章江。南有陰岡嶺、又有洪城二巡檢司，廢。

上高府西南。南有蒙山，舊產銀鉛。西有天嶺。又西有蜀江，自萬載縣流入，至縣西北凌江口合新昌縣之鹽溪水。又有斜口水，源出蒙山，至縣西亦流入焉。西有離婁橋、又有麻塘二巡檢司。

新昌府西。元新昌州。洪武初，降爲縣。西有鹽溪水，一名若耶溪，南流至上高縣入於蜀江。又北有藤江，下流與鹽溪水合。西有黃岡洞、北有大姑嶺二巡檢司。

九江府元江州路，屬江西行省。太祖辛丑年爲九江府。領縣五。南距布政司三百里。

德化倚。南有廬山，亦曰匡廬。東南有鄱陽湖，湖中有大孤山。縣北濱大江，亦曰潯陽江，北岸爲湖廣黃梅縣，南岸經湖口、彭澤二縣，而入南直東流縣境。江中有桑落州，與南直宿松縣界。又西有湓浦，自瑞昌縣流入，經城西，注於大江，所謂湓口也。又東南有女兒浦，源出廬山，東北入鄱陽湖。西有城子鎭巡檢司。又東有南湖觜、西有龍開河二巡檢司，後廢。

德安府西南。南有博陽山，古文以爲敷淺原，博陽川出焉，〔一〇〕東南流入於鄱陽湖。東北有谷簾水，源出廬山，下流亦入鄱陽湖。

瑞昌府西。西有清湓山，湓水出焉。北有大江，北岸與湖廣廣濟縣分界。

湖口府東。北濱大江。南有上石鐘山。北有下石鐘山。又南有青山，在鄱陽湖中。西南卽鄱陽湖，滙章、貢羣川之水，由此入江。南有湖口鎭巡檢司，後遷上石鐘山。西北有茭石磯鎭巡檢司，後遷於黃茅潭。

彭澤府東，少北。濱大江。北有小孤山在江中，江濱有彭浪磯，與小孤對。東北有馬當山，橫枕大江。有馬當鎭巡檢司。西南有峯山、磯鎭二巡檢司。

南康府元南康路，屬江西行省。太祖辛丑年八月爲西寧府。壬寅年四月改曰南康府。領縣四。南距布政司三百里。

星子倚。西北有廬山。北有鞋山，在鄱陽湖中。湖東爲宫亭湖，西北爲落星湖。又西有谷簾水，下流入鄱陽湖。東有長嶺巡檢司，後遷縣南渚溪鎮，又遷縣東北青山鎮，仍故名。

都昌府東。西南有石壁山，臨章江。東南爲鄱陽湖，北有後港河，合諸水入焉。西北有左蠡巡檢司，濱湖。東南有柴棚巡檢司，在湖中。

建昌府西南。元建昌州。洪武初，降爲縣。西南有長山，南有修水，自寧州流入，亦謂之西河。東有蘆潭巡檢司。

安義府西南。正德十三年二月析建昌縣安義等五鄉置。東有東陽新遷水，南有龍江水，俱流合於修水。

饒州府元饒州路，屬江浙行省。太祖辛丑年八月爲鄱陽府，隸江南行省。尋曰饒州府，來隸。領縣七。西南距布政司二百四十里。

鄱陽倚。正統元年，淮王府自廣東韶州府遷此。西北有鄱陽山，在鄱陽湖中。湖長三百里，闊四十里，亙南康、饒州、南昌、九江四府之境。南有鄱江，源出南直婺源縣及祁門縣，下流會於城東。又南則廣信上饒江來合焉，環城西北出，復分爲二，俱入鄱陽湖，亦名雙港水。又東有東湖，一名督軍湖，流入鄱江。西北有棠陰巡檢司，遷於雙港口。北有石門鎮巡檢司。又東北有大陽埠。西有八字腦。

餘干府南。元饒干州。洪武初，降爲縣。西北有康郎山，濱鄱陽湖南涯，因名其水曰康郎湖。又西有族亭湖。又南有餘水，亦曰三餘水。又南有龍窟河，合於餘水，下入鄱江。有康山巡檢司，舊在康郎山上，後遷黄埠。西有瑞虹鎮，在鄱陽湖濱。

樂平府東。元樂平州。洪武初，降爲縣。東北有鳳遊山。南有樂安江，卽鄱江之上流也。北有八澗鎮巡檢司。南有仙鶴鎮巡檢司，後遷萬年縣之荷溪鎮。

浮梁府東。元浮梁州。洪武初，降爲縣。南有昌江，南直祁門縣之水俱流滙焉，鄱江之別源也。西北有桃樹鎮巡檢司，後遷縣東北勒上市。西南有景德鎮，宣德初，置御器廠於此。

德興府東。東有銀山，舊產銀。北有銅山，山麓有膽泉，浸鐵可以成銅。西南有建節水，自弋陽縣流入。北有大溪，自南直婺源縣流入。下流俱合於樂安江。東有白沙巡檢司。西南有永泰巡檢司，廢。

安仁府南，少東。南有錦江，亦名安仁港，自貴溪縣流入，西北入餘干境，爲龍窟河。又東有白塔河，流合於錦江。南有白塔、東有田南二巡檢司，後廢。

萬年府東南。正德七年以餘干縣之萬春鄉置，析鄱陽、樂平及貴溪三縣地益之。北有萬年山。東有桃源洞，桃源水出焉，經縣西南，下流爲餘水。東北有荷溪鎮、北有石頭街二巡檢司，後俱廢。

廣信府元信州路，屬江浙行省。太祖庚子年五月爲廣信府。領縣七。西北距布政司六百三十里。

上饒倚。西北有靈山，舊產水晶。南有丁溪山，產鐵。又南有銅山。北有上饒江，自玉山縣流入，經城北，下流至鄱陽縣合於鄱江。又西有櫧溪，源出靈山，亦曰靈溪，流入上饒江。南有八坊場、東北有鄭家坊二巡檢司。

玉山府東。有三清山。又有懷玉山，玉溪出焉，分二流，東入浙，西爲上饒江。東南有柳都寨巡檢司。

弋陽府西。南有軍陽山，舊產銀。東有弋陽江，卽上饒江下流也，又有弋溪流合焉。又有葛溪，源出上饒縣靈山，下流入鄱江。又有信義港，自福建邵武流入，合於葛溪。

貴溪府西。西南有象山，又有龍虎山，上清宮在焉。其南爲仙巖。又南有薌溪，亦名貴溪，上流卽上饒江也。又有須溪，自福建光澤縣流入，來合焉。南有管界寨巡檢司。西有神前街巡檢司，本神峯寨，在縣北，後遷潭溪，更名。

鉛山府南。元鉛山州，直隸江浙行省，治在八樹嶺之南。洪武初，降爲縣，遷於今治。西南有銅寶山，湧泉浸鐵，可以爲銅。又有鉛山，產鉛銅及青綠。北有鵝湖山。南有分水嶺，與福建崇安縣界，上有分水關巡檢司。又有紫溪嶺，紫溪水出焉。北有上饒江，至汭口，與紫溪、桐木、黃蘗諸水合流，入弋陽縣界，謂之鉛山河口。又東北有石溪，亦流合上饒江。西南有石佛寨巡檢司，後遷善政鄉湖坊街。又西有駐泊巡檢司，治汭口鎭，廢。

永豐府南。東南有平洋山，舊產銀礦。南有永豐溪，源出福建浦城縣界，下流至上饒縣界合玉溪。又東有永平溪，西會杉溪及諸溪谷之水，注於永豐溪。東有柘陽寨巡檢司。又有杉溪寨巡檢司，廢。

興安府西。嘉靖三十九年八月以弋陽縣之橫峯寨置，析上饒、貴溪二縣地益之。縣南有宋溪，源幷出靈山，下流入上饒江。東有丫巖寨巡檢司，後廢。

建昌府元建昌路，屬江西行省。太祖壬寅年正月爲肇慶府，尋曰建昌府。領縣五。西北距布政司四百里。

南城倚。永樂二十二年建荆王府。正統十年遷於湖廣蘄州。成化二十三年建益王府。西南有麻姑山。東有盱江，一名建昌江，自南豐縣流入，下流入金谿縣。東有藍田、北有伏牛二巡檢司。又南有曾潭、北有岳口二巡檢司，廢。又東南有杉關，接福建光澤縣界。

南豐府南，少西。元南豐州，直隸江西行省。洪武初，降爲縣。南有軍山。又東南有百丈嶺，與福建建寧縣分界。又有盱水。東南有龍池巡檢司，本黄沙源坪，在縣西南，後遷縣南雙港口，又遷縣東南百丈嶺，又遷刋都，尋又遷於此，更名。又南有太平、北有仙君二巡檢司，廢。

新城府東南。西有福山，黎水出焉，經縣西，下流會於盱江。又東有飛猿嶺，飛猿水出焉，下流至南城縣入於盱江。又有五福港，源出杉關，流與飛猿水合。東南有極高巡檢司，遷水口村，後遷縣南德勝關，又遷縣東洵口，仍故名。西南有同安巡檢司，後遷縣西樟村，尋復。

廣昌府西南。西北有金嶂山。西南有梅嶺。又南有血木嶺，盱水出焉，經城南，流入南豐縣。西南有秀嶺、南有泉鎭二巡檢司。

瀘溪府東南。本南城縣瀘溪巡檢司，萬曆六年十二月改爲縣。東有瀘溪，源出福建崇安縣之五鳳山，流至縣，又北入於安仁港。

撫州府元撫州路，屬江西行省。太祖壬寅年正月爲臨川府，尋曰撫州府。領縣六。北距布政司二百四十里。

臨川倚。南有靈谷山。西有銅山，舊產銅。城東有汝水，上源接盱江，自金谿縣流入，東合於章江。又西有臨水，源出崇仁縣，流合汝水。北有溫家圳、南有青泥、西有清遠三巡檢司。又有白竿巡檢司，後廢。

崇仁府西。南有巴山，一名臨川山，臨水出焉，亦曰巴水。又南有華蓋山，西寧水出焉，下流俱合於汝水。又西南有寶唐山，寶唐水出其下，北合縣境諸溪，入於臨水。東有周坊巡檢司。又西北有丁坊、南有河亭二巡檢司，廢。

金谿府東南。東有金窟山，舊產金。又有雲林山，跨撫、信、建昌三府境。又有崖山，接貴溪縣界。南有福水，即盱水下流也，自南城縣流入，北合清江水，又北合石門港水。又北流爲苦竹水，又西流爲臨川縣之汝水。

宜黃府西南。東有宜黃水，下流入汝。南有止馬寺巡檢司。又有上勝巡檢司，廢。

樂安府西南。西北有大盤山，與新淦、永豐二縣界，寶唐水出焉，下流合於臨水。東有芙蓉山，鰲溪水出焉，下流合於贛水。北有龍義、又有望仙二巡檢司。又西北有南平巡檢司，後廢。

東鄉府東。正德七年八月以臨川縣之孝岡置，析金谿、進賢、餘干、安仁四縣地益之。西南有汝水。東北有橫山、西北有古爈二巡檢司，後廢。

吉安府元吉安路，屬江西行省。太祖壬寅年爲府。領縣九。東北距布政司五百九十里。

廬陵倚。北有螺山，南有神岡山，兩山相望，贛江經其下。又北經城東，又北經虎口石，流入峽江縣，爲清江。南有富田、西有井岡、西南有敖城三巡檢司。

泰和府南，少西。元太和州。洪武二年正月改爲泰和縣。東有王山，亦名匡山。贛江在城南，自萬安縣流入，經縣西之牛吼石，而東北入廬陵縣界。又南有雲亭江，一名繒水，源出興國縣，北流至珠林口注於贛江。西有早禾市、東北有花石潭、東南有三顧山三巡檢司。

吉水府東北。元吉水州。洪武二年正月降爲縣。東有東山。北有王嶺。又東北有吉文水，贛水之支流。北有白沙巡檢司，遷縣西北三曲灘上，仍故名。

永豐府東。東有郭山。南有石空嶺，又有恩江，下流入於贛江。東南有層山、南有沙溪、又有表湖三巡檢司。又東北有視田巡檢司，後廢。

安福府西，少北。元安福州。洪武二年正月降爲縣。西有盧蕭山，盧水出焉，經城北，東流與王江合，又東合禾水，至廬陵縣神岡山下入於贛江。南有黃茆巡檢司，治黃陂寨，後遷縣西時礱鎮，西有羅塘巡檢司，治洋澤，後遷江背，俱仍故名。

龍泉府西南。東南有錢塘山。西有石含山。南有遂水，東流入於贛江。西北有北鄉巡檢司。西南有禾源巡檢司，後遷縣西左安司，仍故名。西有秀洲巡檢司，本金田，在縣北，後遷治，更名。

萬安府南。東有蕉源山，產鐵。城西有贛江，江之灘三百里，在縣境者十八灘，皇恐爲最險。又南有皁口江，自贛縣北注於贛江。有造口巡檢司，在縣西南。又東北有灘頭巡檢司。又東南有西平山巡檢司，廢。

永新府西南。元永新州。洪武二年正月降爲縣。東南有義山。西有秋山，一名禾山，禾水出焉，一名永新江，下流至泰和縣入於贛江。東南有上坪寨，西北有栗傳寨、又有禾山寨、又有新安寨四巡檢司。

永寧府西南。北有七溪嶺。西有漿山水，源自湖廣茶陵州界，流經縣南，合於永新縣之禾江。西有升鄉寨巡檢司。西南有礱頭寨巡檢司，尋廢。

臨江府元臨江路，屬江西行省。太祖癸卯年爲府。領縣四。東北距布政司二百七十里。

清江倚。東有閣皁山，亙二百餘里。南有贛江，一名清江，有清江鎮巡檢司。又有袁江，自新喻縣流入，至縣南合焉。西有蕭水，南有淦水，至縣東清江鎮，亦俱合於贛江。西南有太平市巡檢司，廢。

新淦府南。元新淦州。洪武初，降爲縣。西北有離嶺，淦水出焉。又西有清江，又南有象江，有泥江，俱流入於清江。東有杜山巡檢司，後遷藍橋，尋復。

新喻府西。元新喻州，洪武初，降爲縣。西有銅山，舊產銅。北有蒙山。南有渝水，即袁江，潁江水北流入焉。北有水北墟巡檢司。

峽江府南。本新淦縣之峽江巡檢司，嘉靖五年四月改爲縣，析新淦縣六鄉地益之。南有玉笥山，又有贛江，亦名峽江，有黃金水流合焉。

袁州府元袁州路，屬江西行省。太祖庚子年爲府。領縣四。東北距布政司三百九十里。

宜春倚。南有蟠龍山，又有仰山。又秀江在城北，源出萍鄉縣，流經府西，亦曰稠江，卽袁江之上源也。西有黃圃、南有潤富嶺二巡檢司。

分宜府東。東有鍾山峽。西有昌山峽。秀江經兩峽中，入新喻縣境，爲渝水。〔一二〕

萍鄉府西。元萍鄉州。洪武初，降爲縣。東有羅霄山，羅霄水出焉，分二派。東流者爲盧溪水，下流爲秀江，入宜春縣界。西流者入湖廣醴陵縣界，合淥水。〔一三〕又西有萍川水，亦曰楊岐水，〔一三〕西流經縣南，下流合淥水。北有安樂鎭、東南有大安里二巡檢司。又西有草市巡檢司，後遷於插嶺關，仍故名。又西有湘東市。東有盧溪鎭。

萬載府北。北有龍江，下流卽瑞州府之蜀江。東北有康樂水入焉。西有鐵山界巡檢司。又有高村鎭巡檢司，尋廢。

贛州府元贛州路，屬江西行省。太祖乙巳年爲府。領縣十二。西北距布政司一千一百八十里。

贛倚。南有崆峒山，章、貢二水夾山左右，經城之東西。貢水一名東江，自福建長汀縣流入府界。章水一名西江，自湖廣宜章縣流入府界。至城北，合流爲贛江。北有桂源巡檢司，後遷攸鎭。東北有磨刀寨巡檢司，後遷石院舖。南有長洛巡檢司，後遷縣西黃金鎭。俱仍故名。

雩都府東。東北有高沙寶山。又北有雩山，雩水出焉，合寧都、會昌諸水，繞城而西，至贛縣，合於貢水。東北有平頭寨巡檢司。又有印山、又有靑塘二巡檢司，後廢。

信豐府東南。東有桃江，自龍南縣流入，經縣北，爲信豐江，下流入於貢水。東南有新田巡檢司。西有桃枝墟，又有黃田、覃塘，又東有新設四巡檢司，後廢。

興國府東北。北有覆笥山。東北有瀲江，西南流，合雩水入貢江。東有衣錦鄉、東北有迴龍寨二巡檢司。

會昌府東，少南。元會昌州。洪武初，降爲縣。南有四望山，下有羊角水隘。北有湘洪水，卽貢水，西北流，會雩水。南有湘鄉寨、北有承鄉鎭二巡檢司。又西有河口巡檢司，後廢。

安遠府南。元屬寧都州。洪武初，改屬府。西有安遠水，亦曰廉水，流入會昌縣之貢水。又南有三百坑水，下流入廣東龍川縣。西北有板口巡檢司。

寧都府東北。元寧都州。洪武初，降爲縣。西北有金精山。北有梅嶺。南有寧都水，與散水、篔簹、曲陽、黃沙、長樂五水合，又東北有虔化水，下流俱入於雩水。又有梅川水，出梅嶺，下流亦經雩都縣入貢水。東南有下河寨巡檢司。

瑞金府東。元屬會昌州。洪武初，改屬府。東北有陳石山，綿江出焉，流至縣南入貢水，又西入會昌縣，爲湘洪水。西北有瑞林、東北有湖陂二巡檢司。東南有古城鎮，路出福建長汀縣。

龍南府南。元屬寧都州。洪武初，改屬府。西南有冬桃山，桃水出焉，東北流會諸水，至縣北宮山下，與渥、濂二水合爲三江口，又北流爲信豐縣之桃江。有冬桃隘，崇禎初，移定南縣下歷巡檢司駐焉。

石城府東北。元元貞元年十一月屬寧都州。洪武初，改屬府。北有牙梳山。東有霸水，西南合虔化水，入貢江。北有捉殺寨巡檢司，後遷縣西赤江市，仍故名。

定南府東南。隆慶三年三月以龍南縣之蓮蕭鎮置，析安遠、信豐二縣地益之。西北有程嶺，又南有神仙嶺。東有指揮峯。東北有九洲河，下流會於信豐縣之桃江。東北有下歷巡檢司，後遷高砂蓮塘，又遷龍南縣冬桃隘。

長寧府東南。萬曆四年三月以安遠縣之馬蹄岡置，析會昌縣地益之。東南有項山，又南有大帽山，俱接閩、廣境。又東有尋鄔水，流入廣東龍川縣界。西北有黃鄉巡檢司。南有新坪巡檢司，本大墩，後更名。北有雙橋、南有丹竹樓二巡檢司，後廢。

南安府元南安路，屬江西行省。太祖乙巳年爲府。領縣四。東北距布政司一千五百二十里。

大庾倚。西南有大庾嶺，〔一四〕五嶺之一，亦名梅嶺，上有關曰梅關。又有章江，亦曰南江，亦曰橫江，下流與貢水合。西有鬱林鎮巡檢司，治晶都村，後遷浮江隘，又遷黃泥港，東北有赤石嶺巡檢司，治峯山里，後遷小溪城，又遷峯山新城，後遷峯山水西村，俱仍故名。又縣南有水南城，與府城隔江對峙，嘉靖四十年築。西北有新田城。又北有鳳凰城，又西有楊梅城，俱嘉靖四十四年築。又東有九所城，亦嘉靖四十四年築。

南康府東北。西北有禽山，禽水出焉，東流至南壄口入於章江。北有羊嶺山。南有芙蓉江，卽章江。東北有潭口鎭、北有相安鎭二巡檢司。

上猶府東北。元永清縣。洪武初，更名。西有書山，一名太傅山。東有大猶山，猶水出焉，下流至南康縣，入於章江。西有浮龍巡檢司，後遷太傅村，仍故名。

崇義府北。正德十四年三月以上猶縣之崇義里置，析大庾、南康二縣地益之。西南有聶都山。西有桶岡。又有章江，自湖廣宜章縣流入，又有橫水，經縣南，又西南有左溪，下流俱合章江。西北有上保巡檢司，本過步，後遷治，更名。西南有鉛廠巡檢司，本在鉛山，後遷聶都，東南有長龍巡檢司，本治隆平里，後遷縣東北尙德里江頭，俱仍故名。

校勘記

〔一〕元置四川等處行中書省　原脫「行」字，據元史卷六〇地理志補。

〔二〕南有天社山　天社山，原作「天柱山」，據本志眉州彭山縣下、明史稿志二〇地理志、寰宇通志卷六一、明一統志卷六七改。

〔三〕其北有鋸山關　鋸山關，原作「鉅山關」，據明史稿志二〇地理志、寰宇通志卷六三、明一統志卷六八改。

〔四〕西北有胡空關　胡空關，原作「湖空關」，據明史稿志二〇地理志、寰宇通志卷七〇、明一統志卷七〇改。

〔五〕北有羅佐關　羅佐關，原作「羅左關」，據明史稿志二〇地理志、寰宇通志卷六九、明一統志卷七二改。

〔六〕烏撒路　原作「烏蒙路」，據明史稿志二〇地理志、寰宇通志卷六九、明一統志卷七二改。

〔七〕以州治鄨縣省入　鄨縣，原作「棲縣」，據明史稿志二〇地理志、寰宇通志卷六六、明一統志卷七一改。按下文兩見「鄨江」，又有「鄨口」，都作「鄨」不作「棲」。

〔八〕石砫宣慰司　石砫，原作「石柱」，據本書卷二七〇秦良玉傳、又卷三一二石砫宣慰司傳，明史稿志二〇地理志改。本志下注亦作「石砫」。

〔九〕守禦迷易千戶所　迷易，原作「迯易」，據本書卷三一一建昌衞傳附會川衞傳、明史稿志二〇地理志、太祖實錄卷二二三洪武二十五年閏十二月乙未條改。

〔一〇〕南有博陽山古文以爲敷淺原博陽川出焉　博陽山、博陽川，原作「博易山」「博易水」，據明史稿志二一地理志、寰宇通志卷四〇、讀史方輿紀要卷八五改。按書禹貢「過九江至於敷淺原」，僞孔安國傳：「『博陽山』，古文以爲敷淺原。」又按「昜」當爲「陽」字之誤。「昜」，古「陽」字。

〔一一〕爲渝水　渝水，原作「喩水」，據明史稿志二一地理志、明一統志卷五五、讀史方輿紀要卷八七改。

〔一二〕合淥水　淥水，原作「潒水」，據本書卷四四地理志、明史稿志二一地理志、寰宇通志卷五五、明一統志卷六三改。

〔一三〕亦曰楊岐水　楊岐水，原作「陽岐水」，據明史稿志二一地理志、寰宇通志卷三九、明一統志卷五七改。寰宇通志稱：「源發萍鄉縣楊岐山，因名。」

〔一四〕西南有大庾嶺　原脫「大」字，據明史稿志二一地理志、寰宇通志卷四四、明一統志卷五八補。

明史卷四十四

志第二十

地理五

湖廣　浙江

湖廣　禹貢荆、揚、梁、豫四州之域。元置湖廣等處行中書省，治武昌路，又分置湖南道宣慰司治天臨路屬焉。又以襄陽等三路屬河南江北等處行中書省，又分置荆湖北道宣慰司治中興路并屬焉。太祖甲辰年二月平陳理，置湖廣等處行中書省。洪武三年十二月置武昌都衞。與行中書省同治。八年十月改都衞爲湖廣都指揮使司。九年六月改行中書省爲承宣布政使司。領府十五，直隸州二，屬州十七，縣一百有八，宣慰司二，宣撫司四，安撫司五，長官司二十一，蠻夷長官司五。爲里三千四百八十有奇。北至均州，與河南、陝西界。南至九疑，與廣東、廣西界。東至蘄州，與江南、江西界。西至施州，與四川、貴州界。距南京一千七百一十五里，京師五千一百七十里。洪武二十六年編戶七十七萬五千八百五十一，口四百七十萬二千六百六十。弘治四年，戶五十萬四千八百七十，口三百七十八萬一千七百一十四。萬曆六年，戶五十四萬一千三百一十，口四百三十九萬八千七百八十五。

武昌府元武昌路，屬湖廣行省。太祖甲辰年二月爲府。領州一，縣九。

江夏倚。洪武三年四月建楚王府於城內黃龍山。東有黃鵠山，下爲黃鵠磯，臨大江。又南有金水，一名塗水，西流至金口入江，有金口鎭巡檢司。又北有滸黃洲、西南有鮎魚口鎭二巡檢司。

武昌府東。西有樊山，一名西山，產銀銅鐵及紫石英。南有神人山，其下爲白鹿磯。西有西塞山，與大冶縣界。北濱江，中有蘆洲，亦曰羅洲。又西南有樊港，一名樊溪，又名袁溪，匯縣南湖澤凡九十九，北入大江，曰樊口。又東有南湖，一名五丈湖，通大江。東有金子磯鎭、又有赤土磯鎭、西南有白湖鎭三巡檢司。南有金牛鎭、西有三江口鎭二巡檢司，後廢。

嘉魚府西南。西有赤壁山，與江夏縣界。北岸對烏林。西北濱大江，有陸水流入焉，曰陸口，亦曰蒲圻口。〔一〕東北有簰洲鎭、西南有石頭口鎭二巡檢司。

蒲圻府西南。西有蒲首山。南有蒲圻河，卽陸水也。又西有蒲圻湖。西南有新店等湖，下流至嘉魚縣之石頭口，注於大江。西南有羊樓巡檢司。

咸寧府東南。陳友諒時徙治河北。洪武中復還故城，卽今治也。西有淦水，卽金水之別名。

崇陽府南。西有岩頭山。西南有龍泉山。東北有壺頭山，下有壺頭港，亦曰崇陽港，匯雋川西合陸水，又名雋水。

通城府西南。南有錫山，舊產銀錫。北有陸水，自巴陵縣流入。

興國州元興國路，屬湖廣行省。太祖甲辰年二月爲府。洪武九年四月降爲州，以州治永興縣省入，來屬。北有銀山，西有黃姑山，舊俱產銀。南有太平山，與九宮山接。東有大坡山，產茶。東北有大江。東有富池湖，〔二〕亦曰富水，北流注於江，有富池鎭巡檢司。又東北有黃顙口鎭巡檢司。西北距府三百八十里。領縣二。

大冶州西北。北有鐵山，又有白雉山，出銅礦。又東有圍爐山，出鐵。又西南有銅綠山，舊產銅。大江在北。有道士洑巡檢司。

通山州西，少南。東南有九宮山，寶石河出焉，下流合於富水。東有黃泥壠巡檢司。

漢陽府元屬湖廣行省。洪武九年四月降爲州，屬武昌府。十三年五月復爲府，屬湖廣布政司，尋屬河南。二十四年六月還湖廣。領縣二。西北距布政司，隔江僅七里。

漢陽倚。洪武九年四月省。十三年五月復置。大別山在城東北，一名翼際山，又名魯山。漢水自漢川縣流入，舊逕山南襄河口入江。成化初，於縣西郭師口之上決，而東從山北注於大江，卽今之漢口也，有漢口巡檢司。大江自巴陵縣西北接洞庭之水，流入府境，至此與漢水會。又西南有沔水，即漢水支流也，仍合漢入江。又有沌水，大江支流也，自沔陽州流入，仍入大江，謂之沌口，有沌口巡檢司。又有夰水，在大江南岸，至夰口入江。又北有灄水，亦漢水支流也，有淪水流合焉，下流注於大江。又西有太白湖，江北諸水多匯焉。西有蔡店鎮、西南有新灘鎮二巡檢司。又西南有百人磯鎮巡檢司，後遷於東江腦。

漢川府西，少北。元屬漢陽路。洪武九年四月改屬武昌府。十三年五月還屬。南有小別山，一名甑山，又有陽臺山。西南有漢水。東有涓水，自雲夢縣來，南入漢，謂之涓口。北有劉家塥巡檢司。

黃州府元黃州路，屬河南江北行省。太祖甲辰年爲府，屬湖廣行省。九年屬湖廣布政司，尋改屬河南。二十四年六月還屬湖廣。領州一，縣八。西南距布政司百八十里。

黃岡倚。南有故城。洪武初，徙於今治。南濱大江，西北岸有赤鼻磯，非嘉魚之赤壁。西有三江口，其上流水分三派，至此合流。中有新生洲，又有崢嶸洲。東有巴河，西有舉水，俱入於江。江濱西有陽邏鎮、北有團風鎮、又西北有中和鎮三巡檢司。又有鹿城關，有大活關。又東北有陰山關。

麻城府北。東有龜峰山，舉水出焉，流入黃岡縣。東南有長河，又南有縣前河流入焉，下流注於江西。有雙城鎮、鵝籠鎮，東北有虎頭關三巡檢司。又西北有木陵關，在木陵山上。東北有陰山關，在陰山上。又北有黃土關，與木陵、虎頭、白沙、大城爲五關。又西有岐亭鎮，嘉靖五年築城。

黄陂府西。東南濱大江，有武湖自西來，入於江，曰武口，又曰沙武口，亦曰沙洑口。又西有灄水，自漢陽流入江，曰灄口。北有大城潭鎮巡檢司。又北有白沙關，卽麻城五關之一也。

黄安府西北。嘉靖四十二年以麻城縣之姜家畈置，析黄岡、黄陂二縣地益之。東有三角山，接蘄水、羅田、蘄州界。又有東流河，下流出團風口入江。西有西河，又有雙河，合流出灄口，入漢。又北有雙山關巡檢司。西北有金局關，亦曰金山關，與河南羅山縣界。

蘄水府東，少南。元屬蘄州路。洪武九年四月屬蘄州。十一年十月改屬府。西南濱大江。南有浠水，源出英山縣，流經縣境西南入江。又東有蘭溪，東南流入浠水。又北有巴水，源出縣之板石山，流入黄岡縣界。有蘭溪鎮、巴河鎮二巡檢司。

羅田府東北。元屬蘄州路。洪武九年四月屬蘄州。十一年十月改屬府。東南有浠水。西北有平湖水。南有官渡河，亦名縣前河，平湖水流入焉，下流合黄岡縣之巴河，入大江。東北有多雲鎮巡檢司，又有栗子關，又有上岐嶺、中岐嶺、下岐嶺等關。西北又有平湖關。

蘄州元蘄州路，屬河南江北行省。太祖甲辰年爲府。九年四月降爲州，以州治蘄春縣省入，來屬。正統十年，荆王府自江西建昌遷此。東北有百家冶山，產蘄竹。南濱江。東北有蘄水，出大浮山，經州北，匯爲赤東湖，西南流，接蘄水縣界，注於大江。西有茅山鎮、北有大同鎮二巡檢司。西距府二百十里。領縣二。

廣濟州東北。南濱江，江中有中洲。崇禎末，遷治於此，尋復故。又有武山湖、馬口湖皆流通大江。南有武家穴鎭、西南有馬口鎭二巡檢司。

黃梅州東北。東南有礦山，舊產鐵。大江在南，江濱有太子洑。又南有縣前河，由小池口入江。西南有新開口鎭巡檢司，屢圮於江，內徙。又南有靖江觜鎭巡檢司。

承天府元安陸府，屬荆湖北道宣慰司。太祖乙巳年屬湖廣行省。洪武九年四月降爲州，直隸湖廣布政司。二十四年六月改屬河南，未幾還屬。弘治四年，興王府自德安府遷此。嘉靖十年升州爲承天府。十八年建興都留守司於此。領州二，縣五。東南距布政司五百七十里。

鍾祥倚。洪武二十四年建郢王府，永樂十二年除。二十二年建梁王府，正統六年除。元曰長壽縣，元末廢。洪武三年復置。九年四月省入州。嘉靖十年八月復置，更名。東有橫木山，一名靑泥山。北有松林山，興獻王陵寢在焉，嘉靖十年賜名純德山，置顯陵縣於此。明末，縣廢。西濱漢水。北有直河，自隨州流入，有漖水流合焉。又有豐樂水，又東有臼水，俱注於漢水。

京山府東。南有縣河，下流至景陵縣，入漢江。又東北有𣶏河，自隨州流入，至漢川縣入漢江，或謂之富水。

潛江府東南。元屬中興路。洪武十年八月來屬。北有漢水。西北有潛水，卽漢水分流，經縣東南入於漢。又東南有深江，又南有恩江，皆漢水支分也。西南有沱水，爲江水之分流，經縣南，有重湖環繞，又東匯於漢水。

荆門州元治長林縣，屬荆湖北道宣慰司。洪武九年四月改爲縣，省長林縣入焉，屬荆州府。十三年五月復爲州，仍屬荆州府。嘉靖十年八月來屬。東南有章山，卽內方山也。漢水逕其東，亦曰沔水。又西有權水，東南有直江，一名直河，又有陽水，一名建水，皆流入焉。南有荆門守禦千戶所。北有宜陽守禦千戶所。東南有建陽鎮、新城鎮，西北有仙居口，北有樂仙橋四巡檢司。東北距府九十里。領縣一。

當陽州西。元屬荆門州。洪武九年改屬荆州府。十年五月省入荆門縣。十三年五月復置，仍屬州。東南有方城，洪武初移治於此。十三年復故。南有玉泉山，玉泉水出焉。北有沮水，源出房縣，〔三〕逕縣東南，合榕渡，與漳水會，下流至枝江縣，入於大江。北有漳河口巡檢司。

沔陽州元沔陽府，屬荆湖北道宣慰司。洪武九年四月降爲州，以州治玉沙縣省入，直隸湖廣布政司，尋直隸河南。二十四年六月還直隸湖廣。嘉靖十年十二月來屬。東南有黃蓬山，其下爲黃蓬湖。南有大江。北有漢水。東有太白湖，州西十四湖之水悉匯焉，由漢陽縣之沌口入於大江。又南有長夏河，江水支流也，亦曰夏水。西北有襄水，漢水支流也，至州東北瀦口合流，東入於沔水。東有沙鎮、西南有茅鎮二巡檢司。西北距府三百二十五里。領縣一。

景陵州西北。南有沔水。西南有楊水，北注沔，謂之楊口，亦曰中夏口，又曰楊林口。又有中水，流合楊水，曰中口。東有乾鎮巡檢司。

德安府元屬荊湖北道宣慰司。洪武元年十月屬湖廣行省。九年四月降爲州，屬黃州府。十一月屬武昌府。十三年五月復爲府，屬湖廣布政司。二十四年六月改屬河南，未幾還屬。領州一，縣五。東南距布政司四百里。

安陸倚。成化二十三年建興王府。弘治四年遷於安陸州。八年建岐王府，十四年除。正德元年，壽王府自四川保寧府遷此，嘉靖二十四年除。四十年建景王府，四十四年除。洪武初，縣省。十三年五月復置。東有章山，卽豫章山。溳水在城西，俗稱府河，亦曰石潼河，又西有漳水入焉，謂之漳口。南有高嚴鎮巡檢司，後移於隨州之合河店。

雲夢府東南。西南有溳水。東有興安鎮巡檢司，後廢。

應城府西南。洪武九年四月屬黃州府。十年五月省入雲夢縣。十三年五月復置。西北有西河，下流入漢水。又峙山鎮巡檢司亦在西北。

孝感府東南。洪武九年四月屬黃州府。十年五月省入德安州。十三年五月復置。北有澴水，下流入於漢水。南有淪河，自溳河分流至漢陽，合灄水入江。北有小河溪、東南有馬溪河二巡檢司。

隨州　洪武二年正月以州治隨縣省入。九年四月降爲縣，屬黃州府。十年五月省入應山縣。十三年五月復升爲州。西有大溪山，溳水出焉，下流至漢川縣入漢水。又西有大洪山，漳水所出。西北有溠水，源出栲栳山，又有瀫水流入焉。又南有浪水，源出大猿山，下流俱注於溳水。又西北有合河店、東北有出山鎮二巡檢司。東南距府百八十里。領縣一。

應山州東。洪武初省。十三年五月復置。西有鷄頭山，澴水出焉。西南有溳水。東有白泉河，與澴水合，入孝感縣界。西北有杏遮關巡檢司，卽平靖關，義陽三關之一。又西南有平里市巡檢司。又東北有武陽關，一名武勝關，又名禮山關，亦義陽三關之一。

岳州府元岳州路，屬湖廣行省。太祖甲辰年爲府。洪武九年四月降爲州，直隸布政司。十四年正月復爲府。領州一，縣七。東北距布政司五百里。

巴陵倚。洪武九年四月省，十四年復置。西南有巴丘山。又有君山，在洞庭湖中。大江在西北。洞庭湖上納湘、澧二水，自西南來合，謂之三江口。湖之南有青草湖，又西曰赤沙湖，謂之三湖。沅、漸、元、辰、敘、酉、澧、資、湘九水，皆匯於此，故亦名九江。東南有灉湖，亦名翁湖。南有鹿角巡檢司。

臨湘府東北。東南有龍窖山，跨臨湘、通城、當陽、蒲圻四縣界。西南有城陵磯，又有道人磯，皆濱大江，有城陵磯巡檢司。又南有土門鎮、東北有鴨欄磯二巡檢司。

華容府西北。東有東山，又有石門山。大江在北。又有華容河，自大江分流，南達洞庭湖。南有澧水，東流入洞庭湖。西南有赤沙湖，與洞庭湖接。南有明山古樓巡檢司。又東北有黃家穴巡檢司，後移於塔市。北有北河渡巡檢司，後廢。

平江府東南。元平江州。洪武三年降爲縣。北有永寧山。東北有幕阜山。東有汨水，西南流，昌水北流入焉。東北有長壽巡檢司。

澧州元澧州路，屬湖廣行省。太祖甲辰年爲府。九年四月降爲州，以州治澧陽縣省入，屬常德府。三十年三月來屬。元元貞末徙治新城。洪武五年復舊治。東有闞山。西南有大浮山，跨石門、武陵、桃源三縣界。南有澧水，一名蘭江，亦曰繡水。其東有澹水，北有涔水，俱流入焉。東有嘉山鎮巡檢司。東距府二百七十里。領縣三。

安鄉州東南。西有澧水，一名長河。北有涔水。

石門州西。南有澧水。西北有渫水，亦名添平河，自添平所南流入焉。

慈利州西，少南。元慈利州。洪武二年降爲縣。西南有天門山，有檳榔洞，與瑶分界。又西有崇山。又有歷山，澧水出焉，下流至華容縣入於洞庭湖。又西有漊水，源出四川巫山縣，東流合諸溪澗之水，至縣西匯於澧水，亦曰後江。西南有永定衞，洪武中置，二十三年八月徙於永順宣慰司之芋岸坪。西北有龍伏關，東南有後平關、黑崇關，謂之永定三關。所屬曰大庸守禦千户所，本大庸衞，在衞西，洪武九年四月置，三十一年改爲所。曰茅岡長官司，在衞東北，正統中永定衞置。北有九溪衞，洪武二十三年六月置，有九澗、野牛、三江口、閘口四關。所屬曰守禦添平千户所，在衞北，洪武二年置。曰守禦安福千户所，在衞西北，洪武二十三年九月置。曰守禦麻寮千户所，在衞北，洪武四年置。曰桑植安撫司，本桑植、荒溪等處宣撫司，在衞西北，太祖丙午年二月置，後廢，永樂四年十一月改置。

荆州府元中興路，屬荆湖北道。太祖甲辰年九月改爲荆州府，屬湖廣行省。吳元年十月置湖廣分省於此，尋罷。九年屬湖廣布政司，尋改屬河南。二十四年還屬。領州二，縣十一。東距布政司千二百一十里。

江陵倚。洪武十一年正月建湘王府，建文元年四月除。永樂元年，遼王府自遼東廣寧遷於此，隆慶二年十月除。萬曆二十九年十月建惠王府。南濱江。東南有夏水，至沔陽州合於沔水，故沔水亦兼夏水之名。又有陽水，東北至景陵縣，入沔水。又東北有三海，沮、漳水匯流處。北有柞溪。又東有靈溪，亦曰零水，南入江，謂之零口。東北有龍灣市、東南有沙頭市、南有郝穴口、西南有虎渡口四巡檢司。

公安府東南。東北有舊城。今治，崇禎元年所遷。北濱江，西北有油河流入焉，謂之油口，有油口巡檢司。東北有夏水。

石首府東南。元末，治楚望山北。洪武中，徙繡林山左，本宋時舊治也。北濱江，江中有石首山。又東有焦山，下有港，通洞庭湖。有調弦口巡檢司。

監利府東，少南。南濱江。東南有魯洑江，亦曰夏水，自大江分流，下至沔陽州入沔。又西有涌水，南入江，謂之涌口。又東有瓦子灣、西有窖所、南有白螺磯、北有毛家口、又有分鹽所五巡檢司。

松滋府西南。西南有巴山。北濱大江。南有紅崖子巡檢司。又有西坪塞巡檢司，後廢。

枝江府西。洪武十年五月省入松滋縣。十三年五月復置。北濱大江，江中有百里洲，江水經此而分，故曰枝江。北有沮水，南入江，謂之沮口。

夷陵州元峽州路，屬荆湖北道宣慰司。太祖甲辰年爲府。九月降爲州，直隸湖廣行省。九年四月改州名夷陵，以州治夷陵縣省入，來屬。大江在南。西北有關曰下牢關，夾江爲險。又有西陵、明月、黄牛三峽，峽中有使君、虎頭、狼尾、鹿角等灘，皆江流至險處也。西北有赤谿，東合大江。南有南津口巡檢司。又東有金竹坪巡檢司，後廢。又西有西津關。東北有白虎關。東距府三百四十里。領縣三。

長陽州西南。東南有清江。西有舊關堡、西南有蹇家園、南有漁洋關三巡檢司。南有古捍關。西有梅子八關。

宜都州東南。西北有荆門山，下臨大江，其對岸卽虎牙山也。又西有清江，東流合大江，有清江口巡檢司。又西北有古江關、東北有普通鎭二巡檢司。

遠安州東北。舊治亭子山下。成化四年遷於東莊坪。崇禎十三年又遷鳳凰山麓，卽今治也。東北有沮水。

歸州元治秭歸縣，直隸湖廣行省。洪武九年四月廢州入秭歸縣，屬夷陵州。十年二月改縣名長寧。十三年五月復改縣爲歸州。舊治江北，後治白沙南浦。洪武初，徙治丹陽。四年徙長寧，在江南楚王臺下。嘉靖四十年復還江北舊治。東有馬肝、白狗、空舲等峽。大江在州北，經峽中，入夷陵界。其西有叱灘、蓮花灘、新灘，皆濱江。西北有牛口巡檢司，後遷於巴東縣利洲。東南有南邏口巡檢司，後遷於新灘。東距府五百二十里。領縣二。

興山州西北。洪武九年改屬夷陵州，後還屬。正統九年三月省入州。弘治三年五月復置。南有香溪，亦曰縣前河，南流入江。東北有高雞寨巡檢司。〔四〕又東有桑林坪巡檢司，後廢。又北有猫兒關，達鄖、襄。

巴東州西。元屬歸州。洪武九年改屬夷陵州。隆慶四年還屬。北濱大江，自四川巫山縣流入，東經門扇、東奔、破石，謂之巴東三峽，下流至黃梅縣入南直宿松縣界。又南有清江，一名夷水，自四川建始縣流入，下流入於大江。又北有鹽井。西南有連天關巡檢司。南有野山關巡檢司，本治石柱，隆慶四年更名。

襄陽府元襄陽路，屬河南江北行省。太祖甲辰年爲府，屬湖廣行省。九年屬湖廣布政司。二十四年六月改屬河南，未幾，還屬湖廣。領州一，縣六。東南距布政司六百八十里。

襄陽倚。正統元年，襄王府自長沙遷此。南有虎頭山，又有峴山。東南有鹿門山。又西有隆中山。漢水在城北，亦曰襄江。白河在城東北，與唐河合，南入漢，謂之白河口，亦曰三州口。又西北有青泥河，南有浮河，西南有檀溪，下流皆入於漢。北有樊城，有樊城關巡檢司，後移於縣東北之柳樹頭。又東北有雙溝口巡檢司。又西有油坊灘巡檢司，嘉靖十九年移於縣西北之北泰山廟鎮。

宜城府東南。東有漢水。西有蠻水，亦曰夷水，源出房縣，流至縣界，入漢水，其支流曰長渠。又有沶水，自漢中流入，合於蠻水，謂之沶口。又有疎水，在縣東北，自南漳縣流入，注漢，謂之疎口。

南漳府西南。西北有荆山。南有蠻水，又有沮水，又有漳河，流入當陽縣，合於沮水。東有方家堰、西南有金厢坪二巡檢司。又西有七里頭巡檢司，後移於保康縣之常平堡。

棗陽府東北。洪武十年五月省入宜城縣，後復置。東南有白水，南有滾水流合焉，西注於沔水，此縣內之白水也。又西南有滾河，流入襄陽之白河。東北有鹿頭店巡檢司。

穀城府西，少北。東北有漢水，又有均水流入焉，謂之均口。又有筑水，經縣治東南，注於漢水，曰筑口。西有石花街巡檢司。

光化府西北。洪武十年省入穀城縣。十三年五月復置。舊治在西。隆慶末，改建於阜城衛，卽今治也。東有馬窟山。北有漢水。東有白河，卽清水，自河南新野縣流入，有泌河流合焉。西北有左旗營巡檢司，萬曆中，徙於縣舊城。

均州洪武二年七月以州治武當縣省入。南有武當山，永樂中，尊爲太嶽太和山。山有二十七峰、三十六巖、二十四澗。北有漢江，一名滄浪水。東北有均水，自河南淅川縣流入。又東南有黑虎廟巡檢司。東南距府三百九十里。

鄖陽府成化十二年十二月置。領縣七。又置湖廣行都指揮使司於此。衞所俱無實土。東南距布政司千二百里。

鄖倚。元屬均州。成化十二年置鄖陽府，治此。漢水在南。東南有龍門山，龍門河出焉，下流入於漢水。西北有青桐關。東北有雷峰、埡鎮二巡檢司。

房府南，少西。元房州，屬襄陽路。洪武十年五月以州治房陵縣省入，又降州爲縣，仍屬襄陽府。成化十二年十二月來屬。西南有景山，一名雁山，沮水出焉，流入遠安縣界。又南有粉水，亦曰彭水，又有筑水，俱流入穀城縣，注漢。西南有板橋山巡檢司，後移於縣東南之博磨坪。

竹山府西南。元屬房州。洪武十年五月省入房縣。十三年五月復置，屬襄陽府。成化十二年十二月來屬。東有方城山。西有筑山，筑水出焉，流入房縣界。又有上庸山，上庸水所出，南合孔陽水，下流入漢。又南有堵水，源出陝西平利縣界，東流入漢。西北有黃茅關、吉陽關二巡檢司。

竹谿府西南。本竹山縣之尹店巡檢司，成化十二年十二月改置縣，而移巡檢司於縣東之縣河鎮，尋又遷巡檢司於白土關。南有竹谿河。

上津府西北。洪武初置，屬襄陽府。十年五月省入鄖陽。十三年五月復置，仍屬襄陽府。成化十二年十二月來屬。西有十八盤山，又有吉水，西南流入漢，俗謂之夾河。南有江口鎮巡檢司。

鄖西府西北。成化十二年十二月以鄖縣之南門保置。南有漢江，自陝西白河縣流入，下流至漢陽縣入於江。

保康府東南。弘治十年十一月以房縣之潭頭坪置。北有粉水。東南有常平堡，嘉靖十九年移南漳縣之七里頭巡檢司於此。

長沙府元天臨路，屬湖南道宣慰司。太祖甲辰年爲潭州府。洪武五年六月更名長沙。領州一，縣十一。東北距布政司八百八十里。

長沙倚。治西北。洪武三年四月建潭王府，二十三年除。永樂元年，谷王府自北直宣府遷於此，十五年除。二十二年建襄王府，正統元年遷於襄陽。天順元年三月建吉王府。縣舊治城外，洪武初，徙城中。十八年復徙北門外。萬曆二十四年徙朝宗門內。西有湘水，源出廣西興安縣，流入境，合瀟水、烝水北流，環府城，東北出至湘陰縣，達青草湖，注洞庭湖，行二千五百餘里。北有瀏陽水，西流入湘，謂之瀏口。又有麻溪，流入湘水，曰麻溪口。又西北有喬口巡檢司，喬江與濱江合流處。

善化倚。治東南。舊治在城外，洪武四年徙於城中。十年五月省入長沙縣。十三年五月復置，治在南門外。成化十八年仍徙城中。西南有嶽麓山，湘江繞其東麓。又有靳江，流入湘江。西有橘洲，在湘江中。南有暮雲市巡檢司。

湘陰府北。元湘陰州。洪武初，降爲縣。北有黃陵山。西有湘水，北達青草湖，謂之湘口。湖在縣北，與洞庭連，亦曰重湖。南有哀江。又北有汨羅江，汨水自平江縣流入，分流爲羅水，會於屈潭，西流注湘，謂之汨羅口。西北有營田巡檢司。

湘潭府西南。元湘潭州。洪武三年三月降爲縣。東有昭山，下有昭潭。西有湘水，西南有涓水流入焉。南有下灄市巡檢司。

瀏陽府東。元瀏陽州。洪武二年降爲縣。北有道吾山。東北有大光山。又有大圍山，瀏水出焉，經縣南，入長沙縣界，曰瀏陽水。東南有渠城界、梅子園二巡檢司。又有翟家寨巡檢司，後廢。

醴陵府東南。元醴陵州。洪武二年降爲縣。南有淥水，亦曰漉水，西北注於湘水，有淥口巡檢司。

寧鄉府西。西有大潙山。北有資江，源出綏寧縣，經此入沅江縣界，注洞庭。

益陽府西北。元益陽州。洪武初，降爲縣。西南有資江，亦曰益水。東有畬江，資江之分流也，下流復合於資江。

湘鄉府西南。元湘鄉州。太祖甲辰年降爲縣。西有龍山，漣水出焉，經縣東南，下流入於湘水。又西有涓水，南有豐溪水，俱入於漣水。西南有武障市巡檢司。又有永豐市、虞磨市二巡檢司，後廢。

攸府南，少東。元攸州。洪武三年三月降爲縣。南有司空山。東有攸水，自江西安福縣流入，東南有洣水流合焉，下流至衡山縣，入於湘水。南有鳳嶺巡檢司，後廢。

安化府西。東有浮泥山，有大峰山。西北有辰山。西有資江。又南有善溪，自武陵縣流注於資江。

茶陵州元直隸湖南道。太祖甲辰年降爲縣。成化十八年十月復爲州。西有雲陽山。西北有洣水，自酃縣流入。又東南有茶水，源出江西永新縣之景陽山，西流來合焉，北入攸縣之攸水。東有覘渡口巡檢司。北距府四百五十里。

常德府元常德路，屬湖廣行省。太祖甲辰年爲府。領縣四。東北距布政司一千零五十里。

武陵倚。弘治四年八月建榮王府。東南有善德山。南有沅水，又有朗水流入焉，謂之朗口。又東北有漸水，即鼎水也，自九溪衞流入。

桃源府西。元桃源州。洪武二年降爲縣。西有壺頭山，接武陵、沅陵界。南有沅水，東有朗溪，西南有泥溪，俱流入焉。又西南有高都巡檢司。又南有白馬巡檢司，本名蘇溪，治縣東後春村，尋徙，更名，後廢。

龍陽府東，少南。元龍陽州。洪武三年三月降爲縣。舊治在東，今治景泰元年十二月所徙。東有軍山。北有沅水，東北有鼎水流入焉，謂之鼎口，有鼎港口巡檢司。又東南有赤沙湖，一名鼇湖。又西北有小江口巡檢司。

沅江府東南。元屬龍陽州。洪武三年，州廢，來屬。十年五月省入龍陽縣。十三年五月復置。西南有沅水。又有澬水、澧水，並流入縣境，至縣東北，入洞庭湖。

衡州府元衡州路，屬湖南道宣慰司。太祖甲辰年爲府。領州一，縣九。東北距布政司一千三百里。

衡陽倚。弘治十二年，雍王府自四川保寧府遷此，正德二年除。萬曆二十九年十月建桂王府。南有回雁峰，北有岣嶁峰。衡山之峰七十二，在縣者凡七，而二峰最著。東有湘水，又有烝水自西南流入焉，謂之烝口。又東北有耒水，注湘，謂之耒口。又東有酃湖。又東有新城縣，元末置。洪武十年五月省爲新城市，江東巡檢司治此。西南有松柏市巡檢司。

衡山府東北。元屬天臨路。洪武間改屬。西有衡山，有七十二峯、十洞、十五巖、三十八泉、二十五溪、九池、九潭、九井，而峰之最大者曰祝融、紫蓋、雲密、石廩、天柱，惟祝融爲最高。東有湘江。東南有茶陵江，卽洣水也，自攸縣合攸水流入境，注於湘，曰茶陵口。東有草市、東南有雷家埠二巡檢司。

耒陽府東南。元耒陽州，直隸湖南道。洪武三年三月降爲縣。耒水在北。東有侯計山，肥水出焉，西南入耒水。又西南有羅渡巡檢司。

常寧府南。元常寧州，直隸湖南道。洪武三年三月降爲縣。西北有湘水，東有舂陵水合焉。

安仁府東，少北。西有楊梅峯。南有小江水，自郴州流入，西北流至衡山縣，合於洣水。南有安平、北有潭湖二巡檢司。

酃府東。洣水在縣東，源出洣泉，西有雲秋水流合焉。

桂陽州元桂陽路，治平陽縣，屬湖南道宣慰司。洪武元年爲府。九年四月降爲縣，省平陽縣入焉。十三年五月升爲州。西有大湊山。南有晉嶺山。北有潭流嶺。舊皆產銀鉛砂礦。西有藍山。西北有舂陵水，又西有歸水流合焉。北有泗州寨、南有牛橋鎭二巡檢司。西北距府三百里。領縣三。

臨武州南。西北有舜峰山。西有西山，武水出焉，經宜章縣合於章水。〔五〕東北有兩路口巡檢司。又東有赤土巡檢司，後廢。

藍山州西南。舊治在縣北，洪武元年徙於此，屬郴州。二年來屬。南有黃櫱山。東南有華陰山。西南有九疑山，山有杞林峰，𪊧水出焉，亦名舜水，北流合舂陵水。又西有守禦寧溪千戶所，洪武二十九年三月置。東有毛俊鎮、北有乾溪鎮、西南有大橋鎮三巡檢司。又西有小山堡、張家陂二巡檢司，後廢。

嘉禾州西南。崇禎十二年以桂陽州之倉禾堡置，析臨武縣地益之。東南有𪊧水，自藍山縣流入，北經石門山，又東北入州界。

永州府元永州路，屬湖南道宣慰司。洪武元年爲府。領州一，縣七。東北距布政司千八百二十里。

零陵倚。北有湘水，經城西，瀟水自南來合焉，謂之湘口，有湘口關。又南有永水，源出縣西南之永山，北流入於湘水。北有黃楊堡巡檢司，本高溪市，隆慶元年徙治，更名。

祁陽府東北。舊治在縣西，景泰元年十二月徙於今治。北有祁山，上有黃羆鎮。〔六〕西北有四望山。西有湘水。又城北有祁水，源出邵陽縣，東北流入焉。南有浯溪，下流亦入湘水。又東有歸陽市、東南有白水市、西北有水隆太平市三巡檢司。又東北有湘江市巡檢司，後移於縣東北之排山。

東安府西北。八十四渡山在縣東。又東南有湘水，自廣西全州流入。又有盧洪江，源出縣北九龍巖，經城東，下流入湘水。有盧洪市巡檢司。又有結陂市巡檢司，後廢。

道州元道州路，屬湖南宣慰司。洪武元年爲府。九年四月復降爲州，以州治營道縣省入，來屬。西有營山，營水出焉，至泥江，與江華縣之沲水合。東有瀟江，至靑口，合於沲水。又西有濂溪，源出州西安定山下，東北合宜水，謂之龍灘，下流俱入湘水。北距府百五十里。領縣四。

寧遠州東，少北。南有九疑山，介衡、永、郴、道之間。山有朱明峰，瀟水出焉。又南有舜源水，北流與江華縣沲、瀟二水合爲三江口。南有九疑、魯觀巡檢司，在九疑、魯觀二峒口。

江華州南。東南有故城。今治本寧遠衞右千戶所，洪武二十八年置。天順六年徙縣來同治。西有白芒嶺，即萌渚嶺，五嶺之第四嶺也。東有沲水，源出九疑山之石城、娥皇二峰，下流合於瀟水。又東南有砯水，源出九疑山之女英峰，流合沲水。又東有守禦錦田千戶所，洪武二十九年置。又有錦田巡檢司。又西南有錦岡巡檢司，又有濤墟市巡檢司，後移於寧遠縣之九疑、魯觀。

永明州西，少南。北有永明嶺，即都龐嶺，五嶺之第三嶺也。南有潕水，自廣西富川縣流入，下流注於瀟水。東南有枇杷守禦千戶所，西南有桃川守禦千戶所，俱洪武二十九年置。又有桃川市巡檢司。又西南有白面墟巡檢司。

新田州東北。崇禎十二年以寧遠縣之新田堡置。西北有舂陵山，與寧遠縣界，舂陵水出焉，下流至常寧縣，合於湘水。東南有白面寨巡檢司。

寶慶府元寶慶路，屬湖南道宣慰司。洪武元年爲府。領州一，縣四。東北距布政司千二百五十里。

邵陽倚。南有高霞山。東有烝水。又北有資水，邵水自東流合焉，有五十三灘，又有四十八灘，皆資水所經。西北有龍回巡檢司。又北有巨口關。東北有白馬關。

新化府北。南有上梅山，其下梅山在安化縣境。東南有資水。西南有長鄄巡檢司，尋廢。又北有蘇溪巡檢司。

城步府西南。本武岡州之城步巡檢司。弘治十七年改置縣，析綏寧縣地益之，而遷巡檢司於縣東北之茅坪舖，尋又遷山口，後廢。東南有羅漢山，又有巫水，下流入於資水。

武岡州元武岡路，屬湖南道宣慰司。洪武元年爲府。九年四月降爲州，以州治武岡縣省入，來屬。永樂二十二年，岷王府自雲南遷於此。北有武岡山。南有雲山。又有資水，西南有都梁水，東北流入焉。北有蓼溪隘、峽口鎮，南有石門隘，東有紫陽關四巡檢司。東有石羊關。東距府二百八十里。領縣一。

新寧州東南。舊治在縣東。景泰二年移於沙洲原。南有夫夷水，北流合都梁水。東南有靖位、西有新寨二巡檢司。

辰州府元辰州路，屬湖廣行省。太祖甲辰年爲府。領州一，縣六。東北距布政司千七百里。

沅陵倚。西北有大酉山、小酉山。東有壺頭山。西南有沅水，辰水自東北流入焉。又東有百曳、高湧、九磯、清浪等灘。又酉水在西北，東南入沅水。東有大剌、西北有明溪、又有會溪、東北有池蓬四巡檢司。又有高巖巡檢司，後廢。

盧溪府西，少南。南有沅水。西有武溪，卽潕溪也，下流合於沅水。又西有鎭溪軍民千戶所，洪武三十年二月置。又南有溪洞巡檢司。又西有河溪、西南有院場坪二巡檢司，後廢。

辰溪府西南。東南有五城山。西北有沅水。西有辰水。又東有渡口鎭、南有晉市鎭二巡檢司，後廢。

漵浦府東南。東有紅旗洞。西有漵水，下流入沅水。南有龍潭、東北有鎭寧二巡檢司。

沅州元沅州路，直隸湖廣行省。太祖甲辰年爲府。九年四月降爲州，以州治盧陽縣省入，來屬。北有明山。南有沅江，其源出四川遵義縣，下流至沅江縣，入洞庭湖。西有舞水，卽无水也，流入於沅水。西有晃州巡檢司。又西南有西關渡口巡檢司，後廢。東北距府二百七十里。領縣二。

黔陽州東南。東南有羅公山。南有雙石崖，一名屏風崖。景泰中，築寨置戍於此，名安江雙崖城。北有沅水。又東有洪江，西有郎江，南有黔江，俱流入焉。東有安江巡檢司。又西有托口寨。東有洪江寨。

麻陽州北，少西。東有包茅山。西有蠟爾山，與保靖司及四川、貴州界，諸苗蠻在山下者凡七十四寨。南有辰水，自貴州銅仁府流入。西有錦水，下流入於辰州。東北有巖門巡檢司。

郴州元郴州路，屬湖南道宣慰司。洪武元年爲府。九年四月降爲州，以州治郴陽縣省入，直隸布政司。南有黃岑山，與宜章縣界，亦曰騎田嶺，五嶺之第二嶺也，其支嶺曰摺嶺。又東北有雲秋山，與酃縣界，雲秋水出焉。東有郴水，發源黃岑山，流合桂陽縣之耒水，下流入於湘水。又西南有桂水，下流合於耒水。西南有石陂巡檢司。領縣五。北距布政司千八百八十里。

永興州北，少西。東南有土富山，舊有銀井。西有高亭山。東有郴水，又有白豹水，自西南流入焉，謂之森口。西有高亭、北有安福二巡檢司。

宜章州南。西南有莽山。東有漏天山。北有章水，支流曰小章水，源俱出黃岑山，有武水自西來合焉，下流入江西崇義縣界。東有赤石、南有白沙二巡檢司。

興寧州東北。南有耒水，東南有資興水流合焉。東有州門巡檢司。東南有滁口巡檢司，後移於西南之黃家洞。

桂陽州西南。南有耒山，耒水所出，西北會於郴水。又東有孤山水，流入江西崇義縣，達於贛水。東有守禦廣安千戶所，洪武二十九年三月置，後廢。宣德八年六月復置。東有益將、西有鎮安、南有長樂山口、北有濠村四巡檢司。

桂東州東。西北有小桂山，桂水所出，南有漚江來合焉。又南有高分嶺巡檢司。

靖州元靖州路，直隸湖廣行省。太祖乙巳年七月爲靖州軍民安撫司。元年降爲州。三年升爲府。九年四月復降爲州，以州治永平縣省入，[七]直隸布政司。南有侍郎山，與廣西融縣分界。東有渠水，下流合會同縣之郎江而入沅水。西有零溪巡檢司。領縣四。東北距布政司千八百五十里。

會同州東北。西有沅水，又西南有郎水，自貴州黎平府流入，又東有雄溪，一名洪江，下流俱入於沅水。南有若水巡檢司。

通道州南。洪武十年五月省入州。十三年五月復置。北有福湖山。西有渠水，西北有播揚河，自貴州黎平府流合焉。有播揚巡檢司。又西南有收溪寨巡檢司。

綏寧州東。元屬武岡路。洪武元年屬武岡府。三年來屬。東有雙溪，卽城步縣巫水之下流也。東北有青坡巡檢司，後移於武陽。西南有臨口巡檢司。

天柱州西北。本天柱守禦千戶所，洪武二十五年五月置。萬曆二十五年改爲縣，析綏寧、會同二縣地益之。崇禎十年東遷龍塘，名龍塘縣。後東遷雷寨。後還舊治，復故名。東有沅水。西北有屯鎭汶溪後千戶所，洪武二十三年置。東有鎭遠巡檢司，後移上新市，又有江東巡檢司。

施州衞軍民指揮使司元施州，屬四川行省夔州路。洪武初省。十四年五月復置，屬夔州府。六月兼置施州衞軍民指揮使司，屬四川都司。十二月屬湖廣都司。後州廢，存衞。北有都亭山。東有連珠山，五峰關在山下。又東南有東門山。東北有淸江，自四川黔江縣流入，一名夷水，亦曰黔江，衞境諸水皆入焉，下流至宜都縣入於大江。領所一，宣撫司四，安撫司九，長官司十三，蠻夷官司五。東北距布政司千七百里。

大田軍民千戶所　洪武二十三年閏四月以散毛宣撫司之大水田置。東有小關山。西南有萬頃湖，與酉陽界。又南有深溪關。北有硝場，產硝。東北距衛二百二十里。

施南宣撫司元施南道宣慰司。洪武四年十二月因之，後廢。十六年十一月復置，〔八〕屬施州衞。二十七年後，復廢。永樂二年五月改置長官司，屬大田軍民千戶所。四年三月升宣撫司，仍屬衞。東有舊治。後遷夾壁龍孔，即今治也。西有前江，發源七藥山，西南流與後江合，入四川彭水縣界。北距衞一百里。領安撫司五。

東鄉五路安撫司元東鄉五路軍民府。洪武四年十二月改置長官司，後升安撫司。領長官司三，蠻夷官司二。

搖把峒長官司元又把峒安撫司，後廢。宣德三年五月改置。

上愛茶峒長官司

下愛茶峒長官司二長官司俱元容美洞地。至大二年置懷德府，屬四川南道宣慰司。至順二年正月升宣撫司。至正中，升軍民宣慰司。太祖甲辰年六月改軍民宣撫司，後廢。宣德三年五月改置。

鎮遠蠻夷官司宣德三年五月置。

隆奉蠻夷官司元隆奉宣撫司。洪武四年十二月改長官司，後廢。宣德三年五月改置官司。

忠路安撫司明玉珍忠路宣撫司。洪武四年改安撫司，二十三年廢。永樂五年復置，領長官司一。

劍南長官司宣德三年五月置。

忠孝安撫司元置。洪武四年十二月改置長官司，尋復故。二十三年廢。永樂五年復置。

金峒安撫司元置。洪武四年十二月改長官司。永樂五年復故。宣德三年五月領蠻夷官司一。隆慶五年正月降爲峒長。

西坪蠻夷官司〔九〕宣德三年五月置。

中峒安撫司嘉靖初置。

散毛宣撫司元至元三十年四月置散毛洞蠻夷官。三十一年五月升爲府，屬四川行省。至正六年七月改散毛誓厓等處軍民宣慰司。明玉珍改散毛宣慰使司都元帥。洪武七年五月改散毛沿邊宣慰司，屬四川重慶衞。二十三年廢。永樂二年五月置散毛長官司，屬大田軍民千戶所。四年三月升宣撫司，屬施州衞。南有白水河，一名酉溪，自忠建宣撫司流入，又東南入永順司界。東北距衞二百五十里。領安撫司二。

龍潭安撫司元龍潭宣撫司。明玉珍改長官司。洪武八年十二月改龍潭安撫司，屬四川重慶衞。二十三年廢。永樂四年三月復置，來屬。南有清江。

大旺安撫司明玉珍大旺宣撫司。洪武八年十二月因之，屬四川。永樂五年改置，領蠻夷官司二。

東流蠻夷官司洪武八年十二月置東流安撫司，屬四川，後廢。宣德三年五月改置，來屬。

臘壁峒蠻夷官司宣德三年五月置。

忠建宣撫司元忠建軍民都元帥府。明玉珍因之。洪武五年正月改長官司。六年升宣撫司。二十七年四月改安撫司，尋廢。永樂四年復置宣撫司，屬施州衞。南有白水河，源出將軍山，西南流，東東河自容美司來合焉。北距衞二百五十里。領安撫司二。

忠峒安撫司元湖南鎭邊宣慰司。明玉珍改沿邊溪洞宣撫司。洪武五年正月改沿邊溪洞長官司，後廢。永樂四年改置。西南有西溪。

高羅安撫司元高羅宣撫司。明玉珍改安撫司。洪武六年廢。永樂四年三月復置。領長官司一。

　忠南長官司成化後置。

容美宣撫司元容美等處宣撫司，屬四川行省。太祖丙午年二月因之。吳元年正月改黃沙靖安麻寮等處軍民宣撫司。洪武五年二月改置長官司。七年十一月升宣慰司，後廢。永樂四年復置宣撫司，屬施州衞。〔一〇〕西南有山河，即澧水之上源，東入九溪衞界。西北距衞二百十里。領長官司五。

　盤順長官司元元統二年正月置盤順府。至正十五年四月升軍民安撫司。洪武五年三月改爲長官司。

　椒山瑪瑙長官司

　五峰石寶長官司

　石梁下峒長官司

　水盡源通塔平長官司四長官司，俱洪武七年十一月置，十四年廢。永樂五年復置。

木册長官司元木册安撫司。明玉珍改長官司。洪武四年廢。永樂四年三月復置，屬高羅安撫司。宣德九年六月直隸施州衞。

鎭南長官司元宣化鎭南五路軍民府，尋改湖南鎭邊毛嶺峒宣慰司。明玉珍改鎭南宣撫司。太祖丙午年二月因之，尋廢。洪武八年二月復置，屬施州衞。二十三年復廢。永樂五年改置，直隸施州衞。有西溪。

唐崖長官司元唐崖軍民千戶所。明玉珍改安撫司。洪武七年四月改長官司，後廢。永樂四年三月復置，直隸施州衞。南有黔水，卽淸江之上源。

永順軍民宣慰使司元至元中，置永順路，後改永順保靖南渭安撫司。至大三年四月改永順等處軍民安撫司。至正十一年四月升宣撫司，屬四川行省。洪武二年爲州。十二月置永順軍民安撫司。六年十二月升軍民宣慰使司，屬湖廣行省，尋改屬都司。西南有水溪，卽酉水也，下流入沅陵縣界。領州三，長官司六。東北距布政司二千里。

南渭州司西。元屬新添葛蠻安撫司，後廢。洪武二年復置，改屬。

施溶州司東南。元會溪施溶等處長官司，屬思州軍民安撫司，後廢。洪武二年改置，來屬。

上溪州司西。洪武二年置。

臈惹洞長官司

麥著黃洞長官司

驢遲洞長官司

施溶溪長官司四長官司，元俱屬思州軍民安撫司。洪武三年改屬。

白崖洞長官司元屬新添葛蠻安撫司。洪武三年改屬。

田家洞長官司洪武三年置。

保靖州軍民宣慰使司元保靖州，屬新添葛蠻安撫司。太祖丙午年二月置保靖州軍民安撫司。洪武元年九月改宣慰司。六年十二月升軍民宣慰使司，直隸湖廣行省，尋改屬都司。北有北河，自酉陽司流入，東入永順司界。又有峒河，下流與盧溪縣之武溪合。領長官司二。東北距布政司千九百七十里。

五寨長官司司南。元置。洪武七年六月因之。

筸子坪長官司司南。太祖甲辰年六月置筸子坪洞元帥府，後廢。永樂三年七月改置。

浙江　禹貢揚州之域。元置江浙等處行中書省，治杭州路，又分置浙東道宣慰使司，治慶元路，屬焉。太祖戊戌年十二月置中書分省。治寧越府。癸卯年二月移治嚴州府。丙午年十二月罷分省，置浙江等處行中書省。治杭州府。洪武三年十二月置杭州都衞。與行中書省同治。八年十月改都衞爲浙江都指揮使司。九年六月改行中書省爲承宣布政使司。領府十一，屬州一，縣七十五。爲里一萬零八百九十九。西至開化，與江南界。南至平陽，與福建界。北至太湖，與江南界。東至海。距南京九百里，京師三千二百里。〔三〕洪武二十六年編戶二百一十三萬八千二百二十五，〔三〕口一千四十八萬七千五百六十七。弘治四年，戶一百五十萬三千一百二十四，口五百三十萬五千八百四十三。萬曆六年，戶一百五十四萬二千四百八，口五百一十五萬三千五。

杭州府元杭州路，屬江浙行省。太祖丙午年十一月爲府。領縣九。

錢塘倚。洪武三年四月建吳王府。十一年正月改封周王，遷河南開封府。南有鳳凰山，有秦望山。西南有靈隱山。南有錢塘江，亦曰浙江，有三源：曰新安江，出南直歙縣；曰信安江，出開化縣；曰東陽江，出東陽縣。匯而東爲錢塘江，至會稽縣三江海口入海。西有西湖，源出武林泉。又北有運河，至秀水縣北，而接南直運河。又有安溪，卽苕溪也，自餘杭縣流入，下流至烏程縣東北，注於太湖。

仁和倚。東北有皐亭山，有臨平山，下有臨平湖，後塞。北有北新關，成化中設戶部分司於此。又有塘棲鎮。

海寧府東，少北。元海寧州。洪武二年降爲縣。南濱海，有捍海塘。西南有赭山，與蕭山縣龕山相對，浙江經其中，東接大海，謂之海門。東南有石墩鎮巡檢司，本置縣東北硤石鎮，後遷於此，更名。西南有赭山鎮巡檢司，本置縣西陳橋北，尋遷赭山，更名，又遷文堂山上，仍故名。又西北有長安鎮。

富陽府西。東有觀山。西南有湖洑山。東南臨富春江，卽錢塘江也。西南有東梓巡檢司，後廢。

餘杭府西北。西南有大滌山。西北有徑山。南有苕溪，源出於潛縣天目山。東北有石瀨巡檢司，後廢。

臨安府西。舊治在縣西西墅鎮。洪武初徙於今所，本吳越衣錦軍也。西有天目山，亦曰東天目，其在於潛境者爲西天目。西北有南溪，卽東苕溪也，源出天目山，經縣南，亦曰新溪。

於潛府西。北有天目山，浮溪出焉。縣南爲紫溪，下流至桐廬縣入浙江。

新城府西南。西有葛溪，又東北有松溪合焉，至峴口入於浙江。

昌化府西。東南有柳相山。南有銅坑山。西北有千頃山。西有昱嶺，上有關。又西北有黃花嶺，上亦有關。東南有柳溪，東流合於於潛之紫溪。又有雙溪，自縣治南流入柳溪。西有手寧嶺巡檢司，遷縣西南株柳村，又遷縣西湛村，又遷楊家塘，仍故名。

嚴州府元建德路，屬江浙行省。太祖戊戌年三月爲建安府，尋曰建德府。壬寅年二月改曰嚴州府。

領縣六。東北距布政司二百七十里。

建德倚。北有烏龍山。西有銅官山。又新安江自淳安縣流入，經城南，東陽江自西南來合焉。又東北有胥溪，來入江，謂之胥口，亦曰建德江。東有管界巡檢司。

桐廬府東北。西有富春山，一名嚴陵山。桐江在南，卽浙江也，亦曰睦江。自建德縣流入，經富春山之釣臺下，曰七里瀨，又東經桐君山下，曰桐江。有桐溪自縣東北流入焉，謂之桐江口，其上源卽分水縣之天目溪也。有桐江巡檢司，後遷桐君山，又遷窄溪埠。

淳安府西。南有雲濛山。西有都督山，又有威平洞，亦曰青溪洞，又名幫源洞。南有新安江，自南直歙縣流入，亦曰青溪。西有街口、又有永平、南有港口三巡檢司，後廢。東有錦溪關，嘉靖中置。

遂安府西，少南。西有武强溪，有雙溪流合焉，曰三渡口，經城南，東北注於淳安之青溪。南有鳳林巡檢司，後廢。

壽昌府西南。東南有巖峒山。西有壽昌溪，東北流至建德縣，入新安江。南有常樂溪，東南流至蘭溪縣，入東陽江。西有社田、西南有上梅二巡檢司。

分水府東北。東有天目溪，上源卽於潛縣之紫溪及昌化縣柳溪也，下流爲桐廬縣之桐溪。又東南有前溪，自淳安縣流入，東注於天目溪。東有吳村巡檢司，後廢。

嘉興府元嘉興路，屬江浙行省。太祖丙午年十一月爲府，直隸京師。十四年十一月改隸浙江。領縣七。西南距布政司百九十五里。

嘉興倚。南有南湖，亦曰鴛鴦湖，流合運河。又有長水塘，西南接海寧，東北接海鹽縣界。又東有雙溪，東出爲華亭塘，南直松江府之漕舟，由此入運河。

秀水倚。宣德五年三月析嘉興縣地置。西有運河，北經聞家湖，達南直吳江縣之運河。東北有杉青閘、又有王江涇二巡檢司。

嘉善府東。本嘉興縣魏塘鎮巡檢司，宣德五年三月改爲縣。南有華亭塘河，東有魏塘河，東北有清風涇，皆流合焉。西北有分湖，與南直吳江縣分界。又北有章練塘水，亦流合華亭塘河，達華亭縣之泖湖。東北有風涇、西北有陶莊二巡檢司，廢。

崇德府西南。元崇德州。洪武二年降爲縣。西北有運河，自德清縣流入。東南有語溪，一名語兒中涇，又名沙渚塘。又東北有石門塘水，東南接運河，北達歸安之烏鎮。

桐鄉府西，少南。宣德五年三月以崇德縣之鳳鳴鄉置。北有運河，與崇德縣接界。又有爛溪，北達吳江縣之鶯脰湖，西達湖州府潯溪。北有皁林鎮巡檢司。

平湖府東。宣德五年三月以海鹽縣之當塗鎮置。東南有故邑山。南有雅山，俗曰瓦山。又當湖在縣治東，下流出海鹽澉浦口入海。其西爲市西河，自嘉興縣流入，入於當湖。其分流南出者，則由縣東南乍浦入海；北出者，則由縣東北蘆瀝浦入海。浦傍有蘆瀝鹽場。又北有東泖，即華亭三泖之上流。東有白沙灣巡檢司，治廣陳墅，後遷縣東南獨山。又東南有乍浦鎮巡檢司，後遷梁莊，仍故名。

海鹽府東南。元海鹽州。洪武二年降爲縣。南有秦駐山，又有長牆山。西南有鳳凰山。東北有湯山，又有獨山，舊置鹽場於此。東臨海，有防海塘，〔一三〕洪武初，以石爲之，南北計四千八百丈。又有東、西、南三海口，而西海口在縣東北，尤衝要。東北有呂港，港口有鹽場。西南有鮑郎市，有鹽課司。東北有守禦乍浦千戶所，東南有澉浦守禦千戶所，俱洪武十九年十月置。城東有海口巡檢司，後徙砂腰村，南有澉浦巡檢司，後遷秦駐山，俱仍故名。

湖州府元湖州路，屬江浙行省。太祖丙午年十一月爲府，直隸京師。十四年十一月改隸浙江。領州一，縣六。南距布政司百九十里。

烏程倚。北有卞山，亦曰弁山。西南有石城山。南有峴山，本名顯山。西南有銅山，一名銅峴山。北有太湖，接南直蘇、常二府界。東北有大錢湖、小梅湖二口，府境羣水皆於此入太湖。又西有苕溪，源自孝豐天目之陰，流經毘山下，〔一四〕出大錢湖口。又南有餘不溪，卽杭州境內之苕溪，自德清縣流經府南，匯爲玉湖，〔一五〕復東北出而匯於苕水，亦曰霅溪。東有後潘村巡檢司，後遷南潯鎮，仍故名。東北有大錢湖口巡檢司。

歸安倚。南有金蓋山，亦名何山。又有衡山。東有昇山，亦曰烏山，一名歐餘山。又運河在城東，源自苕溪、餘不溪二水，分流爲運河，東北經南潯鎮，入吳江縣界，合嘉興之運河。又南有荻塘，亦曰荻港，東北接運河。其枝流東南出烏鎮，合桐鄉之爛溪。〔一六〕又東有㵌溪，即餘不溪支流也，流經南㵌。東南有璉市巡檢司。又西南有上沃埠巡檢司，後廢。

長興府西北。元長興州。太祖丁酉年三月改名長安州，壬寅年復曰長興。洪武二年降爲縣。西北有顧渚山，產茶，一名西顧山，一名吳望山。東北有太湖，與南直宜興縣分中流爲界。西有箬溪，下流入太湖。西南有荆溪，東南入於苕溪。東北有皐塘、西南有四安二巡檢司。又西有合溪、南有和平二巡檢司，廢。

德清府南，少東。東北有敢三山。東南有運河，有餘不溪，亦曰霅溪，即苕溪別名。東北有新市鎮巡檢司。又東有下塘巡檢司，後遷五柳港口。又東有荷葉浦巡檢司，廢。

武康府西南。東有封山，一名防風山。又有禺山。西南有覆舟山。南有前溪，東北有後溪流入焉，下流入德清餘不溪。

安吉州元安吉縣。正德元年十一月升爲州。西南有故城。洪武徙於今治。〔一七〕東南有白陽山，舊產錫。西有苕溪。又有龍溪，即苕溪支流。東南有獨松關巡檢司，又有遞鋪巡檢司，廢。東北距府二十里。領縣一。

孝豐州西南。成化二十三年析安吉縣地置，屬府。正德二年改屬州。南有天目山，有天目山巡檢司。又西南爲金石山，即天目最高處。又南有苕溪，出天目山，此爲苕溪之別源。又西有松坑巡檢司。

紹興府元紹興路，屬浙東道宣慰司。太祖丙午年十二月爲府。領縣八。西北距布政司百三十八里。

山陰倚。南有會稽山，其支山爲雲門山，又有法華山。西南爲蘭亭山。西北有塗山。北濱海，有三江口。三江者，一曰浙江；一曰錢清江，卽浦陽江下流，其上源自浦江縣流入，至縣西錢清鎭，曰錢清江；一曰曹娥江，卽剡溪下流，其上源自嵊縣流入，東折而北，經府東曹娥廟，爲曹娥江，又西折而北，會錢清江、浙江而入海。又西有運河，自蕭山縣流入，又東南逕會稽縣，又東入上虞縣界。又南有鑑湖，長十四五里，俗曰白塔洋，有若耶溪合焉。又北有白水湖，旁通運河。北有三江守禦千戶所，在浮山之陽，洪武二十年二月置。又有三江巡檢司，在浮山桃松莊。又西北有白洋巡檢司。

會稽倚。東南爲會稽山，其東接宛委、秦望、天柱諸山。又東有銀山、錫山，舊產銀砂及錫。東南有若耶山。東有曹娥江。東南有平水溪，南合剡溪。東北有瀝海守禦千戶所，洪武二十年二月置。又有黃家堰巡檢司，尋遷瀝海所西，後遷上虞縣界纂風鎭，仍故名。

蕭山府西北。西南有虎爪山，東南有龕山，俱下臨浙江。龕山傍有小山曰鼈子山，浙江自縣西東北流，出其中，東接大海，亦曰海門。東南有峽山，錢清江經其中，復北折而東，入山陰縣界。城西有運河，東接錢清江。又有湘湖。西南有漁浦巡檢司。又西有西興，亦曰西陵，往錢塘者由此渡江。

諸暨府西南。元諸暨州。太祖己亥年正月改諸全州。丙午年十二月降爲諸暨縣。西南有新城，在五指山下，太祖癸卯年，李文忠所築。西有長山，又有五泄山。南有句乘山。又有浣江，卽浦陽江，亦曰青弋江。又西南有長清關、西有陽塘關二巡檢司，廢。

餘姚府東北。元餘姚州。洪武初，降爲縣。南有新城，與縣城隔江對峙，姚江經其中。南有四明山，北瀕海。姚江源自縣西南太平山，一名舜江，西北流至上虞縣，乃東北出，經縣南。又東爲慈溪之前江。東北有燭溪湖，引流爲東橫河。西有牟山湖，引流爲西橫河，俱注於姚江。又西北有臨山衞，洪武二十年二月置。東北有三山守禦千戶所，一名滸山，亦洪武二十年二月置。又東北有三山巡檢司，治金家山上，尋遷破山。北有眉山巡檢司，治眉山寨，尋遷縣西北湖海頭。又有廟山巡檢司，治廟山寨，尋遷上虞縣界中源堰，仍故名。

上虞府東。西北有夏蓋山，北枕海，南臨夏蓋湖。西南有東山。東有覆卮山，接嵊縣界。又東有通明江，卽姚江上流。又有運河，在縣治前。又西北有白馬湖，北接夏蓋湖，其相連者有上妃湖，亦曰上陂湖，引流爲五夫湖，[一七]東北達於餘姚之西橫河。又西有梁湖巡檢司，本治梁湖，尋遷百官市，仍故名。

嵊府東南。東有丹池山。東北有嵊山。北有嶀山，又有清風嶺。西有太白山。南有剡溪，源出天台諸山，下流爲曹娥江。西有長樂鎭、西北有管解寨二巡檢司，廢。

新昌府東南。東有沃州山。東南有天姥山。又東有東溪，源出天台山，西北流入嵊縣界。南有彩霞鎭、又有豐樂、又有善政三巡檢司，後廢。

寧波府元慶元路，屬浙東道宣慰司。太祖吳元年十二月爲明州府。洪武十四年二月改寧波。領縣五。西北距布政司三百六十里。

鄞倚。東有鄮山。西南有四明山，周八百餘里。東有灌頂山，舊產鐵。東南有阿育王山，有太白、天童諸山。東北濱海。有鄞江，一名甬江。東南有奉化江，西北有慈溪，皆流合焉。西南有小江湖，又西有廣德湖，東有東錢湖，皆引流入鄞江。北有龍山守禦千戶所，洪武十九年十一月置。東有甬東巡檢司，治甬東隅，後遷定海縣東南竹山海口，仍故名。又有岱山、又有螺峰二巡檢司，後廢。

慈谿府西北。元曰慈溪。永樂十六年改「溪」爲「谿」。西南有車廄山。東北濱海。南有慈谿，一曰前江，即姚江下流也，藍溪、文溪諸水皆流合焉。西北有鳴鶴鹽課司。又觀海衞亦在西北，洪武十九年十一月置。又有松浦巡檢司，治浦東，尋遷浦西。又有向頭巡檢司，治向頭寨，尋遷洋浦，廢，後復。

奉化府南。元奉化州。洪武二年降爲縣。南有蓬島山，又有天門山。西北有雪竇山。北有奉化江，亦曰北渡江，又謂之剡溪。東有市河，東北有趙河，皆南流入焉。東有塔山、東南有鮚埼二巡檢司。又有公棠、連山、柵墟、東宿四巡檢司，廢。

定海府東北。東有候濤山，一名招寶山，上有威遠城，山麓有靖海城，俱嘉靖三十九年置。東北皆濱海。海中有舟山，有金塘山，有蛟門山，又有普陀落伽山，有大謝、小謝山。南有大浹江，其上流即鄞江，分流爲小浹江，並入海。南有清泉等鹽場。又東北有定海衞，本定海守禦千戶所，洪武十四年四月置，二十年二月升爲衞。東南有穿山後千戶所，洪武二十七年九月置。又有霩衢守禦千戶所，大嵩守禦千戶所，俱洪武十九年十一月置。又有舟山中中千戶所，舟山中左千戶所，本元昌國州，洪武二年降爲縣，二十年六月，縣廢，改置。南有上岸太平㟁、西有管界寨二巡檢司。又西北有施公山、南有長山二巡檢司，後廢。又南有霞嶼巡檢司，本名崎頭，正統間更名，後廢。又舟山東南有寶陀、西北有岑港，又舟山東有岱山、西南有螺峰四巡檢司，後廢。

象山府東南。南有石壇山，亦曰壇頭山。東南北三面皆濱海。其南有三蕁山，一名三仙島，俱在海中。南有玉泉鹽場。又西南有昌國衞，本昌國守禦千戶所，洪武十二年十月置於舟山，十七年九月改爲衞。二十年來徙縣南天門山，二十七年遷縣西南後門山。又山西南有石浦守禦前、後二千戶所，俱洪武二十年置。西北有錢倉守禦千戶所，洪武十九年十一月置。西有爵溪守禦千戶所，洪武三十年十二月置。北有陳山巡檢司，治陳山，尋遷縣東南。西有爵溪巡檢司，遷治姜嶼渡。南有石浦巡檢司，遷治靑山頭。又東有趙㟁巡檢司，自寧海縣遷此。俱仍故名。

台州府元台州路，屬浙東道宣慰司。洪武初，爲府。領縣六。西北距布政司四百四十里。

臨海倚。西南有括蒼山，一名眞隱山。又東南有海門山，有金鼇山，皆濱海。南有澄江，一名靈江，流合天台、仙居諸山之水，至黃巖縣入海。又大海在東，中有芙蓉山、高麗頭山。又有杜瀆鹽場。又海門衞亦在縣東，洪武二十年二月置。其北爲前千戶所，洪武二十八年置。東北有桃渚前千戶所，洪武二十年九月置。東有蛟湖巡檢司，遷治海口陶嶼。又有連盤巡檢司，遷治海口長沙。俱仍故名。

黃巖府東南。元黃巖州。洪武三年三月降爲縣。南有委羽山。東有大海。西北有永寧江，卽澄江下流。東南有鹽場，又有長浦巡檢司。

天台府西南。西有天台山。北有赤城山，又有石橋山，皆天台支阜也，其絕頂曰華頂峯。又西南有始豐溪，卽澄江上源。又東有楢溪，產鐵。其東爲甬溪。又西有胡竇巡檢司，廢。

仙居府西南。西北有蒼嶺，卽括蒼山。又有永安溪，下流亦會於澄江。又西南有曹溪，東有彭溪，俱流合於永安溪。西有田寺巡檢司，後廢。

寧海府東北。北有天門山。西北有龍鬚山，舊產銅鐵。東濱海。東北有鄞江，與象山縣界。南有海游溪，有寧和溪，又有東溪，東有鐵砂，冶之成鐵，俱導流入海。又有梅嶴鎭，舊有鐵場。又南有健跳千戶所，洪武二十年九月置。東有越溪、又有長亭、北有鐵場、南有曼嶴、東南有竇嶴五巡檢司。

太平府東南。成化五年十二月以黃巖縣之太平鄉置，析樂清地益之。南有大雷山。西北有王城山。〔一八〕西南有靈山，與玉環山接。東南濱海，曰大閭洋，中有松門、石塘、大陳等山。又東有遷江，一名新建河，至縣北曰官塘河，北抵黃巖縣，東入海。東有松門衞，本松門千戶所，洪武十九年十二月置，二十年六月升爲衞。東北有新河千戶所，洪武十九年十二月置。南有隘頑千戶所，西南有楚門千戶所，俱洪武二十年二月置。又東有盤馬、西有二山、又有蒲岐三巡檢司。南有沙角巡檢司，本治岐頭山下，後遷今治。西南有小鹿巡檢司，遷治楚門所之橫山後。西有溫嶺巡檢司，廢。

金華府元婺州路，屬浙東宣慰司。太祖戊戌年十二月爲寧越府。庚子年正月曰金華府。領縣八。東北距布政司四百五十里。

金華倚。北有金華山。南有銅山，舊產銅。城南有東陽江，亦曰婺港，自東陽縣流經此。又有南溪，自縉雲縣來合焉，謂之雙溪，亦曰穀溪，合流至蘭谿而會於信安江。

蘭谿府西。元蘭谿州。洪武三年三月降爲縣。東有銅山，舊產銅。西南有蘭溪，即穀溪也，亦曰大溪，一自衢州之衢港，一自金華之婺港，會於西南蘭陰山下，北入嚴州界。西北有平渡巡檢司。北有靈泉鄉、龍巖鄉二巡檢司，廢。

東陽府東。東南有大盆山，東陽江出焉，經縣北，謂之北溪，亦曰東溪，西南有畫溪，下流至義烏縣入焉。東有永寧巡檢司。又東南有瑞山、玉山。南有興賢、仁壽二巡檢司，廢。

義烏府東，少北。南有烏傷溪，即東陽江。西有智者同義鄉、南有雙林明義鄉、北有龍祈鎭三巡檢司，廢。

永康府東南。東南有銅山，舊產銅。南有南溪，亦曰永康溪。又東有孝義寨、南有義豐鄉、東南有合德鄉三巡檢司，後廢。

武義府南，少東。東北有永康溪，又有茭道市。西有苦竹市。又北有白溪口市。

浦江府東北。西有深褭山，浦陽江出焉，東流入諸暨縣界。東有楊家埠巡檢司，後廢。

湯溪府西南。成化七年正月析蘭谿、金華、龍游、遂昌四縣地置。南有銀嶺。西北有穀江，〔一九〕卽信安江。

衢州府元衢州路，屬浙東道宣慰司。太祖己亥年九月爲龍游府。丙午年爲衢州府。領縣五。東北距布政司五百六十里。

西安倚。永樂二十二年建越王府，宣德二年除。西有巖山。南有爛柯山，又有爵豆山，舊出銀。又西北有銅山，舊出銅、錫、鉛。城西南有衢江，其上源曰大溪，自江山縣流入。又有西溪，亦曰信安溪，自開化縣發源，流至此與大溪合焉，曰雙港口。又東有定陽溪，一名東溪，自遂昌縣流入，合於衢江。西南有嚴剝、東南有板固二巡檢司。

龍游府東。東有龍丘山。北有梅嶺。又有穀溪，卽衢江也，一名盈川溪。又南有靈溪，自遂昌縣流經縣南靈山下，又東北入焉。東有湖頭鎭巡檢司。又北有水北、南有靈山二巡檢司，廢。

常山府西。有三衢山。東有常山，卽信安嶺也。北有金川，一名馬金溪，自開化縣流入。東有文溪，自江山縣流入，合於金川，爲信安溪上源。北有下坑、東南有鎭平二巡檢司，廢。

江山府西。東南有江郎山，有仙霞嶺，仙霞關在其上。城東有大溪，仙霞嶺水所匯也。又西有文溪。南有東山巡檢司，本治仙霞嶺下，後遷嶺上。又有小竿嶺巡檢司，廢。

開化府西北。金溪在城東，其源一出馬金嶺，一出百際嶺，至城北合流而南，卽金川上源也。北有金竹嶺巡檢司。

又西有雲臺、北有低坂、又有馬金、南有華埠四巡檢司，廢。

處州府元處州路，屬浙東道宣慰司。太祖己亥年十一月爲安南府，尋曰處州府。領縣十。北距布政司七百三十里。

麗水倚。大溪在城南，一名洄溪，自龍泉縣流經此，下流至永嘉縣，入於海。又東有好溪，本名惡溪，東南達於大溪。

青田府東南。西有大、小連雲山。南有南田山。又有南溪，卽大溪也，亦曰青溪，自麗水縣流入。西南有小溪流合焉。南有淡洋巡檢司。又北有黃壇巡檢司，廢。

縉雲府北。東有仙都山，亦名縉雲山。又有管溪官山。西南有馮公嶺，一名木合嶺，一名桃花隘。又東有好溪，源出縣東北之大盆山，有管溪自東流合焉。又北有南源溪，亦曰南溪，下流爲永康溪，入於東陽江。

松陽府西。北有竹峪嶺。〔三〇〕西有松溪，南有竹溪流入焉，下流至麗水縣，入於大溪。又西南有淨居巡檢司，廢。

遂昌府西。南有雙溪，有二源，至縣南合流。又東經西明山南，分爲二，其一入龍泉縣之大溪，其一爲東溪，入松陽縣，爲松溪。北有馬步巡檢司。

龍泉府西南。南有匡山，建溪之水出焉。南有大溪，源出臺湖山，又有靈溪，自縣北流合焉，東入雲和縣界。南有慶元巡檢司，治查田市。

慶元府西南。洪武三年三月省。十三年十一月復置。西南有松源水，南流入福建，爲松溪縣之松溪。

雲和府西南。景泰二年析麗水縣地置。南有大溪，西有黃溪流入焉，東入麗水縣界。又西有七赤渡。東有石塘隘。

宣平府北。本麗水縣之鮑村巡檢司。景泰三年改爲縣，而徙巡檢司於縣之後陶，仍故名，尋廢。西北有磐坑山，舊產銀。南有玉岩山，又有會高山，產礦。又南有虎跡溪，會流於麗水縣之大溪。

景寧府南。景泰五年析青田縣置。南有敕木山。東有礦坑嶺。西有彪溪，東北有大匯灘，下流皆注於青田縣之大溪。北有沐溪巡檢司，遷縣南大漈，仍故名。又西有盧山巡檢司，後廢。東有龍首關，又有龍匯關、白鹿關，俱嘉靖中置。

溫州府元溫州路，屬浙東道宣慰司。洪武初，爲府。領縣五。西北距布政司八百九十里。

永嘉倚。西有岷岡山，又有鐵場嶺。南有大羅山。東濱海。又永寧江在城北，一名甌江，一名永嘉江，自蒼括諸溪匯流入府界，又東注於海。江中有孤嶼山，與北岸羅浮相望。又西北有安溪，東北有楠溪，俱注於甌江。城西南又有會昌湖，東有寧村守禦千戶所，洪武二十年二月置。東南有中界山巡檢司，後遷縣東永昌堡。

瑞安府南。元瑞安州。洪武二年降爲縣。正德六年五月徙縣城於故城西，去海三丈五尺，以避潮患。西有陶山。北有帆游山。城南有安陽江，源出福建政和縣及青田縣界，合流至此，曰瑞安江，亦曰飛雲江，渡處有飛雲關，東接海口。又縣東海岸中有鳳凰諸山。又縣東北有海安守禦千戶所，縣東南有沙園守禦千戶所，俱洪武二十年二月置。東有東山巡檢司，本名梅頭，治梅頭寨，後遷，更名。

樂清府東北。東有北雁蕩山。南濱海，有玉環山，在海中。又西北有荆溪。又縣治傍有東、西二溪。西南有館頭江。西有象浦河，東北有石馬港，下流皆達海。有長林鹽場。又西有盤石衞，洪武二十年二月置。東有盤石守禦後千戶所，成化五年置。東北有蒲岐守禦千戶所，亦洪武二十年二月置。西有館頭巡檢司，遷治縣西南岐頭寨，後復。東南有北監巡檢司，治玉環山下，尋遷縣東北蔡嶴，又遷縣東白沙嶺，又遷鶚頭，又遷窑嶴山下，仍故名。

平陽府西南。元平陽州。洪武三年降爲縣。西南有南雁蕩山，有玉蒼山。又東南海中有大巖頭山，有南麂山。又西有前倉江，亦曰横陽江，東南經江口關注於海。南有天富南鹽場。又南有金鄉衞，有蒲門守禦千戶所，東北有壯士守禦千戶所，皆洪武二十年二月置。東南有舥艚、又有斗門二巡檢司。南有江口巡檢司，治下埠，後遷渡頭。又東有仙口巡檢司，遷縣南麥城山，仍故名。又東南有龜峰巡檢司，廢。

泰順府西南。景泰三年以瑞安縣羅洋鎭置，析平陽縣地益之。南有分水山，上有關，爲浙、閩分界處。又西有白溪，下流至福建寧德縣入海。又東有仙居溪，流入瑞安境入海。北有池村巡檢司。南有三冠巡檢司，本洋望，後更名。東南有鴉陽巡檢司，後廢。又羅陽第一關在縣東。

校勘記

〔一〕日陸口亦曰蒲圻口　原作「日陸，曰蒲圻口」，脱「口」「亦」兩字，據明史稿志二一地理志、寰宇通志卷五〇、明一統志卷五九補「口」字，又據本志文例補「亦」字。本志下文有「蒲圻河卽陸水也」，可證此處是一地二名。

〔二〕東有富池湖　原脱「富池」兩字，據寰宇通志卷五〇、明一統志卷五九、讀史方輿紀要卷七六補。

〔三〕源出房縣　房縣，原作「房陵縣」，據本志鄖陽府房縣條、明史稿志二一地理志、寰宇通志卷五二、明一統志卷六〇改。

〔四〕東北有高雞寨巡檢司　原脱「有」字，據本志行文例補。

〔五〕經宜章縣合於章水　原脱「宜」字，據寰宇通志卷五六、明一統志卷六四補。按下文郴州有宜章縣。

〔六〕北有祁山上有黃羆鎮　黃羆鎮，明史稿志二一地理志作「黃羆嶺」。寰宇通志卷五八、明一統志卷六五、清一統志卷二八二都把祁山和黃羆嶺分作兩座山。黃羆嶺在縣北三十里，祁山在縣北十五里。

〔七〕九年四月復降爲州以州治永平縣省入　原脱「九年」兩字及「治」字。「九年」，據明史稿志二一地理志、太祖實録卷一〇五洪武九年四月甲午條、寰宇通志卷六〇、明一統志卷六六補。「治」字，據明史稿和本志文例補。

〔八〕十六年十二月復置　十二月，太祖實録卷一五八繫此事於洪武十六年十一月乙卯。

〔九〕西坪蠻夷官司　西坪，本書卷三一〇施州傳、明史稿傳一八四施州傳、宣宗實録卷四三宣德三年五月戊寅條、明一統志卷六六都作「西泙」。

〔一〇〕屬施州衞　原闕「屬」字，空一格，據本志文例補。

〔一一〕距南京九百里京師三千二百里　三千，寰宇通志卷三三、明一統志卷三八作「四千」。

〔一二〕洪武二十六年編户二百一十三萬八千二百二十五　二百一十三萬，原作「一百一十三萬」，據明史稿志二一地理志、諸司職掌户部改。

〔一三〕有防海塘　防海塘，原作「防備塘」，據明史稿志二一地理志、明一統志卷三九改。

〔一四〕流經昆山下　昆山，原作「昆山」，據明史稿志二一地理志、明一統志卷四〇改。讀史方輿紀要卷九一昆山下說：「昆，近也，以近府城而名。」

〔一五〕匯爲玉湖　玉湖，原作「王湖」，據明史稿志二一地理志、明一統志卷四〇、讀史方輿紀要卷九一改。

〔一六〕合桐鄉之爛溪　爛溪，原作「瀾溪」，據本志上文桐鄉下、明史稿志二一地理志桐鄉下、清一統志卷二二〇改。

〔一七〕引流爲五夫湖　五夫湖，明史稿志二一地理志作「五夫河」。

〔一八〕西北有王城山　王城山，原作「玉成山」，據明一統志卷四七、清一統志卷二三九改。讀史方輿紀要卷九二王城山下注：「相傳越王失國嘗保此。」

〔一九〕西北有縠江　縠江，明史稿志二一地理志、寰宇通志卷二八、明一統志卷四二作「瀫江」。

〔二〇〕北有竹峪嶺　竹峪嶺，原作「竹啥嶺」，據明史稿志二一地理志、明一統志卷四四、讀史方輿紀要卷九四改。嘉慶重修一統志卷三〇五竹峪嶺下有竹峪橋，字亦作「峪」。

明史卷四十五

志第二十一

地理六

福建　廣東　廣西

福建　禹貢揚州之域。元置福建道宣慰使司，治福州路。屬江浙行中書省。至正十六年正月改宣慰司爲行中書省。太祖吳元年十二月平陳友定。洪武二年五月仍置福建等處行中書省。七年二月置福州都衞。與行中書省同治。八年十月改福州都衞爲福建都指揮使司。九年六月改行中書省爲承宣布政使司。領府八，直隸州一，屬縣五十七。爲里三千七百九十七。北至嶺，與浙江界。西至汀州，與江西界。南至詔安，與廣東界。東至海。距南京二千八百七十二里，京師六千一百三十三里。洪武二十六年編戶八十一萬五千五百二十七，口三百九十一萬六千八百六。弘治四年，戶五十萬六千三十九，口二百一十萬六千六十。萬曆六年，戶五十一萬五千三百七，口一百七十三萬八千七百九十三。

福州府元福州路，屬福建道。太祖吳元年爲府。領縣九。

閩倚。南有釣臺山，亦曰南臺山。東南有鼓山。南有方山，一名甘果山，下有官母嶼，有巡檢司。東南濱海。南有閩江，亦曰建江，自南平縣流入府界。東南納羣川之水，至府西曰洪塘江，分二流，南出曰陶江，東出曰南臺江，至鼓山下復合爲一。又東南有馬頭江，自永福縣流入，曰西峽江，又東有東峽江流合焉，又東南至五虎門，入於海。東有閩安鎭巡檢司。

侯官倚。西有旂山，有雪峯山，有建江，又有西禪浦。西南有陽崎、吳山、鳳岡、澤苗、延澤、仙坂等六浦，皆建江支分，仍合正流入海。西北有懷安縣，洪武十二年移入郭內，與閩、侯官同治，萬曆八年九月省。西北有竹崎、又有五縣寨二巡檢司。

長樂府東，少南。東濱海，有海堤。北有馬頭江。又東有守禦梅花千戶所，洪武二十一年二月置。東北有石梁蕉山、東南有松下鎭二巡檢司。又東有小祉山巡檢司，後移治大祉澳。

福清府南，少東。元福清州。洪武二年二月降爲縣。東南際海，有鹽場，海中有海壇山，又有小練山。南有龍江，又有逕江。東南有海口，江皆匯流入海。又東有鎭東衞，東南有守禦萬安千戶所，俱洪武二十一年二月置。又有澤朗山、有牛頭門、又南有壁頭山三巡檢司。又東有海口鎭巡檢司，洪武二十年移於長樂縣之松下鎭。

連江府東北。東北濱海，海中有北茭鎮巡檢司。南有連江，東入海。東北有守禦定海千戶所，洪武二十一年二月置。

羅源府東北。東濱海。西有羅川，南流分三派入海。南有應德鎮。

古田府西北。建江在縣南，自南平縣流入，經城南，有大溪流合焉，謂之水口。又東南逕模天嶺下，江流至此始出險就平，東入閩清縣界。東有杉洋鎮，出銀坑，有巡檢司，後廢。又西南有谷口鎮、西北有西溪鎮二巡檢司，尋廢。

閩清府西北。西南有大帽山。北有建江，西南有梅溪流合焉。東有青窰鎮巡檢司，廢。

永福府西南。西南有高蓋山，又南有陳山。東有東溪，匯諸山溪之水，下流會於福清之龍江而入海。又有漈門巡檢司，後移於嵩口埕，尋復故。

興化府

元興化路，屬福建道宣慰司。洪武元年爲府。領縣二。北距布政司二百八十里。

莆田倚。東南濱海，海中有湄洲嶼，又有南日山，俱東與琉球國相望。又南有木蘭溪，北有延壽溪，東北有荻蘆溪，又有通應港，俱會流入海。又西北有興化縣，正統十三年四月省。東有平海衞，東南有守禦莆禧千戶所，俱洪武二十一年二月置。東有嵌頭、西北有大洋寨、東南有吉了三巡檢司。東有沖沁巡檢司，本治尋陽，後徙興福。又有青山巡檢司，本治武盛里南哨，後徙奉國里。東南有南日山巡檢司，後徙新安。東北有迎仙寨巡檢司，後移鼓樓山。東有峙頭、東南有小峙二巡檢司，後廢。

仙游府西。北有二飛山。東北有何嶺。南臨九鯉湖，湖在萬山中，下流入莆田縣界，合於延壽溪。西有三會溪，卽木蘭溪上源。西有白嶺巡檢司，後遷於文殊寨。南有楓亭市、西有潭邊市二巡檢司，後廢。

建寧府元建寧路，屬福建道宣慰司。洪武元年爲府。領縣八。四年正月置建寧都衞於此。八年十月改爲福建行都指揮使司。東南距布政司五百二十五里。

建安倚。東北有鳳凰山，產茶。東有東溪，卽建江，自浙江慶元縣流經此，又西合於西溪。又東南有壽嶺巡檢司。

甌寧倚。西有西溪，源出崇安縣，東會諸溪之水，流入縣境，又東合於東溪，南入延平府界。西北有營頭街巡檢司。

建陽府西北。西北有西山。東南有錦江，亦曰交溪，有二源，合流於縣東東山下，南流達於建溪。

崇安府西北。南有武夷山，中有淸溪，九曲流入崇溪。西北有分水嶺，上有分水關巡檢司。其水西流者入江西境，東流者入縣境，卽崇溪源。俗謂之大溪，經城西而南出，亦謂之西溪。其別源出縣東北之岑陽山，亦曰東溪，西南流合於西溪，又南合武夷水而入建陽縣界，卽錦江之上源也。又西北有溫林、岑陽、桐木、焦嶺、谷口、寮竹、觀音等關，與分水關爲崇安入關。

浦城府東北。北有漁梁山，建溪之源出焉。又有蓋仙山，有黎嶺，又有楓嶺，一名大竿嶺，皆浙、閩通途。又東北有柘嶺，與浙江麗水縣分界，柘水出焉，流合大溪。又南有南浦溪，亦曰大溪，卽建溪也，下合建陽之交溪。東有高泉、東北有溪源、西北有岔亭三巡檢司。

松溪府東。東有萬山。東北有鷲峯山，接浦城及浙江之龍泉界。南有松溪，源出浙江慶元縣，亦謂之松源水，又西有杉溪，下流俱入於建溪。北有二十四都巡檢司。南有東關巡檢司，後遷於烏鞍嶺，又遷於鐵嶺，又遷於峽橋。

政和府東。南有七星溪，源出縣東之銅盤山，下流合於松溪。又東有丹溪，流經福安縣入海。又東南有赤巖巡檢司。

壽寧府東。景泰六年八月以政和縣楊海村置，析福安縣地益之。東有蟾溪，即福寧州長溪上源也。東有漁溪巡檢司，後遷縣北之官臺山，又遷斜灘鎮。

延平府元延平路，屬福建道宣慰司。洪武元年爲府。領縣七。東南距布政司四百五里。

南平倚。南有九峯山。東北有衍仙山。城東南有劍溪，卽建江也，亦曰東溪，自建寧府流入，南經黯淡灘，又西逕劍津，與西溪合。西溪出汀、邵二府之境，至縣西，合於沙縣之沙溪，爲沙溪口；又東至劍津，合於東溪；又南至尤溪口，合於大溪，亦名南溪；又東至福州府，入於海；俗亦謂之三溪。東南有蒼峽、西北有大曆二巡檢司。

將樂府西。南有天階山。西北有百丈山。南有將溪，亦曰大溪，〔一〕卽西溪之上源也。又西北有梅溪，自邵武界流入，合於大溪。又北有萬安寨巡檢司。

沙府西南。西北有幼山。縣治南有沙溪，亦名太史溪，自永安縣流入，經縣東，有霹靂等灘，下流合於西溪。北有北鄉寨巡檢司。

尤溪府南。北有丹溪嶺，一名桃木嶺，下有丹溪。東有尤溪，其上源一出龍巖縣，一出德化縣，合流於縣西南，又北流會湯泉等二十溪，北出尤口，入建溪，亦曰湖頭溪。西有英果砦、又有高才坂二巡檢司。

順昌府西，少北。南有徘徊嶺。西北有順陽溪，源出建陽縣，又東經縣南，與將溪合，又東經沙口，合邵武縣之沙溪，又東經縣西，與西溪合，西溪卽邵武縣之紫雲溪也，又東入南平縣界，爲南平之西溪。又西北有仁壽鎭巡檢司。

永安府西南。本沙縣之浮流巡檢司，正統十四年置永安千戶所於此。景泰三年改置縣，析尤溪縣地益之。東北有貢川山。東南有石羅山。西有燕溪，四源合流，經城東北，下流爲沙縣之沙溪。又西有安砂鎭、西南有湖口寨二巡檢司。又西北有黄楊巡檢司，廢。

大田府西南。嘉靖十五年二月以尤溪縣之大田置，析永安、漳平、德化三縣地益之。北有五臺山。南有大仙山。東有銀瓶山，產銀鐵。又南有尤溪，自龍岩縣流入，又東入尤溪縣境。又東南有花橋巡檢司。又西南有桃源店巡檢司，本屬漳平縣，後來屬。北有英寨、西南有安仁隘二巡檢司，後廢。

汀州府元汀州路，屬福建道宣慰司。洪武元年爲府。領縣八。東距布政司九百七十五里。

長汀倚。北有臥龍山。又北有新樂山，貢水出焉，流入江西界。西有新路嶺。東有鄞江，卽東溪，亦曰左溪，自寧化縣流入，下流經廣東大埔縣入海，中有五百灘，亦謂之汀水。又東南有正溪，西有西溪，北有北溪，南有南溪，俱合於東溪。又西有古城寨巡檢司。

寧化府東北。南有潭飛漈。又有大溪，源出縣北萬斛泉，分流爲清流縣之清溪，其正流入長汀縣，爲鄞江上流。北有安遠寨巡檢司。

上杭府南。西有金山，上有膽泉，浸鐵能成銅。西南有羊厨山，產礦。南有大溪。

武平府西南。北有黃公嶺。南有化龍溪，下流入廣東程鄉縣。西南有武平城，洪武二十四年正月置武平千戶所於此。東南有象洞巡檢司，後移於縣西南之懸繩隘。北有永平寨巡檢司，後移縣西北之貝寨。

清流府東北。南有豐山，東南有鐵石山，南臨九龍溪，有鐵石磯頭巡檢司。西南有清溪，自寧化縣流入，東北合半溪，又東南經九龍灘而入永安縣界，亦曰龍溪，卽燕溪之上源。

連城府東南。本曰蓮城，洪武十七年後改「蓮」曰「連」。〔三〕東有蓮峯山。南有文溪，下流達於清流縣之清溪。西南有北團寨巡檢司，後遷於縣南之朗村隘，後又遷於縣西南之新泉隘。

歸化府東北。成化七年正月以清流縣之明溪鎮置，析將樂、沙縣、寧化三縣地益之。北有鐵嶺。南有歸化溪，下流合將樂縣之將溪。東有夏陽巡檢司。

永定府南。成化十四年以上杭縣溪南里之田心地置，析勝運等四里益之。西有大溪，卽汀水，自上杭縣流經此，又東入廣東大埔縣界。東南有三層嶺巡檢司。東北有太平巡檢司，後徙高坡。西南有興化巡檢司，治溪南里古鎮，尋廢，復置，後遷於上杭縣之峯頭。

邵武府元邵武路，屬福建道宣慰司。太祖吳元年爲府。領縣四。東南距布政司六百七十里。

邵武倚。東有三臺山。東南有七臺山，又有道人峯。又有樵溪，源自樵嵐山，經城內，出北門，合紫雲溪，流至順昌縣爲順陽溪。又東南有水口巡檢司。又東有拏口、南有同巡、東北有楊坊三巡檢司，廢。

光澤府西北。北有雲際嶺。西北有杉嶺，杉關在其上，與江西南城縣接界。杭川出焉，亦名大溪，下流入紫雲溪。又有大寺寨巡檢司，在杉關東。又西北有黃土關。

泰寧府西南。西有金鐃山。西北有大杉嶺。西有二十四溪，南有灘江流合焉，〔三〕下流會於樵溪。

建寧府西南。北有百丈嶺，藍溪出焉。南有綏江，源出金鐃山，一名灘江，亦名寧溪，至綏城口，合藍溪流入泰寧縣界。西有西安巡檢司，本治里心保，後遷丘坊隘，尋廢，後復置，後又遷新安保之黃泥鋪。

泉州府元泉州路，屬福建道宣慰司。洪武元年爲府。領縣七。東距布政司四百十里。

晉江倚。東北有泉山，一名清源。東南有寶蓋山。南有靈源山。東南濱海，有鹽場。海中有彭湖嶼。南有晉江，自南安縣流入，經城西石塔山下，又東南至岱嶼入海。東北有洛陽江，南流入海。又東南有永寧衞，南有守禦福泉千戶所，俱洪武二十一年二月置。東南有祥芝、又有烏潯、南有深滬、又有圍頭四巡檢司。西南有安平城，嘉靖中築。東南有石湖城，萬曆中築。

南安府西，少北。東南濱海。南有黃龍溪，卽晉江之上流，西有桃林溪流入焉。南有石井巡檢司。又西北有澳頭、西南有達河二巡檢司，後廢。

同安府西南。西有文圃山。南濱海，有鹽場。西北有西溪，流合縣東之東溪，縣西之苧溪，又東南注於海。西南有守禦金門千戶所，西有守禦高浦千戶所，俱洪武二十一年二月置。又西南有永寧中左千戶所，在嘉禾嶼，卽廈門也，洪武二十七年二月置。西有苧溪、南有塔頭山、東南有田浦、又有陳坑四巡檢司。又西南有白礁巡檢司，後移於縣西之灌口寨。東南有烈嶼巡檢司，後移於石潯港口。又有官澳巡檢司，後移於踏石寨。又有峯上巡檢司，後移於縣西之下店港口。

惠安府東北。東南濱海，有鹽場。西有洛陽江。又東南有守禦崇武千戶所，洪武二十一年二月置，嘉靖中移於縣東北。城東有黃崎、南有獺窟、東南有小岞、東北有峯尾四巡檢司。又東北有塗嶺、又有沙格、東南有小兜三巡檢司，洪武二十年廢。

安溪府西。西北有佛耳山。南有藍溪。又西北有源口渡巡檢司，後遷白華堡，尋復。

永春府西北。西北有雪山，桃林溪出焉，東逕南安縣，北合藍溪，爲雙溪口，又東逕南安縣，南合於黃龍溪。西有陳岩寨巡檢司，洪武中廢。

德化府西北。西北有戴雲山。西有太湖山。南有丁溪，又有滻溪，合而北流，入興化仙遊境。又西北有高鎭巡檢司，本東西園，後徙治，更名。東南有虎豹關。

漳州府元漳州路，屬福建道宣慰司。洪武元年爲府。領縣十。東北距布政司七百里。

龍溪倚。東有岐山。西有天寶山。北有華封嶺，一名龍頭嶺。東南濱海，海中有丹霞等嶼。又東北有九龍江，亦名北溪，其上源出長汀及沙縣，流入縣界，歷龍頭嶺下，謂之峽中，至縣東出峽，爲柳營江，又南有南溪流入焉。又東南爲鎭門港，入於海。有柳營江巡檢司。又南有九龍嶺巡檢司。

漳浦府南。南有梁山，又東南有良山，與梁山相峙。東北有大武山。縣東南兩面皆濱海。南有漳江，亦曰雲霄溪，合李澳溪入於海。又有石壁溪。東北又有鎭海衞，東有守禦六鼇千戶所。澳東南有古雷、又有後葛、東有井尾澳、西南有盤陀嶺四巡檢司。又東南有靑山巡檢司，後徙治月峙，又西南有雲霄鎭，俱洪武二十一年二月內置。

龍巖府西。東有龍巖山，又有東寶山，舊產銀鉛。西有紫金山。北有九侯山。又南有龍川，下流入漳平界，爲九龍江上源。東北有雁石巡檢司，後移於皡林口。

長泰府東。南有長泰溪，下流入九龍江。東南有朝天嶺巡檢司，後移於溪口。

南靖府西。舊治在西南，雙溪之北。嘉靖四十五年北徙大帽山麓。萬曆二十三年復還舊治。北有歐寮山。南有雙溪，入龍溪縣界，爲南溪。北有永豐、西北有和溪二巡檢司。又有小溪、寒溪二巡檢司，後廢。

漳平府西北。成化六年以龍巖縣九龍鄉置，析居仁等五里地益之。東南有象湖山。南有百家畲洞，踞龍巖、安溪、龍溪、南靖、漳平五縣之交。又有九龍溪，自龍巖縣流經此，下流入龍溪縣。南有歸化巡檢司，後移於縣東之析溪口。又東北有溪南巡檢司，後廢。

平和府西南。正德十四年六月以南靖縣之河頭大洋陂置，析漳浦縣地益之。東南有三平山。東有大峯山，河頭溪所出，〔四〕分數流達海，又西有蘆溪流合焉。有蘆溪巡檢司，後遷枋頭板，改名漳汀巡檢司。

詔安府南。本南詔守禦千戶所，弘治十八年置。嘉靖九年十二月改爲縣。南臨海，海濱有川陵山，海中有南澳山。又東有東溪，爲河頭溪分流，東南流入海。又南有守禦玄鍾千戶所，東有守禦銅山千戶所，俱洪武二十一年二月置。東有金石、洪淡二巡檢司。西南有分水關，漳、潮分界，巡檢司治焉。

海澄府東南。嘉靖四十五年十二月以龍溪縣之靖海館置，析漳浦縣地益之。東北濱海。西有南溪，自龍溪縣流入，與柳營江合流入海。東有海門巡檢司，後遷於青浦社。東北有濠門巡檢司，本治海滄洋，後遷縣東北之嵩嶼。東有島尾巡檢司。又西北有石馬鎮。

寧洋府西北。本龍巖縣之東西洋巡檢司，正統十一年置。嘉靖四十五年十二月改置縣，又析大田、永安二縣地益之。南有香寮山。東南有東洋，溪流所匯也。

福寧州元屬福州路。洪武二年八月降爲縣，屬福州府。成化九年三月升爲州，直隸布政司。

北有龍首山。東有松山，山下有烽火門水寨，正統九年自海中三沙堡移此。東北有大姥山。東南濱海，海中有崙山、臺山、官澳山、屏風嶼。東有白水江。西有長溪，源出壽寧縣界，至縣西南古鎮門入海。東有福寧衛，南有守禦大金千戶所，俱洪武二十一年二月置。西北有柘洋巡檢司，又有蘆門巡檢司，後移桐山堡。又東北有大篔簹巡檢司，後移秦嶼堡。又東有清灣巡檢司，後徙牙裏堡。南有高羅巡檢司，後移閭峽堡。又有延亭巡檢司，後移下滸堡。又東北有蔣洋，又有小瀾，西北有小澳、庫溪，西南有藍田，南有西臼六巡檢司，後廢。領縣二。西南距布政司五百四十五里。

寧德州西南。洪武二年屬福州府。成化九年來屬。北有霍童山，有龜嶼。東南濱海，中有官扈山，下有官井洋。又東有瑞峯，亦在海中。西有穹窿溪，西南有赤鑑湖，北有外渺溪，下流俱達於海。北有東洋麻嶺巡檢司，後徙涵村，又徙縣東北之雲淡門，又徙縣東之黃灣，後還故治。南有南靖關。東有長崎鎮。

福安州西北。洪武二年屬福州府。成化九年來屬。西南有城山。海在南。西北有長溪，東南入福寧州境。西北有白石巡檢司，後徙於縣東南之黃崎鎮。

廣東　禹貢揚州之域及揚州徼外。元置廣東道宣慰使司，治廣州路。屬江西行中書省。又置海北海南道宣慰使司，治雷州路。屬湖廣行中書省。洪武二年三月以海北海南道屬廣西行中書省。四月改廣東道爲廣東等處行中書省。六月以海南海北道所領幷屬焉。四年十一月置廣東都衞。與行中書省同治。八年十月改都衞爲廣東都指揮使司。九年六月改行中書省爲承宣布政使司。領府十，直隸州一，屬州七，縣七十五。爲里四千二十八。北至五嶺，與江西界。東至潮州，與福建界。西至欽州，與廣西界。南至瓊海。距南京四千三百里，京師七千八百三十五里。洪武二十六年編戶六十七萬五千五百九十九，口三百萬七千九百三十二。弘治四年，戶四十六萬七千三百九十，口一百八十一萬七千三百八十四。萬曆六年，戶五十三萬七百一十二，口五百四萬六百五十五。

廣州府元廣州路，屬廣東道宣慰司。洪武元年爲府。領州一，縣十五。

南海倚。西北有石門山、雙女山。南濱海。又南有三江口。三江者，一曰西江，上流合黔、鬱、桂三水，自廣西梧州府流入；一曰北江，卽湞水；一曰東江，卽龍川水。俱與西江會，經番禺縣南，入於南海。西北有三江巡檢司，本治側水村，後遷村堡。又有金利、西南有神安、又有黃鼎、又有江浦四巡檢司。又南有五斗口巡檢司，後遷磨刀口，又遷佛山鎭。

番禺倚。在城有番、禺二山，縣是以名。東有鹿步、南有沙灣、北有慕德、東南有茭塘、又有獅嶺五巡檢司。

順德府西南。景泰三年，以南海縣大良堡置，析新會縣地益之。西北有西江。南有馬寧、北有紫泥二巡檢司。西有江村巡檢司，後遷縣西北査浦。北有寧都巡檢司，後遷都粘堡。又東南有馬岡巡檢司，後廢。

東莞 府東南。南濱海，海中有三洲，有南頭、屯門、雞栖、佛堂門、十字門、冷水角、老萬山、零丁洋等澳。北有東江。西有中堂、西南有白沙、又有缺口鎭三巡檢司。東北有京山巡檢司，本治茶園，後遷京口村，更名。又西南有虎頭山關，洪武二十七年置。

新安 府東南。本東莞守禦千戶所，洪武十四年八月置。萬曆元年改爲縣。南濱海。有大鵬守禦千戶所，亦洪武十四年八月置。東南有官富、西北有福永二巡檢司。

三水 府北。嘉靖五年五月以南海縣之龍鳳岡置，析高安縣地益之。西江在南，北江在西。又西南有三江、北有胥江、東有西南鎭三巡檢司。又南有橫石巡檢司。

增城 府東。東有增江。南有東江。西南有烏石、西北有茅田二巡檢司。

龍門 府東。弘治六年以增城縣七星岡置，析博羅縣地益之。南有龍門水，亦曰九淋水，流入東江。東有上龍門巡檢司。

香山 府南。南濱海。東有零丁洋。北有黄圃巡檢司。西北有大攬巡檢司，本名香山，後更名。

新會 府西南。南濱海，中有崖山。東北有西江。西南有恩平江，一名峴岡水。東南有潮連、西有牛肚灣二巡檢司。又西北有樂逕巡檢司，後遷縣北之石螺岡。又東北有大瓦巡檢司，本治中樂都，後遷鸞臺村。又南有沙村巡檢司，本治大神岡，後遷仙洞村，又遷長沙村，後復故治。

新寧府西南。弘治十一年以新會縣德行都之上坑峒置，析文章等五都地益之。南濱海。北有恩平江，一名長沙河。又南有廣海衞，洪武二十七年九月置。西有望高巡檢司。西南有城岡巡檢司，後廢。

從化府東北。弘治二年以番禺縣橫潭村置，析增城縣地益之。九年遷於流溪馬場曲。東北有流溪巡檢司，本治縣北石潭村，後遷神岡村。

清遠府北。東有中宿峽。西有大羅山。又湞水在縣東北，東南有滃水來合焉，謂之滃江口，有滃江巡檢司。又西南有迴岐、西北有濱江二巡檢司。東北有橫石磯巡檢司，後廢。

連州元桂陽州，直隸廣東道。洪武二年三月省入連州。四月，連州廢，地屬連山。三年九月，連山廢，地屬陽山。十四年置連州於此，屬府。東北有桂水。西有湟水，亦曰洭水，自湖廣寧遠縣流入，東南合湞水。西北有朱岡巡檢司。又有西岸巡檢司，治仁內鄉，後徙陽山縣境。東南距府五百六十里。領縣二。

陽山州東北。元屬桂陽州。洪武二年三月，桂陽州廢，屬連州。四月，連州廢，屬韶州府。十四年四月改爲連州，徙州於桂陽州舊治，復置縣，屬焉。南有陽谿，即洭水。西北有星子巡檢司。東有西岸巡檢司，自連州移此，治青蓮水口。又北有湟谿、陽山二關。

連山州西。元連州治此，直隸廣東道。洪武二年四月，州廢，屬韶州府。三年九月省入陽山。十三年十一月復置。十四年四月屬州。舊治在縣西北鍾山。永樂元年徙縣西程山下。天順六年又徙小坪。南有黃連山。北有高良水，又名大獲水，東至州界入湟水。西有宜善巡檢司，即秬山下舊縣治。

肇慶府元肇慶路，屬廣東道。洪武元年爲府。領州一，縣十一。南距布政司二百三十里。

高要倚。北有石室山。南有銅鼓山。東有高峽山、爛柯山。城南有西江，又南有新江，東南有蒼梧水，俱流入焉。東南有古耶巡檢司，治龍池都之馮村，後遷縣東之橫槎下都。東有祿步巡檢司，初在下村，後遷上村水口。東有橫槎巡檢司，初治上半都，後遷水口，尋廢。

高明府東南。本高要縣高明鎭巡檢司，成化十一年十二月改爲縣，析清泰等都益之。南有倉步水，一名滄江，下流入於西江。東北有太平巡檢司，治太平都，後遷縣東都含海口。又遷縣西南山臺寺，又遷縣東淸溪申石奇海濱。

四會府北。南有北江。東有南津巡檢司，治黃岡村，尋遷縣東南南津水口。

新興府南。元新州治，直隸廣東道。洪武二年四月，州廢，來屬。東有新江。西南有立將巡檢司。又南有祿緣巡檢司，後廢。

開平府南。本恩平縣之開平屯。明末改爲縣，析新興、新會二縣地益之。南有恩平江，源出舊恩平縣西北平城山，東流合烏石水，下流入廣州新會縣界。東南有沙岡巡檢司，本治沙岡村，後遷平康都之長沙村。又南有松柏、北有四合二巡檢司。

陽春府南。元屬南恩州。洪武元年屬新州。二年四月，新州廢，屬府。西有漠陽江。北有古良巡檢司，尋廢，後復置於縣西，又遷南鄉都小水口。又北有思良巡檢司，後廢。

陽江府南。元南恩州治此，直隸廣東道。洪武元年，南恩州廢，改屬新州。二年四月，新州廢，屬府。南濱海。中有海陵山，山西北爲鵠州山，海陵巡檢司在焉。西有漠陽江，源出古銅陵縣北雲浮山下，南流過陽春縣，會諸水，經南恩舊城，直通北津港門，入於海。東南有海朗守禦千戶所，西南有雙魚守禦千戶所，俱洪武二十七年置。又東北有蓮塘堡，西有太平堡，俱嘉靖間築。

恩平府南。本陽江縣之恩平巡檢司，初治縣東北之恩平故縣，後遷恩平堡。成化十四年六月改堡爲縣，析新興、新會二縣地益之，而遷巡檢司於縣東南之城村，仍故名，後又遷白蒙屯。縣南有恩平江。

廣寧府西北。嘉靖三十八年十月以四會縣地置。初治縣東南潭圃山下，後遷大圃村福星山下，即今治也。北有綏江，又有龍口屯田千戶所，亦嘉靖三十八年置。西北有金溪巡檢司。南有扶溪巡檢司，初治東鄉水口，後遷扶溪口，又遷官埠。

德慶州元德慶路，屬廣東道。洪武元年爲府。九年四月降爲州，以府治端溪縣省入，來屬。西有小湘峽，西江經其中，端溪自東北流入焉。東有悅城鄉巡檢司，治悅城故縣，後遷靈溪水口。東距府二百十里。領縣二。

封川州西。元封州治此，直隸廣東道。洪武二年三月，州廢，改屬。南有西江，西有賀江，西北有東安江，俱流入焉。北有文德巡檢司，初治縣西北大洲口，後遷縣西賀江口，後又遷於此。

開建州西北。元屬封州。洪武二年三月改屬。西有開江，一名封溪，卽賀江之下流。北有古令巡檢司，治古令村，後遷縣東北之褥村。

韶州府元韶州路，屬廣東道宣慰司。洪武元年爲府。領縣六。西距布政司八百里。

曲江倚。永樂二十二年建淮王府，正統元年遷於江西饒州府。南有蓮花山。東北有韶石山。西有桂山。湞水在東，東南有曹溪水，西有武水，俱流入焉，抱城回曲，故謂之曲江，下流卽始興江。東北有平圃、南有濛裏二巡檢司。

樂昌府西北。南有昌山。東北有靈君山。西有三瀧水，卽武水。北有九峯、西北有黃圃、又有羅家灣三巡檢司。東有高勝巡檢司，後廢。

英德府西南。元英德州，直隸廣東道。洪武二年三月降爲縣，來屬。南有皐石山，一名湞陽峽。又湞水在縣東，一名溱水，洭水在縣西，一名洸水，至縣西南合流，謂之洸口，有洸口巡檢司。又南有瀧頭水，與湞水合。又東有象岡、北有清溪、西有含洸三巡檢司。又南有南崖巡檢司，廢。

仁化府東北。治水西村，後遷城口村。西北有吳竹嶺，吳溪水出焉，下流爲潼溪，入湞。東北有扶溪巡檢司。又北有恩村巡檢司。

乳源府西。本治虞塘，洪武元年遷於洲頭津。西有臘嶺，五嶺之一。西北有武水，自湖廣宜章縣流入，有武陽巡檢司。

翁源府東南。元屬英德州。洪武二年三月改屬。故城在西北，今治本長安鄉也，洪武初，遷於此。北有寶山。東有靈池山，滃溪出焉，卽瀧頭水。東有桂丫山巡檢司，初治茶園鋪，後遷南浦。

南雄府元南雄路，屬廣東道。洪武元年爲府。領縣二。西距布政司千九十里。

保昌倚。大庾嶺在北，亦曰梅嶺，上有梅關，湞水所出。西北有凌江水，流合焉，南至番禺入海，謂之北江。又縣東有小庾嶺。西北有百順、東南有平田二巡檢司。又東北有紅梅巡檢司，舊治梅關下，後遷於此。

始興府西。西有始興江，卽湞水。南有淸化徑巡檢司。又東北有黃塘巡檢司，本治瓔珞鋪，後遷黃塘江口，又遷黃田鋪。

惠州府元惠州路，屬廣東道宣慰司。洪武元年爲府。領州一，縣十。西北距布政司三百六十里。

歸善倚。南濱海。西江在西南。東有東江，自江西安遠縣流入府境，亦曰龍川江，西南至番禺縣，會西江入海。東南有平海守禦千戶所，洪武二十七年九月置。又有內外管理、又有碧甲二巡檢司。

博羅府西北。西北有羅浮山。南有東江。西有石灣、又西北有善政里二巡檢司。

長寧府西。隆慶三年正月以歸善縣鴻雁洲置，析韶州府英德、翁源二縣地益之。萬曆元年徙治君子嶂下。南有新豐江，下流入龍江。西有坪坪巡檢司。又北有黃峒巡檢司，後廢。

永安府東北。隆慶三年正月以歸善縣安民鎭置，析長樂縣地益之。西有東江。西南有寬仁里巡檢司，治苦竹派，後遷桃子園。又有馴雉里巡檢司，治鳳凰岡，後遷縣東烏石屯。尋俱還故治。

海豐府東。北有五坡嶺。南濱海，一名長沙海。又東南有碣石衞，東有甲子門守禦千戶所，俱洪武二十七年十月置。南有捷勝守禦千戶所，洪武二十八年二月置，初名捷徑，三月更名。有甲子門巡檢司。又西有鵝埠嶺巡檢司。又西南有長沙港巡檢司，後遷謝道。

龍川府東北。元循州治此，直隸廣東道。洪武二年四月，州廢，來屬。東有霍山。南有龍江，卽東江上流，自江西安遠縣流入。東有通衢巡檢司，後遷老龍埠，尋還故治。東北有十一都巡檢司。

長樂府東北。元屬循州。洪武四年四月來屬。舊治在紫金山北。洪武初，徙於今治。東南有興寧江。南有十二都巡檢司。又西有清溪巡檢司，後廢。

興寧府東北。元屬循州。洪武二年四月來屬。南有興寧江，東入潮州府程鄉縣界。東南有水口巡檢司，治水口隘，後廢，復置於下岸，尋遷於上岸水東。又北有十三都巡檢司，後遷白水砦，尋復故。

連平州本連平縣。崇禎六年以和平縣惠化都置，析長寧、河源二縣及韶州府翁源縣地益之。尋升爲州。西有銀梅水，源出楊梅坪，卽湞水上源。南有長吉里、東南有忠信里二巡檢司。東北距府百八十里。領縣二。

河源州北。舊屬府，崇禎六年改屬州。故城在西南。洪武二年徙於壽春市。萬曆十年遷於今治。南有槎江，即龍川江，下流爲東江。又北有新豐江入焉。又東北有藍口巡檢司。

和平州少北。正德十三年八月以龍川縣之和平司置，析河源縣地益之，屬府。崇禎六年改屬州。北有九連山。西北有浰頭山，三浰水出焉，亦名和平水，有浰頭巡檢司。

潮州府元潮州路，屬廣東道宣慰司。洪武二年爲府。領縣十一。西距布政司千一百九十里。

海陽倚。南濱海，有急水門。東有鱷溪，一名惡溪，亦名韓江，又名意溪，東入於海。西北有潘田巡檢司。又有楓洋巡檢司，尋遷縣南園頭村。

潮陽府南。東南濱海。西南有練江。南有海門守禦千戶所，洪武二十七年置。東有招寧、西北有門闢、北有桑田三巡檢司。又有吉安巡檢司，治淢水都南山下，後遷貴嶼村。

揭陽府西。西北有揭嶺。南有古溪。東南濱海。西有南寨巡檢司，本名湖口，治湖口村，後遷棉湖寨，更名。東有北寨巡檢司，本治縣西北岡頭山，後遷縣東北鳥石山南，尋還舊治，後又遷縣東桃山舖前。

程鄉府西北。元梅州治此，直隸廣東道。洪武二年四月，州廢，來屬。南有梅溪，即興寧江之下流，一名惡溪，西北有程江合焉。西有太平鄉巡檢司，治梅塘堡，後遷縣西北石鎭村旁。東南有豐順鄉巡檢司，本在縣西北平遠縣界，後遷松口市。

饒平府東北。成化十二年十月以海陽縣三饒地置，治下饒。東南濱海，海中有南澳山，有大成守禦千戶所，洪武二十七年置。南有黄岡、西有鳳凰山二巡檢司。又東南有柘林寨。

惠來府西南。嘉靖三年十月以潮陽縣惠來都置，析惠州府海豐縣地益之。南濱海。西有三河，以大河、小河、清遠河三水交會而名，卽韓江之上源。東南有靖海守禦千戶所，洪武二十七年置。南有神泉巡檢司，本名北山，治縣西北山村，後遷神泉村，更名。

鎭平府北。本平遠縣石窟巡檢司，崇禎六年改爲縣，析程鄉縣地益之。西有石窟溪，下流入於程江。東有藍坊巡檢司，自石窟司遷治，更名。

大埔府東。嘉靖五年以饒平縣大埔村置，析戀洲、清遠二都地益之。南有神泉河，卽福建汀州府之鄞江。又西有惡溪。東北有虎頭沙、西有三河鎭二巡檢司。又南有大產巡檢司，後遷黄沙。西南有烏槎巡檢司，後遷高陂。

平遠府西北。嘉靖四十一年五月以程鄉縣豪居都之林子營置，析福建之武平、上杭，江西之安遠，惠州府之興寧四縣地益之，屬江西贛州府。四十二年正月還三縣割地，止以興寧程鄉地置縣，來屬。

普寧府西南。嘉靖四十二年正月以潮陽縣洊水都置，析洋烏、黄坑二都地益之，寄治貴山都之貴嶼。萬曆十年移治黄坑，以洋烏、洊水二都還潮陽。西有冬瓜山，冬瓜水出焉，下流爲揭陽縣之古溪，與南、北二溪合，下流至澄海縣入於海。西南有雲落徑巡檢司。

澄海府東南。本海陽縣之闢望巡檢司。嘉靖四十二年正月改爲縣，析揭陽、饒平二縣地益之，而徙闢望巡檢司於縣北之南洋府，仍故名。南濱海，亦曰鳴洋海。西南有蓬州守禦千戶所，洪武二十六年四月置。又有駝浦巡檢司。

高州府元高州路，屬海北海南道，治電白。洪武元年爲府。七年十一月降爲州。九年四月復爲府。後徙治茂名。領州一，縣五。東南距布政司一千里。

茂名倚。洪武七年十一月省，十四年五月復置。南濱海。城西有竇江，源出信宜縣，東北流，鑑江入焉，西南流入化州界。南有赤水巡檢司。東南有平山巡檢司，治紅花堡，後遷縣東北之電白故縣。又西南有博茂巡檢司，後廢。

電白府東。舊治在西北。今治本神電衞，洪武二十七年十月置。成化三年九月遷於此。東濱海。西北有立石巡檢司，後廢。

信宜府北。南有竇江。東北有中道巡檢司，治在懷德鄉黃僚寨之左，廢，後復置於羅馬村，尋又遷於三橋。

化州元化州路，屬海北海南道。洪武元年爲府。七年十一月降爲州，以州治石龍縣省入。九年四月又降爲縣，來屬。十四年五月復爲州。北有石城山，又有來安山。東北有茂名水，竇江之下流。又有陵水、羅水，俱自廣西北流縣流入，與茂名水合，至吳川縣爲吳川水，南入於海。北有梁家沙巡檢司。東南距府九十里。領縣二。

吳川州南。元屬化州路。洪武九年四月屬高州府。十四年五月改屬州。南濱海，中有硇洲。有硇洲巡檢司，在洲南濱海，後遷洲上。東南有寧川守禦千戶所，洪武二十七年四月置。又北有寧村巡檢司，治川漘，後遷縣西北之地聚村，又遷於芷苧口。

石城州西。元屬化州路。洪武九年四月屬高州府。十四年五月改屬州。南濱海。西有零綠巡檢司。

雷州府元雷州路，屬海北海南道宣慰司。洪武元年爲府。領縣三。東距布政司千四百五十里。

海康倚。東濱海。南有擎雷水，自擎雷山南流，東入於海。西有海康守禦千戶所，洪武二十七年十月置。西南有清道、東南有黑石二巡檢司。

遂溪府北。東西濱海。西南有樂民守禦千戶所，洪武二十七年十月置。西北有湛川巡檢司，治故湛川縣，後遷縣東南故鐵杷縣。又西南有潿洲巡檢司，治海島中博里村，後遷蠶村。

徐聞府南。東西南三面濱海。西有海安守禦千戶所，東有錦囊守禦千戶所，俱洪武二十七年十月置。西南有東場、東有寧海二巡檢司。又西北有遇賢巡檢司，廢。

廉州府元廉州路，屬海北海南道宣慰司。洪武元年爲府。七年十一月降爲州。九年四月屬雷州府。

十四年五月復爲府。領州一，縣二。東距布政司千二百十里。

合浦倚。洪武七年十一月省，十四年五月復置。東有大廉山，州以此名。東南濱海，亦曰珠母海，以海中有珠池也。又城北有廉江，亦曰合浦江，自廣西容縣流入，逕州，江口分爲五，西南注於海。又北有石康縣，成化八年省。東有永安守禦千戶所，洪武二十七年置。東南有珠場、東北有永平二巡檢司。又北有高仰巡檢司，治馬欄墟，後遷於縣西南。

欽州元欽州路，屬海北海南道。洪武二年爲府。七年十一月降爲州，以州治安遠縣省入。九年四月降爲縣，來屬。十四年五月復爲州。西南濱海，中有烏雷山，入安南之要道也。又有分茅嶺，亦與安南分界。龍門江在城東，又東有欽江，俱入於海。南有淞海、西南有長墩、西北有管界三巡檢司。又西有如昔、又有佛淘二巡檢司，與交阯接界，宣德二年入於安南，嘉靖二十一年復。又西南有千金鎭。東距府百四十里。領縣一。

靈山州北。元屬欽州。洪武九年四月屬廉州。十四年五月仍屬欽州。北有洪崖山，洪崖江出焉，〔五〕經縣東，與羅陽山水合，爲南岸江，南流爲欽江。又南有林墟、西有西鄉二巡檢司。

瓊州府元乾寧軍民安撫司。元統二年十月改爲乾寧安撫司，屬海北海南道宣慰司。洪武元年十月改爲瓊州府。二年降爲州。三年仍升爲府。領州三，縣十。東北距布政司千七百五十里。

瓊山倚。南有瓊山。北濱海，有神應港，亦曰海口渡，有海口守禦千戶所，洪武二十年十月置。又西南有水蕉村，萬曆二十八年置水會守禦千戶所於此。南有石山。又有清瀾巡檢司，廢。

澄邁府西。北濱海。南有黎母江。東有澄江。西北有澄邁巡檢司，治石𥗼都。南有兇穎巡檢司，治曾家東都，後遷南黎都，廢。西南有銅鼓巡檢司，治新安都，後遷西黎都，廢。又有那拖巡檢司，治那拖市，後遷縣西森山市，廢。

臨高府西。北濱海。南有黎母江。南有田牌巡檢司，後遷墳橫岡。又東有定南、北有博舖二巡檢司，廢。

定安府南。元至元二十九年六月置。天曆二年十月升爲南建州。洪武元年十月復爲縣。南有五指山，亦曰黎母山，黎人環居山下，外爲熟黎，內爲生黎。北有建江，繞郡境西北流，入南渡江。東有潭覽屯田千戶所，元置，洪武中因之，永樂四年廢。西有青寧巡檢司。又東有寧村巡檢司，治潭覽村，後遷縣東南南資都，仍故名。

文昌府東。西北有七星山。南有紫貝山。東北濱海。東南有文昌江，入於海。又東北有清瀾守禦千戶所，洪武二十七年八月置，萬曆九年遷縣東南砥都陳家村。西北有舖前巡檢司。東北有青藍頭巡檢司，後遷縣東抱凌港。

會同府東南。元至元二十九年六月置。東濱海。西有黎盆溪。東有調囂巡檢司，治端趙都，尋遷縣東南滄村。

樂會府東南。西有白石山。東濱海。西北有萬泉河，有黎盆水流入焉。

儋州元南寧軍，屬海北海南道宣慰司。洪武元年十月改爲儋州，屬府。正統四年六月以州治宜倫縣省入。西北有龍門嶺。西濱海。北有倫江。西南有鎮南、又有安海二巡檢司。又東有歸姜巡檢司，廢。東北距府三百七十里。領縣一。

昌化州南。舊城在東南，今城本昌化守禦千戶所，洪武二十五年置。正統六年五月徙縣治焉。西濱海。南有昌江。

萬州元萬安軍，屬海北海南道。洪武元年十月改爲萬州，屬府。正統四年六月以州治萬安縣省入。北有六連山，龍滾河出焉。東南海中有獨洲山。東有蓮塘巡檢司，後廢。西北距府四百七十里。領縣一。

陵水州南。東北有舊縣城，今治本南山守禦千戶所，洪武二十七年置。正統間，遷縣於此。西有小五指山。東濱海，海中有雙女嶼。東北有牛嶺巡檢司。

崖州元吉陽軍，屬海北海南道宣慰司。洪武元年十月改爲崖州，屬府。正統四年六月以州治寧遠縣省入。南有南山。北有大河，自五指山分流，南入海。東有滕橋、西有抱歲、又西北有通遠三巡檢司。北距府千四百一十里。領縣一。

感恩州西北。舊屬儋州。正統五年來屬。西濱海。南有南湘江，源自黎母山，西南入於海。東南有延德巡檢司。

羅定州元瀧水縣，屬德慶路。洪武元年屬德慶州。萬曆五年五月升爲羅定州，直隸布政司。〔六〕

西南有瀧水，源出瑤境。又有瀧水、新寧、從化三千戶所，俱萬曆七年置。又有函江守禦千戶所，萬曆五年五月置於西寧縣境，十六年遷於州界之苪溝驛。南有開陽鄉、西北有晉康鄉二巡檢司。又東有建水巡檢司，治建水鄉，後遷縣東南古榠村，又遷高要縣白坭村，尋復還白榠。領縣二。東距布政司五百三十里。

東安州東。萬曆五年十一月以瀧水縣東山黃姜峒置，析德慶州及高要、新興二縣地益之。北有西江，西有瀧水流入焉。東北有南鄉守禦千戶所，西南有富霖守禦千戶所，俱萬曆五年五月置。東南有羅苛巡檢司。

西寧州西。萬曆五年十一月以瀧水縣西山大峒置，析德慶州及封川縣地益之。東北有西江，與德慶州分界。東南有瀧水。西南有封門守禦千戶所，萬曆五年五月置。北有都城鄉巡檢司。又西南有懷鄉巡檢司，後廢。

廣西　禹貢荊州之域及荊、揚二州之徼外。元置廣西兩江道宣慰使司，治靜江路。屬湖廣行中書省。至正末，改宣慰使司爲廣西等處行中書省。洪武二年三月因之。六年四月置廣西都衞。與行中書省同治。八年十月改都衞爲都指揮使司。九年六月改行中書省爲承宣布政使司。領府十一，州四十有八，縣五十，長官司四。爲里一千一百八十三。北至懷遠，與湖廣、貴州界。東至梧州，與廣東界。西至太平，與貴州、雲南界。南至博白，與廣東界。距南京四千二百九十五里，京師七千四百六十二里。洪武二十六年編戶二十一萬一千二百六十三，口一百四十八萬二千六百七十一。弘治四年，戶四十五萬九千六百四十，口一百六十七萬六千二百七十四。萬曆六年，戶二十一萬八千七百一十二，口一百一十八萬六千一百七十九。

桂林府元靜江路。洪武元年爲府。五年六月改爲桂林府。領州二，縣七。

臨桂倚。洪武三年七月建靖江王府於獨秀峯前。東有桂山。東北有堯山。又有桂江，亦曰灕江，南有陽江來合焉，至蒼梧縣合於左、右江。東有蘆田市、西有兩江口二巡檢司。南有湘山渡巡檢司，後廢。

興安府北。南有海陽山，湘水出其北，流入湖廣永州府界，灕水出其南，南入梧州府界。北有越城嶺，亦曰始安嶠，五嶺之最西嶺，下有始安水流入灕水。西南有融江六峒、西有鹽砂寨、北有唐家舖三巡檢司。又西南有岩關。

靈川府北。北有百丈山。東北有融江，源出融山二洞中，一名銀江，流經縣境，又南入靈川縣界，合於灕江。南有白石潭、東北有千秋峽二巡檢司。

陽朔府南。北有陽朔山。東有灕江。東南有伏荔市、南有都樂墟二巡檢司。西有白竹寨巡檢司，廢。

全州元全州路，屬湖廣道。洪武元年爲府。九年四月降爲州，省州治清湘縣入焉，屬湖廣永州府。二十七年八月來屬。西有湘山。南有湘水，又北有洮水流合焉。又西有西延、西南有建安、東北有柳浦三巡檢司。又東北有平塘巡檢司，廢。南距府二百五十里。領縣一。

灌陽州南，少東。南有灌水，經州界，合於湘水。西南有吉寧鄉崇順里巡檢司。

永寧州元古縣。洪武十四年改爲古田縣。隆慶五年三月升爲永寧州。縣舊治在今州南三十里。洪武初，移於今州南八里。成化十八年又移今治。又有黄源水，下流入灕江。南有桐木鎮、又有常安鎮、西南有富橡鎮三土巡檢司。東距府百五十里。領縣二。

永福州東南。舊屬府，隆慶五年三月改屬州。西南有太和山，太和江環其下，東入柳州府，爲雒清江。又西南有理定縣，元屬靜江舊路，正統五年九月省。又有蘭麻鎮、東北有銅鼓市二巡檢司，廢。

義寧州東北。舊屬府，隆慶五年三月改屬州。北有丁嶺，義江出焉，下流分爲二，東流者爲臨桂縣之相思水，入於灕江，南流者爲永福縣之白石水，即太和江也。西北有桑江口巡檢司。

平樂府元大德五年十一月置。洪武元年因之。領州一，縣七。北距布政司百九十里。

平樂倚。東南有魯溪山。西北有灕江，又北有樂川水，東經昭潭流合焉。又東有榕津寨巡檢司，又有水濊營土巡檢司。又東有龍平寨巡檢司、昭平堡土巡檢司，廢。又東有團山堡，東南有廣運堡、足灘堡，又南有甑灘堡，俱弘治後置。

恭城府東北。南有樂川水，又東有勢江，南有南平江，北有平川江，西南有西水江，俱流合焉。東北有鎮峽寨、東有勢江源二巡檢司。又有白面寨、西嶺寨二土巡檢司。

富川府東，少北。元屬賀州。洪武十年五月改屬潯州府，後來屬。西南有鍾山縣，舊治於此，洪武二十九年十一月移治靄石山下，而置邊蓬寨巡檢司於舊治。北有秦山，接湖廣道州界。東北有町渚嶺，即臨賀嶺，與湖廣江華縣分界。又東有富江，南合賀水。西南有白霞寨、西北有寨下市二巡檢司。

賀 府東南。元賀州，直隸廣西兩江道。洪武初，以州治臨賀縣省入，屬潯州府。十年五月降爲縣，後來屬。東北有臨賀嶺，亦曰桂嶺，下有桂嶺縣，元末廢。東有賀江，至廣東封川縣合於西江。南有信都鄉巡檢司。北有沙田寨巡檢司，後遷縣西點燈寨，尋廢。又東北有大寧寨、樊宇寨、白花洞三土巡檢司，後廢。

荔浦 府西，少南。舊屬桂林府，弘治四年來屬。舊治在今縣西。景泰七年移於後山，即今治。東有銅鼓嶺，一名火焰山。又荔江在南，下流入灕江。東南有峯門寨巡檢司，後遷中嵩。西北有南原寨巡檢司，後遷縣東南下嵩，又遷縣東延濱江。又西南有華蓋城，萬曆中築。

修仁 府西，少南。舊屬桂林府，弘治四年來屬。舊治在今縣西馬浪坪。景泰初，遷今縣南霸寨村。成化十五年遷於五福嶺，即今治。東北有荔江，有麗壁市土巡檢司。西南有石墻堡，萬曆間築。

昭平 府南，少東。萬曆四年四月析平樂、富川二縣地置。五年又析賀縣地益之。東有五指山。又有灕江。又有思勤江，下流入於灕江。東南有龍平縣，元屬府，洪武十八年廢。

永安州 元立山縣，屬府。洪武十八年廢爲立山鄉，屬荔浦縣。成化十三年二月置州，曰永安，屬桂林府。弘治三年九月改爲長官司。五年復爲州，來屬。東有蒙山，下有蒙水。南有古眉寨土巡檢司。北有翠峯寨土巡檢司，後遷州西北杜莫寨，又遷州北貓兒堡。東南有仙廻營，萬曆中置。東北距府百二十里。

梧州府元梧州路。洪武元年爲府。領州一，縣九。北距布政司五百八十里。

蒼梧倚。城西南有大江，江卽黔、鬱二水，合流於潯州府城東，爲潯江；入府界，東經立山下，又東經此，與桂江合，謂之三江口，下流爲廣東之西江。東有長行、西有安平、北有東安、西南有羅粒四巡檢司。

藤府西。元藤州，直隸廣西兩江道。洪武二年九月省州治鐔津縣入焉。十月來屬。十年五月降爲縣。北有藤江，亦曰鐔江，卽潯江也。東南有繡江，西有蒙僚江，俱流入焉。又西北有五屯守禦千戶所，嘉靖初置。西有白石寨、南有竇家寨、東北有赤水鎭三巡檢司。又東有湯州、南有周村、西南有驛面、又南有思羅四巡檢司，廢。

容府西南。元容州，直隸廣西兩江道。洪武二年十月來屬。十年五月降爲縣，省州治普寧縣入焉。西北有容山。南有容江，亦名繡江。又東有波羅里大洞、西南有粉壁寨二巡檢司。

岑溪府南，少西。元屬藤州。洪武十年五月改屬府。東北有烏峽山。西有繡江。東南有上里平河村、西南有南渡二巡檢司。又東南有連城鄉義平巡檢司，廢。

懷集府東北。元屬賀州。洪武初，屬平樂府。十年五月來屬。西南有懷溪水。東有武城鄉、西有慈樂寨、西北有蘭峒寨三巡檢司。

鬱林州元直隸廣西兩江道。洪武二年九月以州治南流縣省入。十月來屬。南有南流江，至廣東合浦縣入海。有横嶺、文俊二巡檢司，廢。東北距府三百三十里。領縣四。

博白州西南。西有雙角山，綠珠江出其下，流合縣南飲馬水，下流入南流江。南有周羅、西南有沙河二巡檢司。又有安定、春臺、平山、兆常四土巡檢司，尋廢。又東南有海門鎮，舊爲入安南之道。

北流州北。元屬容州。洪武十年五月來屬。東北有勾漏山。東有銅石山，產水銀、硃砂。又南有扶來山，陵水出焉，西南有峩石山，羅水出焉，俱流入廣東化州界。又北有綠藍山，綠藍水出焉，分爲二。東流者經城東登龍橋，與廣東高州府流入之繡江合，又東經容縣，爲容江。西流者入鬱林州，爲南流江。南有雙威寨巡檢司。西有都隴、又有中山、又有清灣三巡檢司，廢。又西有天門關，本名鬼門關，洪武初，改爲桂門關；宣德中，更今名。

陸川州南，少東。元屬容州。洪武十年五月來屬。舊爲入安南之道。東有龍化江，下流合容江。南有温水寨巡檢司。

興業州西，少北。南有鐵城山。北有罽車嶺，龍母江出焉，下流入南流江。南有趙家寨、西有長寧寨、北有平安寨、又有棠木寨四巡檢司，後俱廢。

潯州府元潯州路。洪武元年爲府。領縣三。東北距布政司九百八十里。

桂平倚。南有白石山。西北有大藤峽。北有黔江，一名北江，亦曰右江，南有鬱江，一名南江，亦曰左江，至城東滙爲潯江。東北有武靖州，成化三年置，萬曆末廢。又東有大黃江口、北有靖寧鄉、東北有大宣鄉、又有思隆鄉、又有木盤沛、西南有常林鄉六巡檢司。又南有羅秀土巡檢司，又北有碧灘堡、鎭峽堡，俱成化中置。東有牛屎灣堡，西有淹冲堡、秀江堡，俱嘉靖中置。

平南　府東。東南有龔江，卽潯江也，東有白馬江流入焉。又有奉議衞，洪武二十八年八月置於奉議州，正統六年五月遷於此。東北有大同、西北有泰川、西南有武林三巡檢司。又南有崗心、東南有三堆、東北有大峽、西北有平嶺四土巡檢司。

貴　府西。元貴州，直隸廣西兩江道。洪武二年十月降爲縣，來屬。南山在南。又有東、西、北三山。南有鬱江，亦曰南江，羣川悉流入焉。有向武軍民千戶所，本向武守禦千戶所，洪武十八年十月置於向武州，三十年三月升軍民所，正統六年五月來遷縣北門外，萬曆二十三年又遷縣西北謝村鎭。東南有新安寨、北有北山寨二巡檢司。又南有橋頭墟、西有瓦塘渡、又有五州寨、又有東壘渡、又有郭東里五巡檢司，廢。又東南有三江城，萬曆中築。

柳州府

元柳州路。洪武元年爲府。領州二，縣十。東北距布政司四百里。

馬平　倚。元爲府屬，洪武元年徙府治於此。南有柳江，亦曰潯水，亦曰黔江，上流自貴州黎平府流入府境，下流至桂平縣合於鬱江，亦曰右江。南有新興鎭、都博鎭二巡檢司。又有歸化鎭巡檢司，廢。

洛容　府東北。舊治白龍岩，天順中，徙於朱峒。正德時，爲猺、獞所據，嘉靖三年十一月復。萬曆四年正月遷於靈塘，以朱峒舊治爲平樂鎭，留兵百名守之。城南有洛淸江，至馬平縣入於柳江。西南有江口鎭、又有運江二巡檢司。東有平樂鎮巡檢司，治石榴江，後遷縣東北中渡。又西南有章洛鎮巡檢司，廢。

柳城府西北。舊治龍江南，元爲府治。洪武元年遷治龍江東，而府徙治馬平縣。龍江自天河縣流入，合於融江，即柳江上流。東有東泉鎮巡檢司。北有古砦鎮巡檢司，初治融江東岸，後遷馬頭驛。又東北有古淸鎮、西有洛好鎮、又有廖洞鎮三巡檢司。

羅城府西北。洪武二年十月以羅城鄉置，屬融州。十年五月來屬。北有武陽江，下流合於融江。北有武陽鎮、又有莫離鎮、又有通道鎮三巡檢司。又舊有安湘鎮、樂善鎮、中峒鎮三巡檢司，廢。

懷遠府北。元屬融州。洪武十年廢，置三江鎮巡檢司。十三年十一月復置縣，來屬，治大融江、潯江之匯。萬曆十九年移治丹陽鎮。西北有九曲山，山南爲石門山，兩山夾峙。福祿江自貴州永從縣流逕其中，至融縣爲融江，至柳城縣爲柳江。又東北有潯江，自湖廣靖州流合焉，有潯江鎮巡檢司。又西北有萬石鎮，又有宜良鎮、丹陽鎮三巡檢司。

融府西北。元融州，直隸廣西兩江道。洪武二年十月以州治融水縣省入，來屬。十年五月降爲縣。東南有靈岩山。北有雲際山。其西曰上石門，以兩山夾峙，融江中流也。又東有寶積山，產鐵。東北有思管鎮、東南有淸流鎮、西南有鵝頭隘三巡檢司。又北有長安鎮巡檢司，本在融江東岸，後遷西岸。又有大約鎮土巡檢司。又有保江鎮、理源鎮、西峒鎮三巡檢司，廢。

來賓府南。元屬象州。洪武十年五月來屬。西南有白牛洞。北有白雲洞。南有大江，亦曰都泥江。西有界牌鎮巡檢司，後遷縣南之南岡。

象州 元直隸廣西兩江道。洪武二年十月來屬，以州治陽壽縣省入。〔七〕西有象山。東有雷山。南有象江，卽柳江。東北有龍門寨巡檢司。又有鵝頸鎭、尖山鎭二巡檢司，廢。西北距府百十三里，領縣一。

武宣 州南。元曰武仙。宣德六年更名。舊治陰江。宣德六年三月徙於高立。東南有大藤峽，後名永通峽。西有柳江，又有都泥江，亦謂之橫水江，來入焉，下流爲潯州府之右江，亦入於柳江。西北有安永鎭、西南有縣郭鎭二巡檢司。又東有東鄉、又有周冲、又有閑得三巡檢司，廢。

賓州 元直隸廣西兩江道。洪武二年九月以州治領方縣省入。〔八〕十月來屬。東南有鎭龍山。西南有燈臺山。西有古漏山，下有古漏關，古漏水出焉，入於賓水。賓水在南，卽都泥江也。東有安城鎭巡檢司。又東有梁村巡檢司，後廢。北距府三百里。領縣二。

遷江 州北。西有古黨山，有峒。東北有大江，卽都泥江。東有遷江屯田千戶所，洪武二十五年九月置。東南有清水鎭巡檢司，又有羅目鎭、李廣鎭二巡檢司，廢。又東有石零堡，北有都歷堡，俱正德中築。

上林 州西，少北。西有大明山，澄江出焉，亦名南江，東合北江，又東入遷江縣之大江。西北有三里營，南丹衞在焉。衞舊在南丹州，洪武二十八年八月置，二十九年正月升軍民指揮使司，尋罷軍民，止爲衞。永樂二年十二月徙上林縣東，正統六年五月徙賓州城，與賓州千戶所同治，萬曆八年徙於此。西南有周安堡，在八寨中，舊爲猺、僮所據，嘉靖三年討平之，萬曆七年改屬南丹衞。西北有三畔鎭巡檢司。又東北有琴水橋、東南有思龍鎭、又有三門灘鎭三巡檢司。

慶遠府元慶遠路。洪武元年爲府。二年正月改慶遠南丹軍民安撫司。三年六月復曰慶遠府。領州四，縣五，長官司三。東北距布政司五百七十里。

宜山倚。北有龍江，東流入融縣，合於融江。西有河池守禦千戶所，洪武二十八年十月置於河池縣，永樂六年徙於此。東有大曹鎭、西有懷遠鎭、又有德勝鎭、又有東江鎭四巡檢司。

天河府北，少東。舊縣在高寨。洪武二年遷於蘭石。正統七年又遷甘場。嘉靖十三年又遷福祿鎭。萬曆十九年始移今治。西南有龍江，自貴州獨山州流入。北有東禪鎭巡檢司，又有思農鎭、歸仁鎭二土巡檢司。

忻城府南，少東。西有烏泥江，卽都泥江。北有三寨堡土巡檢司。

河池州元河池縣。弘治十七年五月升爲州。縣舊治在州北懷德故城。天順六年遷屛風山。成化十三年還治懷德。嘉靖四年又遷鳳儀山南。西有智州山。東有金城江，下流合於都泥江。江北有金城鎭巡檢司。又東有都銘鎭、土堡鎭二巡檢司，後廢。東距府二百五十里。領縣二。

思恩州東北。舊屬府，正德元年二月改屬州。舊治在環江洲。永樂末，遷於淸潭村。宣德三年十一月遷於白山寨。成化八年遷於歐家山。南有環江，北有帶溪，皆合流於龍江。有安化鎭、歸思鎭二巡檢司。又有普義鎭、吉安鎭、北蘭鎭三巡檢司，廢。

荔波州西北。洪武十七年九月析思恩縣地置，屬府。正統十二年改屬南丹州。成化十一年九月又屬府。正德元年來屬。州東南有勞村江，源出貴州陳蒙爛土長官司，流入州界，爲金城江。又東有窮來、南有蒙石、又有方村三土巡檢司，後廢。

南丹州　洪武七年七月置。二十八年廢，尋復置。西有孟英山，舊產銀。南有都泥江，自貴州定番州流入。東距府二百四十里。

東蘭州　洪武十二年置。以西蘭州省入，又省安習、忠、文三州入焉。〔九〕東南有隘洞江，一名都泥江，又名紅水河，又名烏泥江。東北距府四百二十里。

那地州元地州。洪武元年改置。北有都泥江，有布柳水流合焉。南有那州，洪武元年省。東北距府二百四十里。

永順長官司府西南。

永定長官司府南。二司皆弘治五年析宜山縣地置。

永安長官司弘治九年九月析天河縣十八里地置。

南寧府元南寧路。洪武元年爲府。領州七，縣三。東北距布政司千二百里。

宣化倚。東有崑崙山，上有崑崙關。又有橫山，又有思玉山。北有馬退山。東南有望仙坡，與青、羅二山相對。

城西南有大江，即鬱江，一曰夜郎豚水。其上流有二：一爲南盤江，經府城南，曰右江；一爲麗江，經府城西南，曰左江。合流處謂之合江鎭，下流爲潯州府之左江。東有金城寨、西有那南寨、又有那龍寨、又有遷隆寨、南有八尺寨五巡檢司。

隆安府西北。嘉靖十二年四月析宣化縣那久地置。東有火燄山。城北有盤江，亦曰右江。西南有那樓寨、西北有馱演寨二巡檢司。

橫州元直隸廣西兩江道。洪武二年九月以州治寧浦縣省入，屬潯州府。十年五月降爲縣，來屬。十三年十一月復爲州，仍置寧浦縣爲州治，縣尋廢。東有烏蠻山。南有鬱江，又東南有武流江，源自廣東靈山縣，流入境合焉。東有古江口、西有南鄉二巡檢司。又南有太平關，成化四年置。西北距府二百四十里。領縣一。

永淳州西。元屬橫州。洪武十年五月省入橫縣。十三年十一月復置，屬州。西臨鬱江。南有南里鄉、北有武羅鄉二巡檢司。又東北有修德鄉巡檢司，景泰間遷於縣西，後廢。

新寧州　隆慶六年二月以宣化縣定祿洞地置。北有三峯山。城西有麗江，一名定祿江，又名文字水。東南有渠樂寨巡檢司。東距府二百里。

上思州元屬思明路。洪武初廢。二十一年正月復置，屬思明府。弘治十八年來屬。南有十萬山，上思江出焉，東流合西小江，西即交阯所出之左江也。又有明江，亦出十萬山，西流入思明府界。又西有遷隆峒土巡檢司。東南距府三百里。

歸德州元屬田州路。洪武二年屬田州府。弘治十八年來屬。鬱江在西南。〔一〇〕東南距府三百五十里。

果化州元屬田州路。洪武二年屬田州府。嘉靖九年十二月來屬。南盤江在西。東南距府三百二十里。

忠州元屬思明路。洪武初廢。二十一年正月復置，屬思明府。萬曆三年九月來屬。東北距府四百餘里。

下雷州元下雷峒。洪武初，屬鎮安府。嘉靖四十三年來屬。萬曆十八年升爲州。南有邏水，自鎮安府流入，南寧府左江之別源也。東距府五百八十里。

思恩軍民府元思恩州，屬田州路。洪武二年屬田州府，後屬雲南廣西府。永樂二年八月直隸廣西布政司。正統四年十月升爲府。六年十一月升軍民府。舊治在府西北。正統七年遷府東北之喬利。嘉靖七年七月又遷武緣縣止戈里之荒田驛，因割止戈二里屬之。西北有都陽山。東南有靖遠峯。北有紅水江，又有馱蒙江，一名清水江，流合焉。又有大攬江，出城東北大名山，下流俱入於鬱江。東有鳳化縣，正德六年七月置，嘉靖八年十月廢。東有古零，西有定羅、那馬、下旺，北有興隆，東北有白山、安定，西北有舊城、都陽九土巡檢司。領州二，縣二。東北距布政司千二百里。

奉議州元直隸廣西兩江道。洪武五年省入來安府。七年二月復置，直隸行省。二十八年復廢，尋復置，直隸布政司。嘉靖六年二月來屬。東有舊城。今治本砦林村也，洪武初，遷於此。北濱南盤江，有州門渡。距府　百　十里。

上映州元屬鎮安路。洪武五年廢爲洞。萬曆三十二年復置，來屬。東北距府四百七十里。

上林府西南。元屬田州路。洪武二年屬田州府。嘉靖七年七月來屬。北有南盤江，南有大羅溪，東流合焉，卽枯榕江之下流也。

武緣府南。元屬南寧路。萬曆五年十月來屬。西有西江，卽大欖江也，東南有南流江合焉。東有鏌鋣寨、又有博澀寨、西有高井寨、西北有西舍寨四巡檢司。又南有橫山寨巡檢司，廢。

太平府元太平路，至元二十九年閏六月置。洪武二年七月爲府。領州十七，縣三。東北距布政司二千五十里。

崇善倚。府治馱盧村，洪武二年徙治麗江。舊縣治在府西北，嘉靖十九年遷入郭內。北有青連山。〔一〕東有將軍山，下有威震關，一名伏波關。南有府前江，卽麗江，又西有邏水流入焉。北有壺關，正德三年置。又東北有保障關。

陀陵府東北。東有滌空山，滌空江出焉，亦名綠甕江。又南有麗江。

羅陽府東北。南有麗江。西有馱排江，源出永康縣，下流入於麗江。以上三縣，元俱屬太平路。

左州東有舊治。成化十三年遷於思崖村。正德十五年遷於今治，本古攬村也。西北有金山。南有麗江。西南距府百里。

養利州有舊州三，一在州北，一在西北，一在東北。又西北有養水。北有通利江，至崇善縣注於麗江。以上二州，元屬太平路。南距府百五十里。

永康州元永康縣，屬太平路。萬曆二十八年六月升爲州。北有故城。〔一三〕萬曆中，遷於今治。西有綠甕江，下流亦合麗江焉。西南有思同州，舊屬府。萬曆二十八年六月省。西南距府二百里。

上石西州元屬思明路。洪武末省。永樂二年復置。萬曆三十八年來屬。東有明江，西北流入麗江。東北距府三百三十里。

太平州自此以下十一州，元屬太平路。邏水在西，下流入麗江。東南距府八十里。

思城州南有教水，下流合於隴水。東南距府五百里。

安平州南有隴水，下流合於邏水。東南距府百十里。

萬承州西南有綠降水，亦名玉帶水。西南距府五十里。

全茗州西有通利江，一名大利江。南距府百六十里。

鎭遠州北有楊山。南有岩磨水。西南距府二百八十里。

茗盈州南有觀音岩，澗水出焉，下流入於麗江。西南距府六十里。

龍英州南有通利江，〔一三〕有三源，下流入於麗江。南距府二百十里。

結安州西有堰水，下流入麗江。西南距府二百二十里。

結倫州南有晞畢水，卽堰水之上流。西南距府三百三十里。

都結州南有晞畢水。西南距府三百三十里。

上下凍州元屬龍州萬戶府。洪武初來屬。西有八峯山，太源水出焉。〔一四〕又北有靑蓮山。南有拱天嶺。東距府二百二十里。

思明州元屬思明路。洪武二年屬思明府。萬曆十六年三月來屬。東有逐象山。東北有明江，自思明府流入。東北距府二百十里。

思明府元思明路。洪武二年七月爲府，直隸行省。九年直隸布政司。南有明江，有永平寨巡檢司。領州三。北距布政司二千二百里。

下石西州元屬思明路。洪武二年屬府。舊治在東南。萬曆間，始遷今治。西距府百四十里。

西平州元屬思明路。洪武三年省。永樂二年復置。宣德元年與安南。

祿州元屬思明府。洪武三年省。二十一年正月復置，尋沒於交阯。永樂三年收復。宣德元年與安南。

鎭安府元鎭安路。洪武二年爲府。西有鎭安舊城。洪武二年徙於廢凍州，卽今治也。南有馱命江，下流合鬱江。又有邏水，發源府北土山峽中，下流至胡潤寨，與歸順州之邏水合，有湖潤寨巡檢司。距布政司二千二百里。

田州元田州路。洪武二年七月爲府。嘉靖七年六月降爲州，徙治八甲，而置田寧府於府城。八年十月，府廢，州復還故治，直隸布政司。東南有南盤江。西有來安路，元屬廣西兩江道，洪武二年七月爲府，領歸仁州、羅博州、田州，十七年復廢。北有上隆州，元屬田州路，洪武二年屬府，成化三年徙治潯州府東北，更名武靖州。又有恩城州，元屬路，洪武初屬府，弘治五年廢。東有床甲、拱甲、婪鳳，西有武隆、累彩，北有岜馬甲、篆甲，東北有下隆，東南有砦桑，西北有凌時，西南有萬岡陽院，又有大甲、子甲，又有縣甲、怕河、怕牙、思郎、思幼、候周十九土巡檢司。距布政司千六百里。

歸順州元屬鎭安路。洪武初，廢爲洞。弘治九年八月復置，屬鎭安府。嘉靖初，直隸布政司。東北有龍潭水，南入交阯高平府界。又南有邏水，發源西北鵝槽隘界。距布政司二千三百二十里。

泗城州元屬田州路。洪武七年直隸行中書省。九年直隸布政司。舊州在西南，洪武六年移於古勘洞。西有南盤江，自貴州慕役長官司流入，下流爲南寧府之右江。又北有紅水江。東北有程縣，洪武二十一年以泗城州之程丑莊置，屬州，尋屬慶遠府，宣德初，還屬州，嘉靖元年廢。西南有利州，元屬田州路，洪武七年十一月直隸布政司，正統六年五月徙治泗城州古那甲，嘉靖二年廢。又西有上林長官司，永樂七年以州之上林洞置，直隸布政司，萬曆中，省入州，崇禎六年分司西地入雲南廣南府。有羅博關巡檢司。北距布政司一千八百一十五里。

向武州元屬田州路。洪武二年七月屬田州府。二十八年廢。建文二年復置，直隸布政司。舊州在東。萬曆四十五年遷於乃甲。南有枯榕江，下流入於右江。北有富勞縣，元屬田州路，洪武二年屬田州府，尋爲夷僚所據，建文四年復置，後廢。東有武林縣，元亦屬田州路，洪武二年屬田州府，永樂初省入富勞縣。距布政司二千四百里。

都康州元屬田州路。洪武二年屬田州府，後爲夷僚所據。建文元年復置，直隸布政司。西有邕爐江，下流合於通利江。距布政司二千五百四十里。

龍州元龍州萬戶府。洪武二年七月仍爲州，屬太平府。九年六月直隸布政司。南有龍江，自交阯廣源州流入，卽麗江也，有明江流入焉，下流爲南寧府之左江。距布政司二千三百里。

江州元屬思明路。洪武二十年直隸布政司。東有歸安水，西有綠眉水，下流俱合於麗江。領縣一。距布政司二千一百十里。

羅白州東北。洪武三年置，屬思明府，後來屬。南有隴冬水，下流入於麗江。

思陵州元屬思明路。洪武三年省入思明府。二十一年正月復置，直隸布政司。南有角硬山，角硬水出焉，又有淰削水合之，下流入思明府界。距布政司二千一百二十里。

憑祥州　本憑祥縣。永樂二年五月以思明府之憑祥鎭置，屬思明府。成化十八年升爲州，直隸布政司。西北有麗江，自交阯廣源州流入。又南有鎭南關，一名大南關，卽界首關也。距布政司二千四百十里。

安隆長官司元致和元年三月置安隆州，屬雲南行省。後廢爲寨，屬泗城州。洪武三十五年十二月置安隆長官司，仍屬泗城州，後直隸布政司。西有壩達山，渾水河經其下，即紅水江也，東入泗城州界。又西南有同舍河。距布政司里。

校勘記

〔一〕南有將溪亦曰大溪　亦曰，疑誤。讀史方輿紀要卷九七及清一統志卷三三〇均稱將溪在縣西南，東北流入大溪。據此，將溪和大溪是兩條溪，不應稱「亦曰」。

〔二〕本曰蓮城洪武十七年後改蓮曰連　洪武十七年後，疑誤。明史稿志二一地理志、明一統志卷七七、讀史方輿紀要卷九八都稱元改「蓮」曰「連」，寰宇通志卷四七稱元至正中改「蓮」爲「連」。

〔三〕南有灘江流合焉　灘江，明史稿志二一地理志作「濰江」，疑是。

〔四〕河頭溪所出　河頭溪，原作「和頭溪」，據明史稿志二一地理志、讀史方輿紀要卷九九改。下同。

〔五〕北有洪崖山洪崖江出焉　洪崖山、洪崖江，原作「洪牙山、洪牙江」，據明史稿志二二地理志、寰宇通志卷一〇五、讀史方輿紀要卷一〇四改。

〔六〕萬曆五年五月升爲羅定州直隸布政司　原脫「直隸布政司」五字。本志廣東下稱「領直隸州一」，即指羅定州。清一統志卷三五一稱「萬曆四年改縣置羅定州，直隸廣東布政使司」。據補。

〔七〕以州治陽壽縣省入　陽壽縣，原作「陽奉縣」，據明史稿志二二地理志、明一統志卷八三、讀史方輿紀要卷一〇九改。陽壽縣是隋置，見隋書卷三一地理志。

〔八〕以州治領方縣省入　領方縣，原作「嶺方縣」，據明史稿志二二地理志、明一統志卷八三、讀史方輿紀要卷一〇九改。領方縣見漢書卷二八下地理志。元、明均無「陽奉縣」。

〔九〕又省安習忠文三州入焉　原闕「三」字，空一格，據寰宇通志卷一〇八、明一統志卷八四、讀史方輿紀要卷一〇九補。

〔一〇〕鬱江在西南　鬱江，原作「盤江」，據明史稿志二二地理志改。寰宇通志卷一一〇、明一統志卷八五、讀史方輿紀要卷一一〇都作「大江」。讀史方輿紀要宣化縣下說：「大江即鬱江也。」

〔一一〕北有青連山　青連山，原作「青蓮山」，據明史稿志二二地理志、寰宇通志卷一一〇、明一統志卷八五改。清一統志卷三六五青連山下稱「山色青碧」，「綿亙二三百里」。下文上下凍州的「青蓮山」同。

〔一二〕北有故城　故城，原作「固城」。嘉慶重修一統志卷四七二有永康故縣在永康州北，稱「改州時移治」。故城即永康故縣，據改。

〔一三〕南有通利江　通利江，原作「通麗江」，據本志上文全茗州和下文都康州下注、明史稿志一二一地理志、明一統志卷八五改。

〔一四〕太源水出焉　太源水，明史稿志一二一地理志作「大源水」。

明史卷四十六

志第二十二

地理七

雲南　貴州

雲南　禹貢梁州徼外。元置雲南等處行中書省。治中慶路。洪武十五年二月癸丑平雲南，置雲南都指揮使司。乙卯置雲南等處承宣布政使司。同治雲南府。領府五十八，州七十五，縣五十五，蠻部六。後領府十九，禦夷府二，州四十，禦夷州三，縣三十，宣慰司八，宣撫司四，安撫司五，長官司三十三，禦夷長官司二。北至永寧，與四川界。東至富州，與廣西界。西至干崖，與西番界。南至木邦，與交阯界。距南京七千二百里，京師一萬六百四十五里。洪武二十六年編戶五萬九千五百七十六，口二十五萬九千二百七十。弘治四年，戶一萬五千九百五十，口一十二萬五千九百五十五。萬曆六年，戶一十三萬五千五百六十，口一百四十七萬六千六百九十二。

雲南府元中慶路。洪武十五年正月改爲雲南府。領州四，縣九。

昆明倚。洪武二十六年，岷王府自陝西岷州遷於此。永樂二十二年遷岷王府於湖廣武岡州，建滕王府於此，宣德元年除。東有金馬山，與西南碧雞山相對，俱有關，山下即滇池。池在城南，周五百里，其西南爲海口，至武定府北，注於金沙江。又東有盤龍江，西注滇池。東有赤水鵬、淸水江二巡檢司。

富民府西北。東有螳螂川，源自滇池，下流入金沙江。東南有安寧河。

宜良府東，少南。東有大池江，一名大河，亦曰巴盤江。西有湯池巡檢司。

羅次府西北。舊屬安寧州，弘治十三年八月改屬府。西有星宿河，自武定府流入。又有沙摩溪，卽安寧河。南有鍊象關巡檢司。

晉寧州西有大堡河，下流入滇池。北距府百里。領縣二。

歸化東北有交七浦，滇池下流。

呈貢州北。西有滇池，北有落龍河，南流入焉。

安寧州西有呀嵕山，有煎鹽水，設鹽課提舉司，轄鹽井四。天啓三年改設於琅井，此司遂廢。又南有螳螂川。西有安寧河。又有祿脿、貼琉二巡檢司。東距府八十里。領縣一。

祿豐州西。西有南平山，上有關。東有大溪，即安寧河。西有星宿河，河東有老鴉關巡檢司。又西有蘭谷關。

昆陽州東南有渠濫川，東北入於滇池。北距府百五十里。領縣二。

三泊州西北。西有三泊溪，流入滇池。

易門州西。南有易門守禦千戶所，洪武二十四年置，舊縣治在焉。萬曆三年復還縣治於此。又南有黎崖山，產異馬，一名馬頭山。西有九渡河，即祿豐縣大溪，下流入元江府界。

嵩明州　洪武十五年三月改曰嵩盟。成化十八年復故。東北有羅錦山。東有秀嵩山。〔一〕西北有東葛勒山。東南有烏納山，牧漾水出焉，西南入滇池。又東南有嘉利澤，亦曰楊林澤。又西有邵甸河，匯九十九泉，至昆明爲盤龍江。西有邵甸縣，洪武十五年三月屬州，尋廢。東南有楊林縣，成化十七年十月廢。又東有楊林守禦千戶所，洪武二十五年置。又西有兔兒關巡檢司。西南距府百二十里。

曲靖府元曲靖路。洪武十五年三月爲府。二十七年四月升爲軍民府。領州四，縣二。西距布政司二百九十里。

南寧倚。東南有石堡山，山西有元越州治，洪武二十八年正月廢。北有白石江，流合城南之瀟湘江，又東南合左小江，亦謂之南盤江，下流環雲南、澂江、廣西三府之境，至羅平州入貴州界。東北有白水關巡檢司。

亦佐府東。元屬羅雄州。永樂初，改屬府。西南有塊澤江。

霑益州東南有堆溮山。北有北盤江，其上流卽貴州畢節衞之可渡河，流入州境，又東南入貴州安南衞。其西南又有南盤江，卽南寧縣之東山河。南有交水縣，東南有羅山縣，東北有石梁縣，元皆屬州，洪武十五年皆廢。南有平夷衞，本平夷千戶所，洪武二十一年十一月置，二十三年四月改爲衞，後廢，永樂元年復置衞。衞當貴州西入之衝，東有巒岡，西有定南嶺，北有豫順關、宣威關。州東南又有越州衞，洪武二十三年七月置，二十四年十二月徙於陸涼州，二十八年與州同廢，永樂元年九月復置。又州南有松韶鋪、阿幢橋二巡檢司。又南有炎方城，西南有松株城，俱天啓五年築。西南距府二百十三里。

陸涼州東有丘雄山，下有中涎澤，卽南盤江所匯也。西北有木容山，有關。又西有部封山。又西有芳華縣，南有河納縣，元皆屬州，永樂初皆廢。西南有陸涼衞，洪武二十三年三月以古魯昌地置。〔二〕西南有喬甸，〔三〕萬曆二年立營置戍於此。四十八年復設法古甸、龍㟝等營，協守其地。北距府百二十里。

馬龍州東南有木容箐山，洪武二十四年十二月置寧越堡於此。山下有木容溪，下流卽瀟湘江。又西有楊磨山，一名關索嶺，上有關。西南有通泉縣，元屬州，永樂初廢。北有馬隆守禦千戶所，本馬隆衞，洪武二十三年七月置，二十八年十月改爲所。南有魯婆伽嶺巡檢司。又有馬龍縣，元屬州，洪武十五年廢。西南有分水嶺關。東有三叉口關。東距府七十里。

羅平州元羅雄州。萬曆十五年四月更名。北有祿布山。東南有盤江，下流入貴州慕役長官司界。南有定雄守禦千戶所，萬曆十四年九月置。西北距府二百七十里。

尋甸府元仁德府。洪武十六年十月辛未升爲仁德軍民府。丁丑改尋甸軍民府。成化十二年改爲尋甸府。舊治在東。今治在鳳梧山下，嘉靖七年十月徙。西南有落隴雄山，又有畦山。〔四〕西有果馬山，其泉流爲龍巨江，下流入滇池。又西南有三稜山，上有九十九泉，卽盤龍江之上源。又東有阿交合溪。又北有爲美縣，西有歸厚縣，元屬府，洪武十五年三月因之，尋廢。東南有木密關，一名易龍堡，洪武二十三年四月置木密關守禦千戶所於此。西南距布政司二百六十里。

臨安府元臨安路。洪武十五年正月爲府。領州六，縣五，〔五〕長官司九。北距布政司四百二十里。

建水州倚。元時，府在州北。洪武中，移府治此。西南有寶山。西北右有火燄山。〔六〕東有石巖山，瀘江水自石屏州流經此，伏流入巖洞中，東出爲樂蒙河。又東北有曲江，東入於盤江，有曲江巡檢司。又西有禮社江，源出趙州，流經此。又有寧遠州，萬曆十四年析建水州置，四十八年廢。東南有納更山土巡檢司。

石屏州元曰石坪。洪武十五年三月改曰石平，後改今名。南有鍾秀山。東有菜玉山，〔七〕產石似玉。有曲江。又有異龍湖，周百五十里，中有大、小、中三島，其大島、中島上皆有城，其水引流爲瀘江。西有寶秀關巡檢司。東距府七十里。

阿迷州元阿甯萬戶。洪武十五年三月置州。東南有買吾山，萬曆初，改名雷公山。又南有盤江，東有樂蒙河流入焉。又東有火井，有東山口土巡檢司。又有部舊村巡檢司，後廢。又有阿迷守禦城，萬曆二年築。西距府百二十里。

寧州東南有登樓山。東有水角甸山，產蘆甘石。又東有婆兮江，源出澂江府撫仙湖，下流入盤江，又西南有浣江，〔八〕流合焉。又東有西沙縣，元屬州，後省，洪武十五年三月復置，仍屬州，尋復省。西北有甸直巡檢司。西南距府百八十里。

通海府西北。元屬寧州，洪武十五年三月改屬府。南有秀山。北有通海湖。東有守禦通海前前、右右二千戶所，本元臨安路治。洪武初，徙府治建水州。十五年置守禦千戶所於此。

河西府西北。東有曲江。又西有祿卑江，自新興州流入，合於曲江。又東北有綠溪河，〔九〕其下流卽通海湖。又北有曲陀關巡檢司，後廢。

嶍峨府西北。元屬寧州。洪武十五年二月改屬府。東有曲江，自新興州流入，又南有合流江，西北有丁癸江，俱流合焉。又西南有伽羅關、西有興衣鄉二巡檢司。

蒙自府東南。西有目則山。東有雲龍山，又有羨裒山。又東南有黎花江，卽禮社江也，東南注於交阯清水江。有黎花舊市柵，宣德五年五月置臨安衞右千戶所於此。又西南有西溪二，出銀礦。又南有蓮花灘，卽瀾滄江下流，交阯洮江上流。西南有箐口關巡檢司，又有大窩關、楊柳河關。東南有廢果寨，又有賀謎寨，俱道通交阯。

新平府西北。萬曆十九年置。東南有魯奎山。東有平甸河。〔一〇〕南有南崗巡檢司。

新化州本馬龍他郎甸長官司。洪武十七年四月置，直隸布政司。弘治八年改爲新化州。萬曆十九年來屬。北有徹崇山。西有馬籠山，蠻酋結寨處，元置馬籠部千戶於此，屬元江路，洪武十五年廢。又北有法龍山，亦蠻酋結寨處。又東南有馬籠江，即禮社江，亦曰摩沙勒江，有摩沙勒巡檢司。東北有阿怒甸。東南距府五百三十里。

寧遠州元至治三年二月置，直隸雲南行省。洪武十五年來屬。宣德元年與安南。

納樓茶甸長官司府西南。本納樓千戶所，洪武十五年置，屬和泥府。十七年四月改置。北有羚羊洞，產銀礦。又有祿豐江，即禮社江下流。又東有倘甸。

敎化三部長官司府東南。元強現三部，洪武中改置。西南有魯部河，源出禮社江，下流合蒙自縣黎花江。

王弄山長官司府東南。元王弄山大小二部，洪武中改置。

虧容甸長官司府西南。元鐵容甸，屬元江路。洪武中改置，來屬。西有虧容江，源出沅江府，東經車人寨，出寧遠州境。

溪處甸長官司府西南。元溪處甸軍民副萬戶，屬元江路。洪武中改置，來屬。

思佗甸長官司府西南。元和泥路。洪武十五年三月爲府，領納樓千戶所伴溪、七溪、阿撒三蠻部，十七年廢，後改置。

左能寨長官司府西南。本思佗甸寨，洪武中改置。

落恐甸長官司府西南。元伴溪落恐部軍民萬戶。洪武中改置。

安南長官司府東南。元捨資千戶，後改安南道防送軍千戶。洪武十五年三月仍曰捨資千戶所，尋改置長官司。正德六年省入蒙自縣。天啓二年復置。

澂江府元澂江路。洪武十五年三月爲府。領州二，縣三。西北距布政司八十里。

河陽倚。舊治在西。洪武中，遷繡毬山上。弘治中，又遷縣東金蓮山。正德十三年又遷縣東暘溥山麓。嘉靖二十年又遷金蓮山南。隆慶四年又遷舞鳳山下，卽今治。北有羅藏山。南有撫仙湖，一名羅伽湖，下流東會於盤江。又東有鐵池河，源出陸涼州，流至此，會撫仙湖，復引流爲鐵赤河，入於盤江。

江川府西南。南有故城，崇禎七年圮於水，遷於舊江川驛，卽今治。又南有星雲湖，東南入撫仙湖。北有關索嶺巡檢司。

陽宗府東北。北有明湖，一名陽宗湖，源出羅藏山，流入於盤江。

新興州東北有羅𡻝山，一名石崖山。西北有大棋山。又有蒙習山，山與晉寧州交界。又有大溪，下流至嶍峨縣，入於曲江。有羅𡻝溪，源出羅𡻝山，入於大溪。又北有普舍縣，南有研和縣，元俱屬州，洪武十五年三月因之，尋廢。又北有鐵爐關巡檢司。東距府二百里。

路南州西南有竹子山。東有劄龍山，石可煉銅。西有巴盤江，源自陸涼州。又有鐵赤河合焉。東南有邑市縣，元屬州，弘治三年九月廢。東北有革泥巡檢司。西距府百三十里。

廣西府元廣西路。洪武十五年三月爲府。西有阿盧山。西北有巴盤江。又西有南盤江。又南有矣邦池，一名龍甸海，跨彌勒州界，南入盤江。領州三。西北距布政司三百十里。

師宗州西有龜山，萬曆四十八年築督捕城於此。東有英武山。西有盤江，又西北有巴盤江合焉，東北入羅平州界。西南距府八十里。

彌勒州南有卜龍山。西有阿欲山。東南有盤江山，南盤江經其下。又東有八甸溪，南合南盤江。又西有十八寨山，嘉靖元年二月置十八寨守禦千戶所於此，直隸雲南都司。又南有捏招巡檢司。東北距府九十里。

維摩州元大德四年二月置。東北有小維摩山。東南有大維摩山，又有阿母山。又東北有寶寧溪，下流經廣南府界，合西洋江。西有三鄉城，萬曆二十二年築。西北距府二百二十里。

廣南府元廣南西路宣撫司。洪武十五年十一月改置廣南府。西北有牌頭山，土人築砦其上。南有西洋江，東南至廣西田州府，入於左江。領州一。西北距布政司七百九十里。

富州元至元十三年置，屬廣南西路。洪武十五年改屬府。東南有者鴿山。東北有西寧山。又東有楠木溪，至州南與南汪溪合，伏流十五里，東出於西洋江。西南有安寧州，東北有羅佐州，俱元至元十三年置，屬廣南西路。洪武十五年因之，後俱廢。西距府二百里。

元江軍民府元元江路。洪武十五年三月爲府。永樂初，升軍民府。領州二。東北距布政司七百九十里。

奉化州倚。本因遠羅必甸長官司，洪武十八年四月置。嘉靖中，改州。東有羅槃山，亦名玉臺山。又有路通山。東南有元江，亦曰禮社江，東南入納樓茶甸長官司界。西南有瀾滄江，與車里宣慰司分界。又西有步日部，洪武中廢。又東有禾摩村巡檢司。

恭順州本他郎寨長官司。嘉靖中，改州。

楚雄府元威楚開南路。洪武十五年三月改爲楚雄府。領州二，縣五。東距布政司六百里。

楚雄倚。元曰威楚。洪武十五年二月更名。西有薇溪山，又有龍川江，經城北青峰下，曰峩碌江，下流入武定府，合金沙江。西有波羅澗，其麓有滷水，元設鹽課司於此，明廢。西北有呂合巡檢司。

廣通府東。元屬南安州。洪武十五年因之，後改屬府。東北有盤龍山，亦曰九盤山。西有羅苴甸山。東有鹽倉山，舊產鹽。又有臥象山，東南有臥獅山，俱產銀礦。又東北有阿陋雄山，有阿陋井、猴井，俱產鹽。又東有捨賫河，自武定府流入，下流入於元江。又北有大河，西北入定遠縣之龍川江。東有捨資巡檢司，東北有沙矣舊、西有回蹬關二土巡檢司。

定遠府西北。西有赤石山。東有龍川江。又有黑鹽井，設提舉於此。又有琅井提舉司，本置於安寧州，天啓三年移此，有黑井、琅井二巡檢司。又西南有羅平關、南有會基關二巡檢司。

定邊府西。元至元十二年置，屬鎭南州。洪武中，改屬。北有螺盤山，〔一〕上有自普關。又有無量山。南有定邊河，又有陽江，自蒙化府流合焉。

𥗊嘉府南。元置。西有黑初山。東北有卜門河，在卜門山下，又東北合馬龍江，流入新化州。又西有上江河，接南安州界。

南安州東有健林蒼山。又西南有表羅山，產銀。北有捨資河。西北距府五十里。

鎭南州東北有石吠山。東有五樓山。西南有馬龍江，其上流爲定邊河，又東南入𥗊嘉縣界。又西有平夷川，龍川江之上流。又有沙橋巡檢司。又有鎭南關、英武關、阿雄關三土巡檢司。東南距府五十里。

姚安軍民府元姚安路。洪武十五年三月爲府。二十七年四月升軍民府。領州一，縣一。東南距布政司七百里。

姚州倚。元屬大理路。洪武十五年三月來屬。東有東山，一名飽烟蘿山。東北有金沙江。南有青蛉河，源出三窠山，〔一三〕下流合大姚河。北有守禦姚安千戶所，洪武二十八年置。東有箭場、西有普昌、南有三窠、西南有普淜四巡檢司。

大姚府北。元屬姚州。洪武十五年三月因之，後改屬府。西北有赤石崖。北有大姚河，源出書案山。西北有龍蛟江，源出鐵索箐，一名苴泡江，產金。俱東北流入金沙江。南有白鹽井提舉司，轄鹽井九。又有白鹽井巡檢司。東有姚安中屯千戶所，洪武二十八年置。

武定府元武定路。洪武十五年三月爲府，尋升軍民府。隆慶三年閏六月徙治獅子山。萬曆中，罷稱軍民。領州二，縣一。東南距布政司百五十里。

和曲州倚。舊城在南，元州治於此。隆慶三年十二月徙州爲府附郭，令吏目領兵守焉。西北有三臺山。北有金沙江，源出吐蕃共龍川犂牛石，下流經麗江、鶴慶二府〔一四〕、姚安府北界，東流入黎溪州，又東入四川會川衞界。有金沙江土巡檢司。又有烏龍河，流入金沙江。又西北有西溪河，即楚雄府龍川江下流。又有只舊、草起二鹽井。東有南甸縣，元路治，洪武十五年三月改屬州，成化二十年仍屬府，正德元年七月省。西北有乾海子、又有羅摩湳、又南有小甸關三巡檢司。西北有龍街關土巡檢司。

元謀府西北。西北有住雄山，又有竹沙雄山。北有金沙江，西有西溪河流入焉。

祿勸州北有法塊山，又有哇匿歪山。東北有幸丘山，又有烏蒙山，一名絳雲露山。北有金沙江，與四川東川府界。

又東有普渡河，卽螳蜋川，下流會掌鳩河水，入於金沙江。北有易籠縣，元屬州，洪武十七年省。東有石舊縣，元屬州，天啓元年七月省。又北有普渡河巡檢司。南有撒墨巡檢司，後廢。西距府二十里。

景東府元至順二年二月置。洪武十五年閏二月因之。三月降爲州，屬楚雄府。十七年正月仍升爲府。西有景董山，洪武中築景東衞城於其上，又築小城於山顚，謂之月城。北有蒙落山，一名無量山。西南有瀾滄江，源出金齒，流經府西南二百餘里，南注車里，爲九龍江，下流入交阯。東南有大河，卽定邊河之下流，又東入鎭南州，爲馬龍江。又南有土井，產鹽。北有開南州，元屬威楚開南路。洪武十五年三月屬楚雄府，尋省。又東有三汊河、西北有保甸二土巡檢司。又北有安定關。南有母瓜關。〔一三〕東南有景蘭關。西南有蘭津橋，鐵索爲之。東北距布政司千一百八十里。

鎭沅府本鎭沅州。洪武三十五年十二月置。永樂四年四月升爲府。西有波弄山，山上下有鹽井六。南有杉木江，源出者樂甸，下流合威遠州之谷寶江。領長官司一。北距布政司千五十里。

祿谷寨長官司府東北。永樂十年四月以祿平寨置。北有馬容山。南有南浪江，西南流合杉木江。

大理府元大理路。洪武十五年三月爲府。領州四，縣三，長官司一。東南距布政司八百九十里。

太和倚。西有點蒼山。東有西洱河，一名洱海，自浪穹縣流入，經天橋下，又東合點蒼山之十八川匯於此，中有三島、四洲、九曲。西有樣備江，一曰漾鼻水，自劍川州流入，經點蒼山後，合於西洱河，又西南流入瀾滄江。南有太和土巡檢司。又北有龍首關，亦曰上關。南有龍尾關，亦曰下關。

趙州　洪武十五年三月改名趙喜州，尋復。南有九龍頂山。又有定西嶺，大江之源出焉，一名波羅江，西北入西洱河。又西南有樣備江，南入蒙化府界。東南有白厓瞼江，源出定西嶺，下流爲禮社江。有舊白厓城，嘉靖四十三年修築，更名彩雲城。又東有乾海子、南有迷度市二巡檢司。又有定西嶺上巡檢司。西北距府三十里。領縣一。

雲南州東。元雲南州。洪武十五年三月改爲縣，屬府。十七年改屬州。西北有寶泉山，有一泡江。東北有周官岁海子。〔一四〕西有品甸，洪武十九年四月置洱海衞於此。又東北有你場、又有楚甸、南有安南坡三巡檢司。

鄧川州北有鍾山，又有普陀江，一名蒲蔄江，又名彌苴佉江，南入西洱河。又東有豪豬洞，一名銀坑。又有青索鼻土巡檢司。南距府七十里。領縣一。

浪穹州東。東北有佛光山，山半有洞，可容萬人，山後險仄，名一女關。又有蓮花山，有蒙次和山，皆險峻。西南有鳳羽山。北有罷谷山，洱水所出。西有樣備江。西北有寧湖，亦曰明河，即普陀江上源。又有五鹽井提舉司，洪武十六年置，萬曆四十二年廢。西南有鳳羽縣，洪武十五年三月置，屬鄧川州，尋省。有鳳羽鄉巡檢司。

又東南有晉陀崆巡檢司，後廢。西有上江嘴、西南有下江嘴二土巡檢司。

賓川州　弘治六年四月析趙州及太和、雲南二縣地置。西有雞足山，一名九曲巖。東北有金沙江，東入姚安府界。西有金龍湫，流入西洱河。又東有大羅衞，在鍾英山下，弘治六年四月與州同置。又東北有赤石崖、西南有賓居二巡檢司。西有神摩洞。又南有蔓神寨、北有白羊市二巡檢司，後廢。又北有金沙江土巡檢司。西距府百里。

雲龍州元雲龍甸軍民府，至元末置。洪武十七年改爲州，來屬。正統間屬蒙化府，後仍來屬。西有三峰山。東有瀾滄江。又西北有諾鄧等鹽井，東南有大井等鹽井，舊俱轄於五井提舉司，後改屬州。東有雲龍甸巡檢司，後廢。東北有順盪井、又有上五井、東有師井、北有箭捍場四巡檢司，又東有十二關土巡檢司，舊俱屬浪穹縣，後改屬。東南距府六十里。

十二關長官司府東。元十二關防送千戶所。洪武中改置。嘉靖元年五月徙於一泡江之西。

鶴慶軍民府元鶴慶路。洪武十五年三月爲府。三十年十一月升軍民府。南有方丈山，又有芈子山，產礦。東有金沙江。東南有漾共江，卽鶴川，其下流入金沙江。有木按州，又有副州，元俱屬府，洪武十五年俱廢。東北有宣化關，西南有觀音山，又有淸水江三巡檢司。領州二。東南距布政司千一百六十里。

劍川州元劍川縣。洪武十五年三月因之。十七年正月升爲州。西南有石寶山。南有劍川湖，俗呼海子，様備江之下流。又西南有彌沙井鹽課司。又有彌沙井巡檢司。東距府九十里。

順州元屬麗江路。洪武十五年三月屬北勝府，尋來屬。西有金沙江。東有浴海浦，與北勝州分界。西距府百二十里。

麗江軍民府元麗江路宣撫司。洪武十五年三月爲府。三十年十一月升軍民府。領州四。東南距布政司千二百四十里。

通安州倚。西北有玉龍山，一名雪嶺。又有金沙江，古名麗水，源出吐蕃界犂牛石下，名犂水，「犂」訛「麗」，流經巨津、寶山二州，至武定府，北流入四川大江。西有石門關巡檢司。

寶山州西南有阿那山。南有金沙江。西距府二百四十里。

蘭州元屬麗江路。洪武十五年三月屬麗江府，尋屬鶴慶府，後仍來屬。北有福源山。西北有瀾滄江，源出吐蕃嵯和歌甸，流入境，南入雲龍州界。東北距府三百六十里。

巨津州南有華馬山。北有金沙江，流入州界，有鐵橋跨其上。西北有臨西縣，〔一五〕元屬州，洪武十五年三月因之，弘治後廢。又東北有雪山關。東南距府三百里。

永寧府元永寧州，屬麗江路。〔一六〕洪武十五年三月屬北勝府。十七年屬鶴慶府。二十九年改屬瀾滄衞。永樂四年四月升爲府。金沙江在西。又東有瀘沽湖，周三百里，中有三島。又東南有魯窟海子，在干木山下，下流入四川鹽井衞之打沖河。又北有勒汲河，自吐蕃流入，亦東流入打沖河。又南有羅易江，自蒗蕖州流入，注於瀘沽湖。領長官司四。東南距布政司千四百五十里。

剌次和長官司府東北。

革甸長官司府西北。

香羅甸長官司府西。

瓦魯之長官司府北。四司，俱永樂四年四月置。

北勝州元北勝府，屬麗江路。洪武十五年三月屬布政司，尋降爲州，屬鶴慶府。二十九年改屬瀾滄衞。正統七年九月直隸布政司。弘治九年徙治瀾滄衞城。瀾滄衞舊在州南，本瀾滄衞軍民指揮使司，洪武二十八年九月置，屬都司。弘治九年徙州來同治。尋罷軍民司，止爲衞。西南有瀾滄山。南有九龍山。西有金沙江，環繞州治，亦曰麗江。又南有陳海，又有呈湖，東南有浪穹海，下流俱入金沙江。東有羅易江，下流入永寧府界。北有蒗蕖州，元屬麗江路，洪武十五年三月屬北勝府，尋屬鶴慶軍民府，二十九年改屬瀾滄衞，天啓中廢。東有寧番土巡檢司。南距布政司千二十五里。

永昌軍民府元永昌府，屬大理路。洪武十五年三月屬布政司。十八年二月兼置金齒衛，屬都司。二十三年十二月省府，升衛爲金齒軍民指揮使司。嘉靖元年十月罷軍民司，止爲衛，復置永昌軍民府。領州一，縣二，安撫司四，長官司三。東距布政司千二百里。

保山倚。本金齒千戶所，洪武中置。永樂元年九月又置永昌府守禦千戶所，俱屬金齒軍民司。嘉靖三年三月改二所爲保山縣。東有哀牢山，本名安樂，夷語哀牢。西有九隆山。又東北有羅岷山，瀾滄江經其麓。又南有潞江，舊名怒江，一名喳里江，自潞江司流入。又北有清水河，經縣東南峽口山下，伏流東出，入瀾滄江。又有潞江州，宣德八年六月置，直隸布政司，正統二年五月廢。又東北有沙木和、西北有清水關二巡檢司。又北有甸頭、南有水眼二土巡檢司。

永平府東北。元屬永昌府。洪武二十三年屬金齒軍民司。嘉靖元年仍屬府。西南有博南山，一名金浪巔山，俗訛爲丁當丁山，上有關。又有花橋山，產鐵礦。又東北有橫嶺山，驛道所經。東有銀龍江，下流入瀾滄江。又東北有勝備江，下流入蒙化府樣備江。又西南有花橋河，源出博南山，流入銀龍江，上有花橋關，亦曰玉龍關。又東北有上甸定夷關巡檢司。東有打牛坪土巡檢司。

騰越州元騰衝府，屬大理路。洪武十五年三月屬布政司，尋廢。永樂元年九月置騰衝守禦千戶所，屬金齒軍民司。宣德六年八月直隸都司。正統十年三月升所爲騰衝軍民指揮使司。嘉靖三年十月置騰越州，屬府。十年十二月罷司爲騰衝衛。東有球牟山。東南有羅生山。南有羅佐衞山，上有鎭夷關，有巡檢司。又東北有高黎共山，一名崑崙岡。西北有明光山，有銀礦銅礦。西有大盈江，亦曰大車江，〔一七〕自徼外流入，下流至比蘇蠻界，注於金沙江。又東北有龍川江，源出徼外峨昌蠻地之七藏甸，下流合於大盈江，有藤橋在其上。有龍川江關巡檢司。又西南有疊水河，〔一八〕卽大盈江之支流。又有騰衝土州，宣德五年六月置，屬金齒軍民司，後直隸布政司，正統三年五月仍屬金齒軍民司，尋廢。又西有古勇關。東北距府二百七十五里。

潞江安撫司元柔遠路。洪武十五年三月爲府，後廢，屬麓川平緬司。永樂元年正月析置潞江長官司，直隸都司。十六年六月升安撫司。宣德元年六月改隸布政司。正統三年六月屬金齒軍民司。嘉靖元年十月屬府。北有潞江，一名怒江，源出吐蕃雍望甸，南流經此，折而東南入府界。東岸有潞江關，北岸有細甸。又西有鎭姚守禦千戶所，萬曆十三年置，治老姚關鳳山之阿。又西有全勝關。東北距府三百五十里。

鎭道安撫司

楊塘安撫司二司地舊屬西番，與麗江府接界。俱永樂四年正月置，屬金齒軍民司。嘉靖元年屬府。

瓦甸安撫司　本瓦甸長官司。宣德二年置，屬金齒軍民司。九年二月直隸都司。正統三年五月仍屬金齒軍民司。五年十一月升爲安撫司。嘉靖元年屬府。

鳳溪長官司府東。洪武二十三年十一月置，屬金齒軍民司。嘉靖元年改屬府。

施甸長官司府南。元石甸長官司。洪武十七年五月更名，屬府。二十三年屬金齒軍民司。嘉靖元年仍屬府。西有坪市河，下流入於怒江。東南有猛淋寨，萬曆十三年置鎮安守禦千戶所於此。南有金齒巡檢司，治浦關。〔一九〕又南有石甸巡檢司。

茶山長官司永樂五年析孟養地置，屬金齒軍民司。嘉靖元年屬府。東有高黎共山。

蒙化府元蒙化州，屬大理路。洪武十五年三月因之。正統十三年六月升爲府。北有龍宇圖山、又有甸頭山，一名天耳山。南有甸尾山。西有陽江，源出甸頭澗，下流至定邊縣，入定邊河。又西有樣備江，一名神莊江，與永平縣分界，南入順寧府境，爲黑惠江。西南有瀾滄江。有甸頭、甸尾、樣備、瀾滄江四巡檢司。又西南有備溪江土巡檢司。又東有迷渡市，嘉靖初築。東距布政司八百六十里。

順寧府元泰定四年十一月置。洪武十五年三月庚戌因之。已未降爲州，屬大理府。十七年正月仍升爲府。西北有樂平山。南有把邊山，中有把邊關。東北有瀾滄江，又有黑惠江，即樣備江也，又名墨會江，南流至府東泮山下，合於瀾滄江。又城東有順寧河，源出甸頭村山箐，流入雲州之孟祐河。南有寶通州，又有慶甸縣，元俱與府同置，洪武十五年省。又西南有矣堵寨，萬曆三十年置右甸守禦千戶所於此。北有錫鉛寨、又有牛街、又有猛麻、又有錫蠟寨、董甕寨、蟒水寨、亦壁嶺七巡檢司。領州一。東距布政司千五百五十里。

雲州　本大侯長官司。永樂元年正月析麓川平緬地置，直隸都司。宣德三年五月升爲大侯禦夷州，直隸布政司。萬曆二十五年更名，來屬。舊治在南。萬曆三十年移於今治。南有瀾滄江，東有孟祐河流入焉。有臘丁鄉巡檢司，後廢。西距府百五十里。領長官司一。

孟緬長官司州西南。宣德五年六月以景東府之孟緬、孟梳地置，屬景東府，後直隸布政司。萬曆二十五年來屬。有大猛麻、又有猛撒二土巡檢司，與猛緬稱爲「三猛」。

車里軍民宣慰使司元車里路，泰定二年七月置，卽大徹里。洪武十五年閏二月爲軍民府。十九年十一月改軍民宣慰使司。永樂中廢。宣德六年復置。東北有瀾滄江，與九龍江會，達於交阯，爲富良江，而入於海。又有沙木江。東有小徹里部，永樂十九年正月置車里靖安宣慰使司，宣德九年十月省入車里。又有元耿凍路，至正七年正月置，又有耿當、孟弄二州，亦元末置，洪武十五年俱省入車里。西北距布政司三十四程。

緬甸軍民宣慰使司　本緬中宣慰司。洪武二十七年六月置，尋廢。永樂元年十月復置，更名。北有大金沙江，其上流卽大盈江也，源出靑石山，自孟養境內流經司北江頭城下，下流注於南海。東有阿瓦河，自孟養流入境，下流入大金沙江。又北有江頭城、太公城、馬來城、安正國城、蒲甘緬王城，謂之「緬中五城」。元後至元四年十二月置邦牙宣慰司於蒲甘緬王城，至正二年六月廢。至元二十六年置太公路於太公城，洪武十五年三月爲府，後廢。領長官司一。東北距布政司三十八程。

東倘長官司宣德八年九月置。

木邦軍民宣慰使司元木邦路，至順元年三月置。洪武十五年三月爲府，後廢。三十五年十二月復置。永樂二年六月改軍民宣慰使司。北有慕義山。西有喳里江，即潞江，自芒市流入境，又西南入緬甸界。又北有蒙憐路、蒙來路，俱元置，洪武十五年三月俱爲府，後俱廢。又西北有孟炎甸，有天馬關。東北距布政司三十五程。

八百大甸軍民宣慰使司元八百等處宣慰使司。洪武二十四年六月改置。東北有南格剌山，下有河，與車里分界。有八百者乃軍民宣慰使司，永樂二年四月分八百大甸地置，後廢。又有蒙慶宣慰司，元泰定四年閏月置，至正二年四月罷，洪武十五年三月復置府，後廢。又有孟絹路，元元統元年置，屬八百宣慰司，洪武十五年三月爲府，後廢。又有木按、孟傑二路，俱元置，洪武十五年三月俱爲府，後俱廢。北距布政司三十八程。

孟養軍民宣慰使司元雲遠路。洪武十五年三月爲府。十七年改爲孟養府，後廢。三十五年十二月復置。永樂二年六月改軍民宣慰使司。正統十三年廢。萬曆十三年改置長官司。東有鬼窟山，又有茫崖山。又有大金沙江，其上流即大盈江，南流入於緬甸。又南有密堵城，有速送城。又南有戞撒寨。西有猛倫，西南有孟拱、戞里、猛別、盞西諸部。東北距布政司三十七程。

老撾軍民宣慰使司　永樂二年四月置。東南有三關，與安南界。西北距布政司六十八程。

南甸宣撫司元至元二十六年置南甸路。洪武十五年三月爲府，後廢，屬騰衝守禦千戶所。永樂十二年正月置州，直隸布政司。正統三年五月改屬金齒軍民指揮使司。九年六月升宣撫司，仍直隸布政司。東有丙弄山，又有蠻干山。南有沙木籠山，上有沙木籠關。西有大盈江。東北有小梁河，西南經南牙山下，曰南牙江，入干崖境內。又東南有孟乃河，卽騰越州之龍川江。又南有黃連坡關。東北有小隴川關。東北距布政司二十二程。

干崖宣撫司元鎭西路。洪武十五年三月爲府，後廢，屬麓川平緬司。永樂元年正月析置干崖長官司，直隸都司，後屬金齒軍民指揮使司。宣德五年六月復屬都司。正統三年五月復屬金齒軍民指揮使司。九年六月升宣撫司，直隸布政司。東有雲籠山。西有大盈江，又南有檳榔江，自吐蕃界流合焉。東有安樂河，卽小梁河，下流經雲籠山下，曰雲籠江，經司治北，折而西，合於檳榔江。又西北有南賧，元置，洪武中廢。又西有雷弄、盞達等部。東北距布政司二十三程。

隴川宣撫司　本麓川平緬軍民宣慰使司。正統六年廢，九年九月改置，治隴把。元平緬路，在隴把東北。洪武十五年閏三月置平緬宣慰使司。三月又改路爲府，未幾府廢。十七年八月丙子升司爲平緬軍民宣慰使司。甲午改麓川平緬軍民宣慰使司，省麓川路入焉。元麓川路在隴把南，洪武十五年三月爲府，未幾府廢。十七年八月爲麓川平緬軍民宣慰司治所，正統中，司廢，曰平麓城，亦曰孟卯城，萬曆十二年置宣撫同知於此。又西南有通西軍民總管府，元至元二十六年置，洪武十五年三月爲府，後廢。又東南有遮放城，萬曆十二年置宣撫副使於此。北有馬鞍山。西北有大金沙江。又有麓川江，卽龍川江，自南甸流入，與芒市分界，西南入於大金沙江。東北距布政司六十六程。

孟定禦夷府元孟定路，至元三十一年四月置。洪武十五年三月爲府。東北有無量山，又有喳哩江，與麓川江合。東南有謀粘路，元泰定三年七月置。有木連路，元至正二十六年置。洪武十五年三月俱因之，後俱廢。領安撫司一。東北距布政司十八程。

耿馬安撫司　萬曆十三年析孟定地置。西有三尖山。南有喳哩江，與孟定分界。北距府百里。

孟艮禦夷府　永樂三年七月置，直隸都司，後直隸布政司。東有木朶路，又有孟隆路，俱元泰定三年九月置。東北有孟愛等甸軍民府，元至元二十六年置。洪武十五年三月俱爲府，後俱廢。北距布政司三十八程。

威遠禦夷州元威遠州，屬威楚路，後改威遠蠻棚府。洪武十五年三月仍爲威遠州，屬楚雄府。十七年升爲府，後廢。三十五年十二月復置州，直隸布政司。北有蒙樂山，接景東府界。西北有威遠江，一名谷寶江，下流合瀾滄江。東北距布政司十九程。

灣甸禦夷州　本灣甸長官司。永樂元年正月析麓川平緬地置，直隸都司。三年四月升爲州，直隸布政司。西北有高黎共山。北有姚關，與順寧府界。東北距布政司二十程。

鎭康禦夷州元鎭康路。洪武十五年三月爲府。十七年降爲州，後廢，以其地屬灣甸州。永樂七年七月復置，直隸布政司。西有喳哩江，接潞江安撫司界。南有昔剌寨。西南有控尾寨。東北距布政司二十三程。

孟密宣撫司　本孟密安撫司。成化二十年六月析木邦地置。萬曆十三年升爲宣撫司。東北有南牙山，與南甸分界。西南有摩勒江，有大金沙江，俱與緬甸分界。又有寶井。北有猛乃、猛哈，東北有孟廣等部。東北距布政司三十三程。

蠻莫安撫司　萬曆十三年析孟密地置。東北有等練山。西南有那莫江，下流入大金沙江。又西有孟木寨。東北距布政司三十一程。

者樂甸長官司　永樂元年正月析麓川平緬地置，直隸都司，後改隸布政司。南有瀾滄江。又東有景來河，自景東府流入，下流入馬龍江。東北距布政司千一百七十里。

鈕兀禦夷長官司　宣德八年十月以和泥之鈕兀、五隆二寨置，北距布政司十六程。

芒市禦夷長官司元芒施路。洪武十五年三月爲府，後廢。正統八年四月改置，屬金齒軍民指揮司，後直隸布政司。西南有永昌幹山，又有孟契山。又有大盈江，西南經靑石山下，又西有麓川江來合焉。東北距布政司二十三程。

孟璉長官司舊爲麓川平緬司地，後爲孟定府。永樂四年四月置，直隸都司。東南有木來府，元置，洪武十五年三月因之，後廢。東北距布政司二十三程。

大古剌軍民宣慰使司在孟養西南。亦曰擺古，濱南海，與暹羅鄰。

底馬撒軍民宣慰使司在大古剌東南。

小古剌長官司

茶山長官司

底板長官司

孟倫長官司

八家塔長官司皆在西南極邊。俱永樂四年六月置。

剌和莊長官司　永樂四年十月置，直隸都司。

促瓦長官司

散金長官司舊俱爲麓川平緬司地。永樂六年四月置。

里麻長官司〔二〇〕永樂六年七月析孟養地置，直隸都司。

八寨長官司　永樂十二年九月置，直隸都司。

底兀剌宣慰使司　永樂二十二年三月置。地舊爲大古剌所據，上諭還之，故置司。

廣邑州　本金齒軍民司之廣邑寨。宣德五年五月升爲州。八年十一月直隸布政司。正統元年三月徙於順寧府之右甸。

貴州　禹貢荊、梁二州徼外。元爲湖廣、四川、雲南三行中書省地。洪武十五年正月置貴州都指揮使司，治貴州宣慰司。其民職有司則仍屬湖廣、四川、雲南三布政司。永樂十一年置貴州等處承宣布政使司。與都指揮司同治。領府八，州一，縣一，宣慰司一，長官司三十九。後領府十，州九，縣十四，宣慰司一，長官司七十六。北至銅仁，與湖廣、四川界。南至鎮寧，與廣西、雲南界。東至黎平，與湖廣、廣西界。西至普安，與雲南、四川界。距南京四千二百五十里，京師七千六百七十里。弘治四年，編戶四萬三千三百六十七，口二十五萬八千六百九十三。萬曆六年，戶四萬三千四百五，口二十九萬九百七十二。

貴陽軍民府　本程番府。成化十二年七月分貴州宣慰司地置，治程番長官司。隆慶二年六月移入布政司城，與宣慰司同治。三年三月改府名貴陽。萬曆二十九年四月升爲軍民府。領州三，縣二，長官司十六。

新貴倚。本貴竹長官司，洪武五年正月置，屬宣慰司。萬曆十四年二月改置縣，來屬。西有獅子山。西北有木閣箐山，在水西境內。北有貴人峰。又西有白龍洞。北有烏江，源出水西，與四川遵義府分界，北流至四川彭水縣，入涪陵江。西北有陸廣河，下流入於烏江，有陸廣河巡檢司。又西有宅溪。又西北有蔡家關，一名響水關，又有閣水關。

貴定倚。萬曆三十六年析新貴縣及定番州地置。東有銅鼓山，有石門山。南有高連山，有南門河。又東有龍洞河，下流俱入陸廣河。

開州　崇禎四年十一月以副宣慰洪邊舊地置。西南距府一百二十里。

廣順州　本金筑長官司。洪武五年三月置，屬四川行省。十年正月改安撫司。十九年十二月屬廣西。二十七年仍屬四川。二十九年屬貴州衞。正統三年八月直隸貴州布政司。成化十二年七月屬程番府。隆慶二年六月屬貴陽府。萬曆四十年置州。東南有天臺山。北有天生橋。南距府一百一十里。

定番州元程番武勝軍安撫司。洪武五年罷。成化十二年七月置程番府，領金筑安撫司，上馬橋、大龍番、小龍番、程番、方番、韋番、臥龍番、洪番、小程番、盧番、羅番、金石番、盧山、木瓜、大華、麻响十六長官司。隆慶二年六月移府入布政司城。萬曆十四年三月置州。距府八十五里，領長官司十六。

程番長官司倚。洪武五年三月置，屬貴州衞。正統三年八月屬貴州宣慰司。成化十二年七月屬程番府。萬曆十四年三月屬州。北有青巖。南有都泥江，源出州西北亂山中，曰濛潭，經司南，州境之水皆流合焉，入廣西南丹州界。下十二司所屬倣此。

小程番長官司州西北。元小程番安撫司。洪武六年正月改置。

上馬橋長官司州西北。洪武十五年六月置。

盧番長官司州北。元盧番靜海軍安撫司。洪武六年正月改置，省元盧番蠻夷軍民長官司入焉。

韋番長官司州南。元韋番蠻夷長官司。洪武十五年六月改置。

方番長官司州南。元方番河中府安撫司。洪武五年改置。

洪番長官司州西。元洪番永盛軍安撫司。洪武六年正月改置。

臥龍番長官司州南。元臥龍番南寧州安撫司。洪武五年改置。

小龍番長官司州東南。元小龍番靜蠻軍安撫司。洪武六年正月改置。

大龍番長官司州東南。元大龍番應天府安撫司。洪武五年改置。

金石番長官司州東。元金石番太平軍安撫司。洪武五年改置。

羅番長官司州南。元羅番大龍遏蠻軍安撫司。洪武五年改置。

盧山長官司州南。元盧山等處蠻夷軍安撫司。洪武六年正月改置。

木瓜長官司元木瓜等處蠻夷軍民長官司。洪武五年改置，屬貴州衞。正統三年八月屬金筑安撫司。成化十二年七月，屬程番府。萬曆十四年三月屬州。下二司倣此。

麻嚮長官司洪武七年六月置。

大華長官司洪武七年六月置。

貴州宣慰使司元改順元路軍民安撫司置，屬湖廣行省。洪武五年正月屬四川行省。九年六月屬四川布政司。永樂十一年二月來屬。有沙溪、的澄河二巡檢司。又有黃沙渡、龍谷二土巡檢司。領長官司七。

水東長官司宣慰司北。元水東寨長官司。洪武五年改置，後廢。永樂元年六月置，屬都司，後來屬。

中曹蠻夷長官司宣慰司東南。元中曹白納等處長官司，〔二一〕屬管番民總管。洪武五年改置，來屬。

龍里長官司宣慰司東。元龍里等寨長官司，屬管番民總管。洪武五年改置，來屬。

白納長官司宣慰司東南。元茶山白納等處長官司。洪武五年幷入中曹司。永樂四年五月置，來屬。

底寨長官司宣慰司北。元底寨等處長官司。洪武五年改置。

乖西蠻夷長官司宣慰司東北。元乖西軍民府，屬管番民總管。洪武五年改置，後廢。永樂元年六月復置，屬都司，後來屬。

養龍坑長官司宣慰司北。元養龍坑宿徵等處長官司。洪武五年改置。

安順軍民府元安順州，屬普定路。洪武十五年三月屬普定府。十八年直隸雲南布政司。二十五年八月屬四川普定衞。正統三年八月直隸貴州布政司。成化中，徙州治普定衞城。萬曆三十年九月升安順軍民府。普定衞舊在州西北，洪武十五年正月置，屬四川都司。三月升軍民指揮使司。正統三年改屬貴州都司。成化中，州自衞東南來同治。西北有舊坡山，兩峰相對，中有石關。東有巖孔山。北有歡喜嶺，又有思臘河，接水西界。西南有北盤江，自雲南霑益州流入。東南有九溪河。又東有元普定路，屬雲南行省，洪武十五年三月爲府，屬雲南布政司，尋幷軍民府。改屬四川布政司，十八年七月廢。領州三，長官司六。東距布政司百五十里。

寧谷寨長官司府西南。洪武十九年置，屬安順州。二十五年八月屬普定衞。正統三年八月仍來屬。下倣此。東南有乾海子。

西堡長官司府西北。建置所屬同上。北有浪伏山，元置習安州於山下，屬普定路，洪武十五年三月屬普定府，後廢。又北有白石巖。東南有楚油洞山。北有谷龍河，下流合烏江。

鎭寧州元至正十一年四月以火烘夷地置，屬普定路。洪武十五年三月屬普定府。二十五年八月屬普定衞，後僑治衞城。正統三年八月直隸貴州布政司。嘉靖十一年六月徙州治安莊衞城。萬曆三十年九月屬府。安莊衞，舊在州西，洪武二十三年五月置，屬貴州都司。萬曆三十五年九月，州自衞東來同治。南有白水河，又有烏泥江，卽都泥江，源出山箐中，東南流，入金筑安撫司境。東距府五十五里。領長官司二。

十二營長官司州北。洪武十九年置，屬安順州。二十五年八月屬普定衞。正統三年八月來屬。下倣此。東北有天生橋，又有公具河。北有阿破河。

康佐長官司州東。建置所屬同上。

永寧州元以打罕夷地置，屬普定路。洪武十五年三月屬普定府。二十五年八月屬普定衞，後僑治衞城。正統三年八月直隸貴州布政司。嘉靖十一年三月徙州治關索嶺守禦千戶所城。萬曆三十年九月屬府。關索所舊在州西南，洪武二十五年置，屬安莊衞。萬曆三十年九月，州自所東北來同治。西北有紅崖山。西有北盤江，自普安州流入，有盤江河巡檢司。東北距府一百二十里。領長官司二。

慕役長官司州西。洪武十九年置，屬安順州。二十五年八月屬普定衞。正統三年八月來屬。下倣此。北有安籠箐山。〔三〕西北有象鼻嶺。東有北盤江，與永寧州分界，東南流，南盤江自雲南羅平州來合焉，又南入廣西泗城州界。

頂營長官司州北。洪武四年置，所屬同上。東有關索嶺。西有盤江。

普安州　本貢寧安撫司。建文中置，屬普安軍民府。永樂元年正月改普安安撫司，屬四川布政司。十三年十二月改爲州，直隸貴州布政司。萬曆十四年二月徙治普安衞城。三十年九月屬府。普安衞舊在州南，洪武十五年正月置，屬雲南都司，後改屬貴州都司。二十二年三月升軍民指揮使司。萬曆十四年二月，州自衞北來同治。東有八部山，元普安路治山下，屬雲南行省，洪武十五年三月爲府，屬雲南布政司，尋升軍民府，二十七年四月改屬四川，永樂後廢。東北有格孤山。又西北有番納牟山，一名雲南坡。又東南有得都山，一名白崖，產雄黄水銀。又東有盤江。東南有者卜河，下流入於盤江。東有芭蕉關。西有分水嶺關。東南有安籠箐關。又西南有樂民守禦千戶所，西有平夷守禦千戶所，俱洪武二十二年置，又東南有安南守禦千戶所，又有安籠守禦千戶所，俱洪武二十三年置，皆屬普安衞。正統十年四月徙安南所於羅渭江。東北距府三百三十五里。

都勻府　本都勻安撫司。洪武十九年十二月置。二十三年十月改都勻衞，屬貴州都司。二十九年四月升軍民指揮使司，屬四川布政司。永樂十七年仍屬貴州都司。弘治七年五月置都勻府於衞城。西有龍山。南有獨山鎭巡檢司。北有平定關，西有威鎭關，俱洪武二十四年置。領州二，縣一，長官司八。西北距布政司二百六十里。

都勻長官司府南。元上都勻等處軍民長官司。洪武十六年更名。南有都勻河，亦名馬尾河。

邦水長官司府西。元中都雲板水等處軍民長官司，屬管番民總管。洪武十六年更名。邦水河在東南，本名扳河，卽都勻河上源。

平浪長官司府西。洪武十六年置。西南有凱陽山，上有滅苗鎭，卽故凱口囤。東南有麥冲河。

平洲六洞長官司府西南。洪武十六年置。西南有六洞山。南有平洲河，中有沙洲。

麻哈州　本麻哈長官司。洪武十六年置，屬平越衞。弘治七年五月升爲州，來屬。南有麻哈江，卽邦水河之上源。南距府六十里。領長官司二。

樂平長官司州西北。洪武二十四年五月置，屬雲南，後屬平越衞。弘治七年五月來屬。東北有馬場山。南有樂平溪。

平定長官司州西北。洪武二十二年置，屬平越衞。三十年屬清平衞。弘治七年五月來屬。東有山江河。

獨山州　本九名九姓獨山州長官司。洪武十六年置，屬都勻衞。弘治七年五月升爲獨山州，屬府。南有獨山，有獨山江，卽都勻河下流，南入廣西天河縣界，爲龍江。北距府百五十里。領縣一，長官司二。

清平府北。本清平長官司，洪武二十二年置，屬平越衞。三十年屬清平衞。弘治七年五月改爲縣，屬麻哈州，後來屬。東有香爐山，嘉靖十二年四月徙清平衞中左所於此。北有雲溪洞。南有木級坡。又東有山江河，源出香爐山，有舟溪江流合焉，亦都勻河上源。又南有雞場關，北有羅冲關，俱洪武二十五年置。又東北有黎樹等寨。

合江洲陳蒙爛土長官司州東。洪武十六年置，屬都勻衞。弘治七年五月屬州。東南有梅花洞。

豐寧長官司州西南。洪武二十三年置，屬都勻衞。弘治七年五月屬州。西南有行郎山。

平越軍民府元平月長官司。洪武十四年置平越守禦千戶所。十五年閏二月改爲平越衞。十七年二月升軍民指揮使司。領長官司五，屬四川布政司，尋屬貴州都司。萬曆二十九年四月置平越軍民府於衞城，以播州地益之，屬貴州布政司。東有峩黎山，又有七盤坡。東南有麻哈江，其上源卽黄平州之兩岔江。南有馬場江，又有羊場河，俱東入於麻哈江。南有武勝關。西南有通津關。東南有羊場關。領衞二，州一，縣三，長官司二。西距布政司百八十里。

清平衞　洪武二十三年六月置，屬貴州都司。萬曆二十九年來屬。衞治在清平縣北一里。西南距府六十里。

興隆衞　洪武二十二年六月置，屬貴州都司。萬曆二十九年來屬。北有龍岩山，亦名龍洞山。又有截洞，甚深險。東有飛雲岩。西南距府百二十里。

黃平州　本黃平安撫司。洪武七年十一月置，屬播州宣慰司。萬曆二十九年四月改爲州，來屬。東有七里谷。西南有兩岔江，以兩源合流而名。又東有冷水河。西北有黃平守禦千戶所，洪武十一年正月置，十五年正月改爲衞，閏二月仍爲千戶所。南距府三十里。

餘慶州西。本餘慶長官司，洪武十七年置，屬播州宣慰司。萬曆二十九年六月改爲縣，〔三〕來屬。東有白泥長官司，亦洪武十七年置，屬播州宣慰司，萬曆二十九年四月省入餘慶縣。南有小烏江，下流入於烏江。東南有白泥河，下流合於思南河。又有走馬坪寨，嘉靖三十四年置。

甕安州西北。本甕水安撫司，洪武初置。萬曆二十九年四月改爲縣，來屬。東有草塘安撫司，洪武十七年六月置，又有重安長官司，永樂四年九月置，俱屬播州宣慰司，萬曆二十九年四月俱省入甕安縣。東南有萬丈山。西有烏江，縣境諸山溪之水皆流合焉。又有黃灘關。東北有飛練堡，有天邦囤，西有西坪等寨。

湄潭州北。萬曆二十九年四月以播州湄潭地置。西有容山長官司，洪武中置，屬播州宣慰司。萬曆二十九年省入湄潭縣。南有湄潭水，又西有三江水，下流俱入於烏江。

凱里長官司府東北。本凱里安撫司，嘉靖八年二月分播州宣慰司地置，屬清平衞。萬曆二十九年來屬。三十五年六月改爲長官司。

楊義長官司府東南。洪武初置，屬平越衞。萬曆二十九年屬府。西有杉木箐山。又有清水江，上流自新添衞流入，經城西，又名皮隴江，北經乖西、巴香諸苗界，而入烏江。

黎平府 本思州宣慰司地。洪武十八年正月置五開衞，屬湖廣都司，後廢。三十五年十一月復置。永樂十一年二月置黎平府於衞城，屬貴州布政司。弘治十年徙府治衞南。萬曆二十九年十一月改府屬湖廣。三十一年四月還屬貴州。南有寶帶山。東有摩天嶺。東北有銅鼓巖。西有新化江。又有福祿江，其上源爲古州江，下流入廣西懷遠縣境。西南有黎平守禦千戶所，洪武二十一年九月置，屬五開衞。領縣一，長官司十三。西距布政司六百三十里。

永從府南。本元福祿永從軍民長官司。洪武中改置福祿永從蠻夷長官司，後廢。永樂元年正月復置，屬貴州衞。十二年三月來屬。正統六年九月改爲縣。南有福祿江，有彩江流合焉。又有永從溪。

潭溪蠻夷長官司 府東南。元潭溪長官司。洪武三年正月改置，屬湖廣辰州衞。三月改屬湖廣靖州衞，後廢。永樂元年正月復置，屬貴州衞。十二年三月來屬。西南有銅關鐵寨山。南有潭溪。

八舟蠻夷長官司府北。元八舟軍民長官司。洪武五年改置後廢。永樂元年正月復置，屬貴州衞。十二年三月來屬。西南有八舟江，源自府城，西爲三十里江，北流經此，又東北爲新化江。

洪舟泊里蠻夷長官司府東南。元洪舟泊里軍民長官司。洪武初改置，後廢。永樂元年正月復置，屬貴州衞。十三年三月來屬。北有洪舟江，〔三四〕下流合於湖廣靖州之渠河。西南有中潮守禦千戶所，洪武二十一年九月置，屬五開衞。

曹滴洞蠻夷長官司府西北。元曹滴等洞軍民長官司。洪武初改置，後廢。永樂元年正月復置，屬貴州衞。十二年三月來屬。西南有容江，源出苗地，北流入福祿江。

古州蠻夷長官司府西北。元古州八萬洞軍民長官司。洪武三年正月改置，屬湖廣辰州衞。三月改屬湖廣靖州衞，後廢。永樂元年正月復置，屬貴州衞。十二年三月來屬。有古州衞，洪武二十六年置，尋廢。東北有古州江。

西山陽洞蠻夷長官司府西南。洪武初置，後廢。永樂元年正月復置，屬貴州衞。十二年三月來屬。西北有大巖山，大巖江出焉，東南入於福祿江。

新化蠻夷長官司府東北。元新化長官司。洪武三年正月改置，屬湖廣辰州衞，三月改屬湖廣靖州衞，後廢。永樂元年正月復置，屬貴州衞。十一年二月置新化府於此，領湖耳、亮寨、歐陽、新化、中林驗洞、龍里六蠻夷長官司，赤溪湳洞長官司。宣德九年十一月，府廢，以所領俱屬黎平府。西有六疊山。東南有新化江，又西北合於清水江。又東有新化亮寨守禦千戶所，洪武二十一年九月置，西南有新化屯千戶所，洪武二十五年置，俱屬五開衞。

湖耳蠻夷長官司府東北。元湖耳洞長官司。洪武三年正月改置，屬湖廣辰州衞。三月改屬湖廣靖州衞，後廢。永樂元年正月復置，屬貴州衞。十二年三月屬新化府，府廢，來屬。西有銅鼓衞，本銅鼓守禦千戶所，洪武二十一年九月置，屬五開衞，三十年改所爲衞，屬湖廣都司，後二年廢，三十五年十一月復置，屬湖廣都司。

亮寨蠻夷長官司府東北。本八萬亮寨蠻夷長官司。洪武三年正月置，屬湖廣辰州衞。三月屬湖廣靖州衞，後廢。永樂元年正月復置，改名，屬貴州衞。十二年三月屬新化府，府廢，來屬。

歐陽蠻夷長官司府東北。元歐陽寨長官司。洪武三年正月改置，屬湖廣辰州衞。三月改屬湖廣靖州衞，後廢。永樂元年正月復置，屬貴州衞。十二年三月屬新化府，府廢，來屬。

中林驗洞蠻夷長官司府北。洪武初置，後廢。永樂元年正月復置。十二年三月屬新化府，府廢，來屬。下二司倣此。

赤溪湳洞蠻夷長官司府東北。

龍里蠻夷長官司府北。南有龍里守禦千戶所，洪武二十五年置，屬五開衞。

思南府元思南宣慰司，屬湖廣行省。洪武四年改屬四川。六年十二月陞爲思南道宣慰使司，仍屬湖廣。永樂十一年二月改爲府，屬貴州布政司。隆慶四年三月徙治平溪衞。尋復故。有都儒五堡二坑等處巡檢司。又有覃韓偏力水土巡檢司。又有板橋巡檢司，舊屬石阡府，後來屬。領縣三，長官司三。西南距布政司六百二十里。

安化倚。本水特姜長官司，元屬思州安撫司。洪武初，改曰水德江，屬思南宣慰司。永樂十二年三月屬府。萬曆三十三年改置安化縣。西南有崖門山。南有萬勝山。又有烏江，自石阡府流入，經城西鮎魚峽北，入四川彭水縣界，合涪陵江。東南有水德江，卽烏江之分流，又有思印江流合焉，下流亦入於涪陵江。舊有洪安、化濟二長官司，屬思南宣慰司，洪武二十六年五月省。東有水勝關。南有武勝關。北有太平關。

蠻夷長官司倚。洪武十年十月置，屬思南宣慰司。永樂十二年三月屬府。

婺川府北。元屬思州安撫司。洪武五年屬鎮遠州。十七年後仍屬思州。永樂十二年三月來屬。東有河只水，又有羅多水，下流俱注於水德江。

印江府東。本思印江長官司，元屬思南宣慰司。永樂十二年三月屬府。弘治七年六月改爲印江縣。

沿河祐溪長官司府東北。洪武七年十月置，屬思南宣慰司。永樂十二年三月屬府。

朗溪蠻夷長官司府東。洪武七年十月置，屬思南宣慰司。永樂十二年三月屬烏羅府。正統三年五月，府廢，來屬。有厥溪蠻夷長官司，亦洪武七年十月置，尋廢。

思州府元思州宣慰司。永樂十一年二月改爲府，屬貴州布政司。領長官司四。西距布政司七百五十里。

都坪峩異溪蠻夷長官司倚。洪武六年置，二十五年省。永樂十二年三月復置。南有峩山。西北有江頭山。東有異溪。東北有平溪，上有關，洪武二十二年三月置平溪衞於此，屬湖廣都司，萬曆二十九年十一月改屬貴州，三十一年四月還屬湖廣。又有鮎魚關。南有黃土關。又東北有晃州驛，路出湖廣沅州。

都素蠻夷長官司府西。永樂十二年三月置，屬府。

施溪長官司府北。元施溪樣頭長官司。洪武五年改名，屬湖廣沅州衞。永樂十二年三月來屬。東有施溪。

黃道溪長官司府東北。元屬思州宣慰司。永樂十二年三月屬府。西南有黃道溪。

鎭遠府元鎭遠府，屬思州安撫司。洪武四年降爲鎭遠州，屬思南宣慰司。五年六月直隸湖廣。永樂十一年二月置鎭遠府於州治，屬貴州布政司。正統三年五月省州入焉。領縣二，長官司三。西距布政司五百三十里。

鎭遠倚。本鎭遠溪洞金容金達蠻夷長官司，洪武二年二月置，屬思南宣慰司。永樂十二年三月屬州。正統三年五月改屬府。弘治七年十月改爲鎭遠縣。北有石崖山。東有中河山，以兩水夾流而名。東北有鐵山。又東有觀音山，有馬場坡。東南有巴邦山。西有平冒山。南有鎭陽江，一名鎭南江，亦曰㵲水，上受興隆、黃平諸水，東流三百里，入於沅江。又東北有鐵溪，出鐵山，下流入鎭陽江。又西有油榨關。有焦溪關、梅溪關。又有清浪關，清浪衞治於此，又西有偏橋，偏橋衞在焉，俱洪武二十三年四月置。西南有鎭遠衞，洪武二十二年七月置。俱屬湖廣都司，萬曆二十九年十一月俱改屬貴州，三十一年四月還屬湖廣。

施秉府西南。本施秉蠻夷長官司，洪武五年置，屬思南宣慰司。永樂十二年三月屬州。正統九年七月改爲縣。天啓元年四月省。崇禎四年十一月復置。南有洪江，即鎮陽江。

偏橋長官司府西。元偏橋中寨蠻夷軍民長官司。洪武五年改置，屬思南宣慰司。永樂十二年三月來屬。

邛水十五洞蠻夷長官司府東。元邛水縣。洪武五年改置團羅、得民、曉隘、陂帶、邛水五長官司，屬思州宣慰司。二十九年以四司并入邛水司，屬思南宣慰司。永樂十二年三月屬府。

臻剖六洞橫坡等處長官司府西。本臻剖、六洞、橫坡三長官司，洪武二十二年置，屬鎮遠衞，後并爲一司。

銅仁府　本思州宣慰司地。永樂十一年二月置銅仁府。領縣一，長官司五。西南距布政司七百七十里。

銅仁倚。元銅人大小江等處蠻夷軍民長官司，屬思州安撫司。〔三五〕洪武初，改置銅仁長官司，屬思南宣慰司。永樂十二年三月置府治於此。萬曆二十六年四月改爲縣。南有銅崖山。又有新坑山，產硃砂水銀。西南有銅仁大江，西北有小江流合焉，下流入沅州界，注於沅江。

省溪長官司府西。元省溪壩場等處蠻夷長官司，屬思州安撫司。洪武初，改名，屬思南宣慰司。永樂十二年三月來屬。西有迪遷江，即省溪，產金。

提溪長官司府西。元提溪等處軍民長官司，屬思州安撫司。洪武初，改名，屬思南宣慰司。永樂十二年三月來屬。東有印江。西有提溪，產砂金。

大萬山長官司府南。元大萬山蘇葛辦等處軍民長官司，屬思州安撫司。洪武初，改名，屬思南宣慰司。永樂十二年三月來屬。

烏羅長官司府西。元烏羅龍干等處長官司，屬思州安撫司。洪武初，更名，屬思南宣慰司。永樂十一年二月置烏羅府，領朗溪蠻夷長官司，烏羅、答意、治古、平頭著可四長官司治於此。正統三年五月，府廢，來屬。西有九龍山，銅仁大江源於此。又西南有觀音囤，亦曰烏羅洞。南有九江。又有木耳溪，亦曰九十九溪，下流亦入沅江。

平頭著可長官司府西北。元平頭著可通達等處長官司，屬思州安撫司。洪武七年十月改置，屬思南宣慰司。永樂十二年三月屬烏羅府，府廢，來屬。又有答意長官司，治古寨長官司，俱永樂三年七月置，屬貴州宣慰司，十二年三月改屬烏羅府，正統三年五月俱與府同廢。

石阡府　本思州宣慰司地。永樂十一年二月置石阡府。領縣一，長官司三。西南距布政司六百三十里。

石阡長官司倚。元石阡等處軍民長官司，屬思州安撫司。洪武初改置，屬思州宣慰司。永樂十二年三月爲石阡府治。西有崖門山。南有秋滿洞。西有烏江，自四川遵義府流入，東北入思南府界。有石阡江，下流入於烏江。

龍泉府西。本龍泉坪長官司，元爲思州安撫司治。洪武七年七月復置，屬思州宣慰司。永樂十二年三月來屬。萬曆二十九年四月改爲縣。北有鵬雲洞。南有鄧坎等寨。

苗民長官司府西南。洪武七年十月置，屬思州宣慰司。永樂十二年三月來屬。

葛彰葛商長官司府南。元屬思州安撫司。洪武中屬思州宣慰司。永樂十二年三月來屬。

龍里衞軍民指揮使司　洪武二十三年四月置衞。二十九年四月升軍民指揮使司。西有蓮花涇，又有加牙河，下流入甕首河。東南有平伐長官司，本元平伐等處長官司，洪武十五年改置，屬貴州衞，二十八年屬龍里衞，萬曆十四年二月省入新貴縣。又西有長衝關。東有龍聳關。領長官司一。西距布政司五十里。

大平伐長官司衞南。洪武十九年置，屬貴州衞。二十八年來屬。東北有谷峽山。東南有甕首河，下流合清水江。

新添衞軍民指揮使司元新添葛蠻安撫司，後廢。洪武二十二年置新添千戶所，屬貴州衞。二十三年二月改爲新添衞，屬貴州都司。二十九年四月升軍民指揮使司。領長官司五。西距布政司百十里。

新添長官司倚。洪武四年置。東有憑虛洞，一名猪母洞。西北有清水江。西南有甕城河，有甕城河土巡檢司。又東有谷忙關。

小平伐長官司衞西南。洪武十五年六月置，屬貴州衞，尋屬龍里衞。二十九年來屬。

把平寨長官司衞南。洪武十五年六月置，屬貴州衞，尋屬龍里衞。二十九年來屬。

丹平長官司衞西南。洪武三十年置，尋省。永樂二年復置。

丹行長官司衞西南。洪武三十年置，尋省。永樂二年復置。

安南衞洪武十五年正月置尾灑衞於此，尋廢。二十三年十二月復置，更名，屬貴州都司。南有尾灑山。東有盤江山，有清源洞。又有北盤江，自雲南霑益州流入，又南入安順府界。東南有者卜河，自普安州流入，注於盤江。西有江西陂，初置柵屯守於此，尋徙於尾灑，築城爲衞。南有烏鳴關，亦洪武中置。東北距布政司三百四十里。

威清衞洪武二十三年六月置，屬貴州都司。北有羊耳山。西有的澄河，卽陸廣河上流。西北有鴨池河，卽烏江。西距布政司六十里。

平壩衞洪武二十三年閏四月置，屬貴州都司。東南有南仙洞，有馬頭山。東有東溪。西南距布政司八十里。

畢節衞　洪武十七年二月置，屬貴州都司。東有木稀山，有關。又有響水河。南有善欲關，西有老鴉關，俱洪武中置。東北有層臺衞，洪武二十一年九月置，二十七年六月廢。領守禦所一。東南距布政司四百五十里。

守禦七星關後千戶所衞西。洪武二十一年置，屬烏撒衞。永樂中來屬。有七星關河，亦曰可渡河，源出四川烏撒府，卽北盤江上流，七星關在其上，下流入雲南霑益州界。

赤水衞　洪武二十一年十月置，北有雪山，〔三六〕上有關。東有赤水河，有赤水關。領所四。距布政司六百二十里。

摩尼千戶所衞北。

白撒千戶所〔三七〕衞東南。二所俱洪武二十二年九月置。

阿落密千戶所衞南。

前千戶所衞南。二所俱洪武二十七年置。

普市守禦千戶所　洪武二十三年三月析永寧宣撫司地置，直隸貴州都司。東有木案山。西南有水腦洞。又東南有龍泉澗。距布政司七百二十里。

敷勇衞　本劄佐長官司。洪武五年改元落邦札佐等處長官司置，屬貴州宣慰司。崇禎三年改置，屬貴州都司。東有陽明洞。西有三湘水。北有烏江，有陸廣河。領所四。南距布政司五十里。

於襄守禦千戶所衞西。本青山長官司，洪武五年改元青山遠地等處長官司置，屬貴州宣慰司。崇禎三年改置。

息烽守禦千戶所衞東北。崇禎三年以貴州前衞故絕六屯幷割底寨司地置。西有西望山。南有石天洞。北有烏江。

濯靈守禦千戶所衞北。西有陸廣河，北流合烏江。

修文守禦千戶所衞東北。二所俱宣慰司水西地，崇禎三年同置。

鎭西衞　崇禎三年以宣慰司水西地置。北有天柱洞，又有鴨池河，卽烏江異名。領所四。西南距布政司六十里。

威武守禦千戶所衞東。

赫聲守禦千戶所衞北。有鴨池河。

柔遠守禦千戶所衞□。

定遠守禦千戶所衞□。以上俱水西地，崇禎三年與衞同置。

校勘記

〔一〕東有秀嵩山　秀嵩山，原作「秃高山」，據寰宇通志卷一一一、明一統志卷八六改。寰宇通志稱：

「聳秀插霄漢，環州諸山，惟此爲最。」

〔二〕洪武二十三年三月以古魯昌地置　三月，太祖實録卷一〇〇將此事繫於洪武二十三年二月癸亥。

〔三〕西南有喬甸　喬甸，明史稿志二二地理志、讀史方輿紀要卷一一四、嘉慶重修一統志卷四八四作「蕎甸」。

〔四〕又有哇山　哇山，原作「畦山」，據明史稿志二二地理志、讀史方輿紀要卷一一四改。

〔五〕領州六縣五　縣五，原作「縣四」。按下文記臨安府的領縣是五不是四，據改。

〔六〕西北右有火燄山　按「右」字非衍即爲「又」字之譌。

〔七〕東有菜玉山　菜玉山，原作「采玉山」，據明史稿志二二地理志、明一統志卷八六改。清一統志卷三七一菜玉山下稱：「產石碧潤如玉，謂之菜玉。」

〔八〕西南有浣江　浣江，原作「沅江」，據明史稿志二二地理志、讀史方輿紀要卷一一五改。

〔九〕又東北有緑溪河　緑溪河，明史稿志二二地理志作「碌溪河」，讀史方輿紀要卷一一五作「碌磎河」，並稱「在碌磎山下」。

〔一〇〕東有平甸河　平甸河，原作「平甸河司」，衍「司」字。據明史稿志二二地理志、讀史方輿紀要卷一一五删。

〔一一〕北有螺盤山　螺盤山，原作「累盤山」，據明史稿志二二地理志、明一統志卷八六改。讀史方輿紀要卷一一六稱：「螺盤山，山頂盤旋，形如螺髻，故名。」

〔一二〕源出三窠山　三窠山，原作「三菓山」，據下文及明史稿志二二地理志、明一統志卷八七改。讀史方輿紀要卷一一六有三窠關，稱「在三窠山上」。

〔一三〕又東有三汊河至南有母瓜關　原脫「東」字，據讀史方輿紀要卷一一六補。母瓜關，原作「毋瓜關」，據明史稿志二二地理志、讀史方輿紀要卷一一六改。

〔一四〕東北有周官歩海子　周官歩海子，原作「周官歩子海」，據明史稿志二二地理志、寰宇通志卷一一一、讀史方輿紀要卷一一七改。按本志劍川州下，「南有劍川湖，俗呼海子」，又永寧府下，「東南有魯窟海子」，作「海子」是。

〔一五〕西北有臨西縣　臨西縣，原作「臨江縣」，據明史稿志二二地理志、寰宇通志卷一一三、明一統志卷八七改。元史卷六一地理志：「臨西縣，以西臨吐蕃境故也。」

〔一六〕元永寧州屬麗江路　原作「元屬麗江永寧州路」，據元史卷六一地理志、讀史方輿紀要卷一一七改。

〔一七〕亦曰大車江　大車江，原作「大車湖」，據明史稿志二二地理志、寰宇通志卷一一三、明一統志卷八七改。讀史方輿紀要卷一一八，大車江在州西，大車湖在州南。

〔一八〕又西南有疊水河　疊水河，原作「壘水河」，據明史稿志二二地理志、讀史方輿紀要卷一一八改。

〔一九〕治浦闗　浦闗，明史稿志二二地理志、明一統志卷八七、讀史方輿紀要卷一一八都作「蒲闗」。

〔二〇〕里麻長官司　里麻，原作「麻里」，據本書卷三一五里麻傳，太宗實録卷五七永樂六年七月丙辰條、又卷六九永樂八年四月庚申條改。

〔二一〕元中曹百納等處長官司　百納，下文作「白納」，同名異譯。

〔二二〕北有安籠箐山　安籠箐山，原作「安寵箐山」，據明史稿志二二地理志、寰宇通志卷一一四、讀史方輿紀要卷一二一改。本志下文普安州注有安籠守禦千户所。

〔二三〕萬曆二十九年六月改爲縣　神宗實録卷三五八繫改縣於萬曆二十九年四月丙申。

〔二四〕洪州泊里蠻夷長官司至北有洪州江　「洪州泊里」及「洪州江」之「州」字原都作「舟」，據明史稿志二二地理志、寰宇通志卷一一四、明一統志卷八八改。

〔二五〕元銅人大小江等處蠻夷軍民長官司屬思州安撫司　大小江，原脱「江」字，長官司，原脱「司」字，「司」下原脱「屬」字，據明史稿志二二地理志、寰宇通志卷一一四、元史卷六三地理志補。

〔二六〕北有雪山　雪山，原作「雲山」，據明史稿志二二地理志、讀史方輿紀要卷一二三改。嘉慶重修一統志卷五〇九雪山下稱「方冬積雪，春盡始消」。

〔二七〕白撒千户所　白撒，原作「日撒」，據明史稿志二二地理志、讀史方輿紀要卷一二三改。